21世纪高等院校财经管理系列实用规划教材

国际贸易实务

主　编　张　肃

副主编　马　静　王　含

北京大学出版社
PEKING UNIVERSITY PRESS

内容简介

本书以进出口交易磋商、签约以及合同履行的程序为主线，并贯穿着国际惯例和法规，融合基本知识学习和实务技能拓展为一体，每章配以大量的案例与习题，注重理论与实践相结合，力求原理清晰、实务突出。在本书中，每章的前半部分为具体知识点介绍，并伴有导入案例、知识点提示、案例评析等，有助于读者更透彻地理解各知识点；后半部分为课后习题，既可以适应国际贸易专业学生学习的需要，又可以帮助其他专业学生快速了解国际贸易专业的教学内容。

本书可作为高等院校国际贸易的课程的教学用书，也可供从事国际贸易的企业管理人员和业务人员使用。

图书在版编目(CIP)数据

国际贸易实务/张肃主编．—北京：北京大学出版社，2012.7

(21世纪高等院校财经管理系列实用规划教材)

ISBN 978-7-301-20919-6

Ⅰ.①国… Ⅱ.①张… Ⅲ.①国际贸易—贸易实务—高等学校—教材 Ⅳ.①F740.4

中国版本图书馆CIP数据核字（2012）第147766号

书　　名：国际贸易实务
著作责任者：张　肃　主编
策 划 编 辑：王显超　李　虎
责 任 编 辑：王显超
标 准 书 号：ISBN 978-7-301-20919-6/F・3241
出　版　者：北京大学出版社
地　　址：北京市海淀区成府路205号　100871
网　　址：http://www.pup.cn　http://www.pup6.cn
电　　话：邮购部 010-62752015　发行部 010-62750672　编辑部 010-62750667
电 子 邮 箱：pup_6@163.com
印　刷　者：北京虎彩文化传播有限公司
发　行　者：北京大学出版社
经　销　者：新华书店
787毫米×1092毫米　16开本　14印张　318千字
2012年7月第1版　2022年8月第5次印刷
定　　价：38.00元

前　言

国际贸易实务是一门从实务角度论述商品国际交换的具体过程的学科，以进出口交易磋商、签约以及合同履行的程序为主线，并贯穿国际惯例和法规。虽然目前国际贸易实务教材版本多样，各有侧重，但是缺乏一本融合基本知识学习和实务技能拓展为一体，既可以适应国际贸易专业学生学习的需要，又可以帮助其他专业学生快速了解国际贸易专业的教材。因此，为适应国际市场环境和国际贸易惯例的新发展，我们积累了几十年的教学经验，编写了本书。本书是在国际贸易实务精品课程建设的基础上完成，在内容处理上，注重理论与实践相结合，力求原理清晰、实务突出。

与已有的教材相比，本书主要具有以下特色。

(1) 内容新颖，体系完整。本书介绍了国际贸易中最新的发展变化。国际商会出版了《2010 国际贸易术语解释通则》，并于 2011 年 1 月 1 日开始生效，因此有必要对新版本进行深度解析，并与旧版本进行比较研究。

(2) 教学内容设计上注重技能培养。纵观各类国际贸易实务课程教材，大多以内容详解为主，并附有相应的课后思考题。但是，大部分课后习题均缺少参考答案，因此无法满足广大读者自学的需要，使读者困惑而不得其解。作为专门的国际贸易实务课程习题册来讲，可以有效弥补这一不足。然而，由于缺乏具体内容介绍，读者无法将具体题目同知识点联系起来，对内容掌握造成障碍。因此，在总结以上问题的基础上，我们编写了本书。在本书中，每章的前半部分为具体知识点介绍，并伴有导入案例、知识点提示、案例评析等，有助于读者更透彻地理解各知识点；后半部分为课后习题，包括填空题、单项选择题、多项选择题、判断题、名词解释、简答题、计算题、案例分析题等，并且附有详解的参考答案，及时为读者解除困惑。对于参加全国国际商务单证资格考试、国际货运代理从业资格考试、报关员、报检员以及外销员资格考试均有参考价值。

本书以进出口业务为主线，内容包括：第 1 章为国际贸易术语，主要介绍了《2010 国际贸易术语解释通则》的两大类共 11 种术语；第 2 章为进出口商品的价格、品质、数量和包装，包括商品价格、佣金与折扣的运用、合同的标的物及商品的品质、商品的数量以及商品的包装；第 3 章为国际货物运输，包括运输方式、装运条款和运输单据；第 4 章为国际货物运输保险，包括保险概述、海运货物保险承保范围、我国海运货物保险的险别、伦敦保险协会海运货物保险条款以及我国陆运、空运货物与邮包运输保险；第 5 章为国际贸易货款收付，包括支付工具、汇付与托收、信用证付款和银行保函；第 6 章为进出口合同的商定和履行，包括国际货物买卖合同、出口合同的履行和进口合同的履行；第 7 章为商品检验、仲裁与索赔，包括商品检验、仲裁和索赔；第 8 章为综合案例，汇总了各章内容并进行全面解读。

本书在编写过程中参考了大量的国内外著作，在此表示衷心的感谢！

由于编者水平有限，书中难免有不妥、疏漏之处，敬请广大读者批评指正。

编　者

2012 年 5 月

目　录

第 1 章　国际贸易术语 …… 1
1.1　概论 …… 2
1.1.1　贸易术语的含义及作用 …… 2
1.1.2　国际贸易惯例的性质 …… 2
1.1.3　有关贸易术语的国际贸易惯例 …… 3
1.2　贸易术语的分类 …… 4
1.2.1　第一类国际贸易术语 …… 4
1.2.2　第二类国际贸易术语 …… 28
本章小结 …… 47
习题 …… 47
第 2 章　进出口商品的价格、品质、数量和包装 …… 53
2.1　商品价格 …… 54
2.1.1　正确贯彻作价原则 …… 54
2.1.2　注意国际市场价格动态 …… 54
2.1.3　考虑商品价格的各种具体因素 …… 55
2.1.4　加强商品成本核算 …… 55
2.1.5　掌握不同术语间价格换算方法 …… 56
2.1.6　价格条款 …… 57
2.2　佣金与折扣的运用 …… 57
2.2.1　佣金 …… 57
2.2.2　折扣 …… 58
2.3　合同的标的物及商品的品质 …… 60
2.3.1　合同的标的物 …… 60
2.3.2　商品的品质 …… 61
2.4　商品的数量 …… 64
2.4.1　数量条款的法律意义 …… 64
2.4.2　计量单位和计量方法 …… 64
2.4.3　数量条款的规定 …… 65
2.5　商品的包装 …… 67
2.5.1　包装的意义 …… 67
2.5.2　运输包装 …… 67
2.5.3　销售包装 …… 68
2.5.4　中性包装和定牌 …… 68
2.5.5　包装条款的规定 …… 69
本章小结 …… 70
习题 …… 70
第 3 章　国际货物运输 …… 76
3.1　运输方式 …… 77
3.1.1　海洋运输 …… 77
3.1.2　铁路运输 …… 79
3.1.3　航空运输 …… 79
3.1.4　集装箱运输、国际多式联运和大陆桥运输 …… 80
3.2　装运条款 …… 81
3.2.1　装运时间 …… 81
3.2.2　装运港和目的港 …… 83
3.2.3　分批装运和转运 …… 84
3.2.4　装运通知 …… 85
3.2.5　滞期、速遣条款 …… 85
3.2.6　其他装运条款 …… 85
3.3　运输单据 …… 86
3.3.1　海运提单 …… 86
3.3.2　(不可转让)海运单 …… 89
3.3.3　铁路运输单据 …… 89
3.3.4　航空运单 …… 89
3.3.5　多式联运单据 …… 90
3.3.6　邮政收据 …… 90
本章小结 …… 90
习题 …… 90
第 4 章　国际货物运输保险 …… 95
4.1　保险概述 …… 96
4.1.1　合同中的保险条款 …… 96
4.1.2　保险的做法 …… 96
4.2　海运货物保险承保范围 …… 97
4.2.1　海上风险和损失 …… 97
4.2.2　外来风险和损失 …… 100
4.3　我国海运货物保险的险别 …… 100

4.3.1 基本险别 …………………… 100
4.3.2 附加险别 …………………… 101
4.4 伦敦保险协会海运货物保险条款 …………………… 102
4.4.1 协会货物保险险别的承保风险与除外责任 ………… 102
4.4.2 协会海运货物保险的保险期限 …………………… 103
4.5 我国陆运、空运货物与邮包运输保险 …………………… 103
4.5.1 陆运货物保险 ………… 103
4.5.2 空运货物险 ………… 104
4.5.3 邮包运输险 ………… 105
4.6 合同中的保险条款 ………… 106
本章小结 …………………… 109
习题 …………………… 109

第5章 国际贸易货款收付 ………… 115

5.1 支付工具 …………………… 116
5.1.1 汇票 …………………… 116
5.1.2 支票和本票 ………… 119
5.2 汇付与托收 …………………… 120
5.2.1 汇付 …………………… 120
5.2.2 托收 …………………… 121
5.3 信用证付款 …………………… 124
5.3.1 信用证的含义 ………… 124
5.3.2 信用证方式的当事人 …… 125
5.3.3 信用证的主要内容及其开立的形式 ………… 125
5.3.4 信用证的种类 ………… 126
5.3.5 国际商会《跟单信用证统一惯例》 …………………… 128
5.4 银行保函 …………………… 130
5.4.1 银行保函的含义及其性质 …………………… 130
5.4.2 银行保函的当事人 ……… 130
5.4.3 银行保函的主要内容 …… 131
5.4.4 银行保函的种类 ………… 131
5.5 各种支付方式的选用 ………… 132
5.5.1 信用证与汇付相结合 …… 132
5.5.2 信用证与托收相结合 …… 132
5.5.3 托收与备用信用证或银行保证书相结合 ………… 133
5.5.4 汇付、托收、信用证三者相结合 …………………… 133
本章小结 …………………… 138
习题 …………………… 138

第6章 进出口合同的商定和履行 …… 145

6.1 国际货物买卖合同 ………… 146
6.1.1 订立国际货物买卖合同的法律步骤 ………… 146
6.1.2 合同成立的时间与合同生效的要件 ………… 152
6.1.3 合同的形式及其基本内容 …………………… 152
6.2 出口合同的履行 ………… 154
6.2.1 备货 …………………… 154
6.2.2 报验 …………………… 159
6.2.3 催证、审证和改证 ……… 161
6.2.4 租船、订舱和装运 ……… 163
6.2.5 投保 …………………… 164
6.2.6 出口报关 ………… 164
6.2.7 装运 …………………… 165
6.2.8 发装运通知 ………… 165
6.2.9 制单结汇 ………… 165
6.2.10 出口收汇核销 ………… 168
6.2.11 出口退税 ………… 169
6.2.12 理赔 ………… 169
6.2.13 非信用证结汇与国际保理业务 ………… 169
6.3 进口合同的履行 ………… 171
6.3.1 开立信用证 ………… 171
6.3.2 租船订舱 ………… 172
6.3.3 办理保险 ………… 172
6.3.4 审单付汇 ………… 172
6.3.5 进口报关与查验 ………… 173
6.3.6 报验 …………………… 173
6.3.7 缴纳关税与结关放行 …… 173
6.3.8 进口货物检验 ………… 174
6.3.9 进口索赔 ………… 174
本章小结 …………………… 176
习题 …………………… 176

第 7 章 商品检验、仲裁与索赔 ········ 181

7.1 商品检验 ························ 182

7.1.1 商品检验的作用 ············ 182

7.1.2 我国进出口商品实施检验的范围 ·························· 183

7.1.3 检验条款的主要内容 ······ 183

7.1.4 买卖合同中的检验条款 ··· 185

7.2 仲裁 ······························· 187

7.2.1 仲裁的含义 ················· 187

7.2.2 仲裁协议 ···················· 187

7.2.3 合同仲裁条款的主要内容 ························· 188

7.2.4 仲裁程序 ···················· 188

7.3 索赔 ······························· 189

7.3.1 争议与索赔的含义 ········· 189

7.3.2 不同法律对违约行为的不同解释 ·························· 190

本章小结 ································ 192

习题 ····································· 192

第 8 章 综合案例 ························ 196

案例一 对进口国远期付款交单(D/P after Sight)惯例不清致损案 ········ 196

案例二 品质证明书签名不符导致的信用证拒付纠纷 ················ 197

案例三 出口方遭遇信用证“陷阱条款” ························· 198

案例四 关于贸易是否具有“国际性”的解读 ························· 199

案例五 包装不符导致的贸易纠纷 ······ 199

案例六 “不清洁”货物为何签发“清洁”提单 ···················· 200

案例七 放弃检验权致损案 ·············· 200

案例八 货物数量不符致损案 ··········· 201

案例九 包装尺寸不符致损案 ··········· 201

案例十 CIF 条件下卖方应如何投保 ··························· 202

案例十一 重量单与净重检验证书一样吗 ·························· 202

案例十二 如何防范汇付风险 ··········· 203

案例十三 何种条件下为实盘 ··········· 204

案例十四 误解装运条款引起争端 ······ 204

案例十五 出口方疏忽造成重大违约案 ·························· 207

案例十六 利用品质条款诈骗案 ········ 207

参考文献 ································· 209

第1章 国际贸易术语

学习目标

知识目标	技能目标
(1) 掌握贸易术语的含义，了解其产生、发展和作用 (2) 了解有关贸易术语的国际贸易惯例及其发展规律	初步具备分析贸易术语、认识有关国际贸易惯例的发展规律的能力
识记各贸易术语项下买卖双方的主要义务和选用注意事项	能够比较各贸易术语的异同
(1) 理解风险提前转移等与交货有关的问题 (2) 理解正确选用贸易术语应考虑的因素	初步掌握正确选用贸易术语的技巧

知识结构

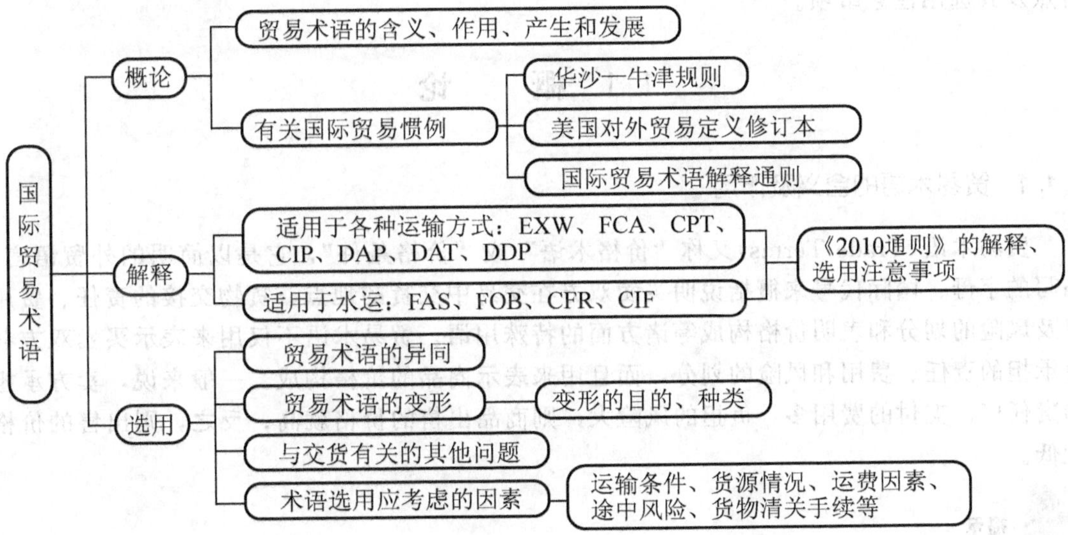

导入案例

英国政府不签发出口许可证而未能装货出运引发贸易纠纷案

2009年，中国B公司从英国A公司进口一批货物，签订合同所使用的贸易术语为FAS LONDON，因英国政府不签发出口许可证而未能装货出运，引发贸易纠纷。裁决：根据1990年7月1日生效的《1990国际贸易术语解释通则》，如果采用FAS术语，买方有义务“自担风险及费用领取出口、进口许可证或其他官方批准证件，并办理为货物出口、进口及必要时通过第三国所需的所有通关手续”。但是，根据2000年1月1日生效的《2000国际贸易术语解释通则》，如果采用FAS术语，“卖方必须自担风险和费用，取得任何出口许可或其他官方授权，并在需要办理海关手续时，办理货物出口所需的一切海关手续。”“买方必须自担风险和费用，取得任何进口许可或其他官方授权，并在需要办理海关手续时，办理货物进口和从他国过境所需的一切海关手续。”

点评：在国际贸易中，交易双方享有合同赋予的权利的同时也要承担规定的义务。作为卖方，基本的义务是提交合格的货物和单据，转移货物的所有权；作为买方，对等义务是接收货物和支付货款。但是，在货物交接过程中，涉及许多风险、责任与费用的分担问题，如果逐项磋商，要耗费大量的时间、精力和金钱，为此，在长期的国际贸易实践中逐渐形成了各种不同的贸易术语以及有关的国际贸易惯例。随着贸易实践的发展，贸易术语及其有关的国际贸易惯例也在不断地发展变化。

讨论题：什么是贸易术语？有关贸易术语的国际贸易惯例有哪些？如何正确选用国际贸易术语？

本章介绍贸易术语的含义、作用、产生与发展、有关国际贸易惯例，详述《2010国际贸易术语解释通则》（以下简称《2010通则》）对各贸易术语的解释，总结各贸易术语的特点及其选用注意事项。

1.1 概　　论

1.1.1 贸易术语的含义及作用

贸易术语（Trade Terms）又称“价格术语”或“价格条件”，它是以简明的外贸语言、缩写的字母、国际代号来概括说明买卖双方在交易中交货的地点，货物交接的责任、费用以及风险的划分和表明价格构成等诸方面的特殊用语。贸易术语不仅用来表示买卖双方各自承担的责任、费用和风险的划分，而且用来表示商品的价格构成。一般来说，卖方承担的责任广，支付的费用多，负担的风险大，则商品出售的价格就高；反之，则出售的价格就低。

提示

完整的国际贸易报价包含4个部分。例：USD 5 000 PER CIF SHANGHAI，CHINA（每件5 000美元CIF上海，中国）。其中，“CIF SHANGHAI，CHINA”就是“贸易术语”。

1.1.2 国际贸易惯例的性质

国际贸易业务中反复实践的习惯做法与行为规范只有经国际组织加以编纂与解释，才形成为国际贸易惯例。国际贸易惯例的适用是以当事人的意思自治为基础的。因为惯例本身不是法律，它对贸易双方不具有强制性，故买卖双方有权在合同中做出与某项惯例不符的规定。但是，国际贸易惯例对贸易实践仍具有重要的指导作用。这体现在：一方面，如果双方都同意采用某种惯例来约束该项交易，并在合同中做出明确规定，那么这项约定的惯例就具有了强制性；另一方面，如果双方对某一问题没有做出明确规定，也未注明该合同适用某项惯例，在合同执行中发生争议时，受理该争议案的司法和仲裁机构也往往会引用某一国际贸易惯例进行判决或裁决。因此，国际贸易惯例虽然不具有强制性，但它对国际贸易实践的指导作用却不容忽视。

1.1.3 有关贸易术语的国际贸易惯例

有关贸易术语的国际贸易惯例主要有以下 3 种。

1.《1932 年华沙—牛津规则》

这一规则对于 CIF 合同的性质，买卖双方所承担的风险、责任和费用的划分以及所有权转移的方式等问题都作了比较详细的解释。

2.《美国对外贸易定义 1941 年修订本》

《美国对外贸易定义 1941 年修订本》中所解释的贸易术语共有 6 种，分别为 EX Point of Origin、FOB、FAS、C&F、CIF 和 EX Dock。

3.《国际贸易术语解释通则》

《国际贸易术语解释通则》(International Rules for the Interpretation of Trade Terms，INCOTERMS)是国际商会为了统一对各种贸易术语的解释而制定的。另外，为适应国际贸易的快速发展和国际贸易实践领域发生的新变化，国际商会对《2000 国际贸易术语解释通则》进行了修订，产生了现行的《2010 国际贸易术语解释通则》，并于 2011 年 1 月 1 日起生效。

《2010 国际贸易术语解释通则》将全部 11 种贸易术语分为特征鲜明的两大类：适用于任何运输方式或多种运输方式的术语和适用于海运及内河水运的术语，见表 1－1 与表 1－2。

表 1－1 适用于任何运输方式或多种运输方式的术语

EXW EX Works	工厂交货
FCA Free Carrier	货交承运人
CPT Carriage Paid To	运费付至
CIP Carriage and Insurance Paid To	运费保险费付至
DAT Delivered At Terminal	运输终端交货
DAP Delivered At Place	目的地交货
DDP Delivered Duty Paid	完税后交货

表 1-2 适用于海运及内河水运的术语

FAS Free Alongside Ship	装运港船边交货
FOB Free On Board	装运港船上交货
CFR Cost and Freight	成本加运费
CIF Cost Insurance and Freight	成本保险费加运费

此外，《2010 通则》中采取相互对应的标准化规定方法，将每一种贸易术语买卖双方各自承担的义务分别用 10 个项目列出。

总之，在有关贸易术语的国际贸易惯例中，INCOTERMS 是包括内容最多、使用范围最广和影响最大的一种。以下为两类贸易术语的使用说明。

提示

相对于 Incoterms 2000，Incoterms 2010 对贸易术语的分类进行了调整，由原来的 E、F、C、D 四组调整为按适用的运输方式分为两组：适用于任何运输方式或多种运输方式的术语和适用于海运及内河水运的术语。贸易术语的数量由原来的 13 个变为 11 个。

1.2 贸易术语的分类

1.2.1 第一类国际贸易术语

它是适用于任何运输方式或多种运输方式的术语

1. EXW (EX Works，工厂交货)

EXW(Insert Named Place of Delivery) Incoterms 2010——EXW(插入指定交货地点) 2010 国际贸易术语解释通则。

EXW 适用于任何一种运输方式，也可适用于多种运输方式。它适合国内贸易，而 FCA 一般更适合国际贸易。

“工厂交货”是指卖方在其所在地或其他指定地点(如工厂、车间或仓库等)将货物交由买方处置时，即完成交货，卖方不需将货物装上任何前来接收货物的运输工具。需要清关时，卖方也无需办理出口清关手续。EXW 术语是卖方承担责任最小的术语。

双方应在指定交货地范围内尽可能明确具体交货地点，因为在货物到达地点之前的所有费用与风险都由卖方承担。买方则需承担自此指定交货地的约定地点(如果有的话)收取货物后所产生的全部费用和风险。

1）使用 EXW 术语需要注意的问题

(1) 卖方对买方没有装货的义务，即使实际上卖方也许更方便这样做。如果卖方装货，也是由买方承担相关风险和费用。当卖方更方便装货物时，FCA 一般更为合适，因为该术语要求卖方承担装货义务以及与此相关的风险和费用。

(2) 以 EXW 为基础购买出口产品的买方需要注意，卖方只有在买方要求时，才有义务协助办理出口手续，即卖方无义务安排出口通关。因此，在买方不能直接或间接地办理出口清关手续时，不建议使用该术语。

(3) 买方仅有限度地承担向卖方提供货物出口相关信息的责任。但是，卖方可能出于纳税或申报等目的，需要这方面的信息。

2) 买卖双方义务

具体来说，EXW 术语下买卖双方的义务见表 1-3。

表 1-3　EXW 术语下买卖双方的义务

A 卖方义务	B 买方义务
A1 卖方一般义务 卖方必须提供符合买卖合同约定的货物和商业发票，以及合同可能要求的其他与合同相符的证据。 A1～A10 中所指的任何单证在双方约定或符合惯例的情况下，可以是同等作用的电子记录或程序。	B1 买方一般义务 买方必须按照买卖合同约定支付价款。 B1～B10 中所指的任何单证在双方约定或符合惯例的情况下可以是同等作用的电子记录或程序。
A2 许可证、授权、安检通关和其他手续 如适用，经买方要求，并承担风险和费用，卖方必须协助买方取得出口许可或出口相关货物所需的其他官方授权。 如适用，经买方要求，并承担风险和费用，卖方必须提供其所掌握的该项货物安检通关所需的任何信息。	B2 许可证、授权、安检通关和其他手续 如适用，应由买方自负风险和费用，取得进出口许可或其他官方授权，办理相关货物进出口的海关手续。
A3 运输合同与保险合同 a. 运输合同。卖方对买方无订立运输合同的义务。 b. 保险合同。卖方对买方无订立保险合同的义务，但应买方要求并由其承担风险和费用(如有的话)，卖方必须向买方提供后者取得保险所需的信息。	B3 运输合同与保险合同 a. 运输合同。买方对卖方无订立运输合同的义务。 b. 保险合同。买方对卖方无订立保险合同的义务。
A4 交货 卖方必须在指定的交付地点或该地点内的约定点(如有的话)，以将未置于任何接收货物的运输工具上的货物交由买方处置的方式交货。若在指定交货地没有约定点，且有几个点可供使用时，卖方可选择最适合于其目的地点。卖方必须在约定日期或期限内交货。	B4 收取货物 当卖方行为与 A4、A7 相符时，买方必须收取货物。

续表

A 卖方义务	B 买方义务
A5 风险转移 除按照 B5 的灭失或损坏情况外，卖方承担按照 A4 完成交货前货物灭失或损坏的一切风险。	B5 风险转移 买方承担自按照 A4 交货时起货物灭失或损坏的一切风险。 如果买方未能按照 B7 给予卖方通知，则买方必须从约定的交货日期或交货期限届满之日起，承担货物灭失或损坏的一切风险，但以该项货物已清楚地确定为合同项下之货物者为限。
A6 费用划分 卖方必须支付按照 A4 完成交货前与货物相关的一切费用，但按照 B6 应由买方支付的费用除外。	B6 费用划分 买方必须支付以下几项费用。 a. 自按照 A4 交货时起与货物相关的一切费用。 b. 由于其未收取已处于可由其处置状态货物或未按照 B7 发出相关通知而产生的额外费用，但以该项货物已清楚地确定为合同项下之货物者为限。
A7 通知买方 卖方必须给予买方其收取货物所需的任何通知。	B7 通知卖方 当有权决定在约定期限内的时间和/或在指定地点内的接收点时，买方必须向卖方发出充分的通知。
A8 交货凭证 卖方对买方无义务。	B8 交货证据 买方必须向卖方提供其已收取货物的相关凭证。
A9 查对—包装—标记 卖方必须支付为了按照 A4 进行交货，所需要进行的查对费用(如查对质量、丈量、过磅、点数的费用)。 除非在特定贸易中，某些货物的销售通常不需包装，卖方必须自付费用包装货物。 除非买方在签订合同前已通知卖方特殊包装要求，卖方可以以适合该货物运输的方式对货物进行包装。包装应作适当标记。	B9 货物检验 买方必须支付装运前任何强制性检验费用，包括出口国有关机构强制进行的检验费用。
A10 协助提供信息及相关费用 如适用，应买方要求并由其承担风险和费用，卖方必须及时向买方提供或协助其取得相关货物出口和(或)进口，和(或)将货物运输到最终目的地所需要的任何文件和信息，包括安全相关信息。	B10 协助提供信息及相关费用 买方必须及时告知卖方任何安全信息要求，以便卖方遵守 A10 的规定。 买方必须偿付卖方按照 A10 向买方提供或协助其取得文件和信息时发生的所有花销和费用。

阅读案例 1-1

EXW 合同下买方未及时提货致损案

【案情简介】

1997 年 4 月，在广州春交会上，香港某进口商(以下简称 A)与汕头市某出口公司(以下简称 B)签订了一份出口尼龙皱纹布跑步衫上装 3 000 打的合同。合同规定每打 15 美元 EXW 汕头，纸箱装，每箱 5 打，6 月 15 日前交货，支付方式为经 A 验货合格后电汇。6 月 9 日 B 通知 A 货已备妥速来验收。6 月 10 日 A 派代表来汕头，由 B 陪同赴汕头市某服装厂(以下简称 C)验货。

6 月 11 日该批货全部验收合格后，在港商代表的监督指导下，按照港商出具的唛头——装箱刷唛。随即该代表向港商 A 发出电传，称货已验收、刷唛完毕，B 方等货款汇到后即可提供商业发票和其他有关的单证。12 日 B 方收到港商汇来的货款 45 000 美元，随即 B 方将有关票证交给港方代表。这时该代表向 B 提出货物暂放 C 厂，等其与汕头某货运代理联系集装箱和出口报关事宜妥当后再来工厂提货。B 当即与 C 厂联系，C 回答该批货物已单独存放，随时可供提取。13 日下午港方代表来电话称，货运代理要到 14 日上午才能安排车来 C 厂拉货。不料，在 14 日凌晨 C 厂突遭火灾，全部厂房及物资化为乌有。A 闻讯后立即来汕头要求 B 退还货款，理由是他并未提货，货物被焚应由 B 方负责。B 拒不同意，理由是着火属不可抗力，而且他已按时履行了交货手续，该损失应由 A 自己承担。A 却认为 C 工厂并未开具货物出厂证，货物所有权仍在 B 方。双方各执一词，最后 A 向汕头市人民法院控告 B 未履行交货义务，理应承担退还货款的责任。

法院在认真审理此案后做出以下判决。

(1) 卖方 B 已在合同规定日期和指定的交货地点将符合买方要求的货物如数交给买方 A。这点有买方代表发给港商 A 的电传内容为证。

(2) 根据《2000 通则》中对 EXW 这一贸易术语的解释，买方自工厂点收货物后即应承担货物灭失或损坏的一切风险。更何况，该案是在买方代表监督下装箱、刷唛、单独存放，事实上已充分说明该货物已完全特定化并置于买方处置之下。

(3) 工厂未开出厂证，只是工厂办理货物运出厂门的一项内部管理手续，并不涉及货物所有权的转移。

(4) 被告 B 不应承担退还货款的责任。

(5) 原告所遭受的损失以及 C 厂因邻厂爆炸而着火应另案处理，与本案无关。

【案例点评】

EXW 系工厂交货贸易术语。即使按照《2010 通则》解释，按此交货条件达成的交易在形式上也类同于卖方做国内贸易。只要卖方按合同规定的时间、地点和品质将货物置于买方处置之下，就算完成了交货义务，风险也随之移交买方。由于此术语成交价格相对最便宜，港澳地区的商人与我国沿海地区常按此条件签订合同。本案 A 遭受损失的主要原因是对此术语下买方的风险估计不足，教训如下。

(1) 买方事先应做好各项准备工作，不能临时抱佛脚。如果买方在验货的同时就与货代联系好订箱、运输及报关事宜，就可提前两天提货，不至于等到那场火灾临头。

(2) 卖方及工厂在港方验收货物后应立即开出出厂证交港商，以便争取主动。至于港方何时提货是他自己的事，这样就不致授人以柄。

(3) 凡按 EXW 贸易术语成交的货物，货物一经买方点收即应向买方交代货物所有权已转移，尽量避免寄存暂放等事情，以防不测。此案卖方比较幸运，否则，收回货款希望渺茫。

资料来源：帅建林，王红雨．案释国际贸易惯例[M]. 北京：中国商务出版社，2005：156. 经过改编。

2. FCA（Free Carrier，货交承运人）

FCA(Insert Named Place of Delivery) Incoterms 2010——FCA（插入指定交货地点）2010 国际贸易术语解释通则。

1）该术语可适用于任何运输方式，也可适用于多种运输方式

“货交承运人”是指卖方在卖方所在地或其他指定地点将货物交给买方指定的承运人或其他人。由于风险在交货地点转移至买方，特别建议双方尽可能清楚地写明指定交货地内的交付点。

如果双方希望在卖方所在地交货，则应当将卖方所在地址明确为指定交货地。如果双方希望在其他地点交货，则必须确定不同的特定交货地点。

如适用，FCA 要求卖方办理货物出口清关手续。但卖方无义务办理进口清关，支付任何进口税或办理任何进口海关手续。

2）使用 FCA 术语应注意的事项

(1) 关于交货问题。《2010 国际贸易术语解释通则》规定，在 FCA 术语下，卖方交货的指定地点如是卖方货物所在地，则当货物被装上买方指定的承运人的运输工具时，交货即算完成；如指定的地点是任何其他地点，当货物在卖方运输工具上尚未卸货而交给买方指定的承运人处置时，交货即算完成。

(2) 关于运输合同。《2010 国际贸易术语解释通则》中的 FCA 术语，应由买方自付费用，订立从指定地点承运货物的运输合同，并指定承运人；但《2010 国际贸易术语解释通则》又规定，当卖方被要求协助与承运人订立合同时，只要买方承担费用和风险，卖方也可以办理。当然，卖方也可以拒绝订立运输合同。如若拒绝，则应立即通知买方，以便买方另作安排。

(3) 关于交货地点。如果双方希望在卖方所在地交货，则应当将卖方所在地址明确为指定交货地。如果双方希望在其他地点交货，则必须确定不同的特定交货地点。由于风险在交货地点由卖方转移至买方，双方尽可能清楚地写明指定交货地内的交付点。

(4) 关于清关手续。如适用，FCA 要求卖方办理货物出口清关手续。但卖方无义务办理进口清关，支付任何进口税或办理任何进口海关手续。

3）买卖双方义务

具体而言，FCA 术语下买卖双方的义务见表 1-4。

表 1-4　FCA 术语下买卖双方的义务

A 卖方义务	B 买方义务
A1 卖方一般义务 卖方必须提供符合买卖合同约定的货物和商业发票，以及合同可能要求的其他与合同相符的证据。 A1～A10 中所指的任何单证在双方约定或符合惯例的情况下，可以是同等作用的电子记录或程序。	B1 买方一般义务 买方必须按照买卖合同约定支付价款。 B1～B10 中所指的任何单证在双方约定或符合惯例的情况下，可以是同等作用的电子记录或程序。

续表

A 卖方义务	B 买方义务
A2 许可证、授权、安检通关和其他手续 如适用，卖方必须自负风险和费用，取得所有的出口许可或其他官方授权，办理货物出口所需的一切海关手续。	B2 许可证、授权、安检通关和其他手续 如适用，应由买方自负风险和费用，取得所有进口许可或其他官方授权，办理货物进口和从他国过境运输所需的一切海关手续。
A3 运输合同与保险合同 a. 运输合同。卖方对买方无订立运输合同的义务。但若买方要求，或依商业实践，且买方未适时做出相反指示，卖方可以按照通常条件签订运输合同，由买方承担风险与费用。 在以上两种情形下，卖方都可以拒绝签订运输合同，如予以拒绝，卖方应立即通知买方。 b. 保险合同。卖方对买方无订立保险合同的义务。但应买方要求并由其承担风险和费用(如有的话)，卖方必须向买方提供后者取得保险所需的信息。	B3 运输合同与保险合同 a. 运输合同。除了卖方按照 A3a. 签订运输合同情形外，买方必须自付费用签订自指定的交货地点起运货物的运输合同。 b. 保险合同。买方对卖方无订立保险合同的义务。
A4 交货 卖方必须在约定日期或期限内，在指定地点或指定地点内的约定点(如有的话)将货物交付给买方指定的承运人或其他人。 以下情况，交货完成。 a. 若指定地点是卖方所在地，则当货物被装上买方提供的运输工具时。 b. 在任何其他情况下，则当货物虽处于卖方的运输工具上，但已准备好卸载，并已交由承运人或买方指定的其他人处置时。 如果买方未按照 B7d，明确指定交货地点内特定的交付点，且有几个交付点可供使用时，卖方则有权选择最适合于其目的的交货点。 除非买方另行通知，卖方可采取符合货物数量和(或)性质需要的方式将货物交付运输。	B4 收取货物 当货物按照 A4 交付时，买方必须收取。
A5 风险转移 除按照 B5 的灭失或损坏情况外，卖方承担按照 A4 完成交货前货物灭失或损坏的一切风险。	B5 风险转移 买方承担自按照 A4 交货时起货物灭失或损坏的一切风险。 a. 买方未按照 B7 规定通知 A4 项下的指定承运人或其他人，或发出通知。 b. 按照 A4 指定的承运人或其他人未在约定的时间接管货物，则买方承担货物灭失或损坏的一切风险。

续表

A 卖方义务	B 买方义务
	① 自约定日期起，若无约定日期的。 ② 自卖方在约定期限内按照 A7 通知的日期起。 ③ 若没有通知日期的，则自任何约定交货期限届满之日起。 但以该项货物已清楚地确定为合同项下之货物者为限。
A6 费用划分 卖方必须支付以下几项费用。 a. 按照 A4 完成交货前与货物相关的一切费用，但按照 B6 应由买方支付的费用除外。 b. 如适用，货物出口所需海关手续费用，出口应缴纳的一切关税、税款和其他费用。	B6 费用划分 买方必须支付以下几种费用。 a. 自按照 A4 交货时起与货物相关的一切费用；如适用，A6b. 中出口所需的海关手续费用，及出口应缴纳的一切关税、税款和其他费用除外。 b. 由于以下原因之一发生的任何额外费用。 ① 买方未能指定 A4 项下承运人或其他人。 ② 买方指定的 A4 项下承运人或其他人未接管货物。 ③ 买方未能按照 B7 给予卖方相应的通知，但以该项货物已清楚地确定为合同项下之货物者为限。 c. 如适用，货物进口应缴纳的一切关税、税款和其他费用，及办理进口海关手续的费用和从他国过境运输的费用。
A7 通知买方 由买方承担风险和费用，卖方必须就其已经按照 A4 交货或买方指定的承运人或其他人未在约定时间内收取货物的情况下给予买方充分的通知。	B7 通知卖方 买方必须通知卖方以下内容。 a. 按照 A4 所指定的承运人或其他人的姓名，以便卖方有足够时间按照该条款交货。 b. 如适用，在约定的交付期限内所选择的由指定的承运人或其他人收取货物的时间。 c. 指定人使用的运输方式。 d. 指定地点内的交货点。
A8 交货凭证 卖方必须自付费用向买方提供已按照 A4 交货的通常证据。 应买方要求并由其承担风险和费用，卖方必须协助买方取得运输凭证。	B8 交货证据 买方必须接收按照 A8 提供的交货凭证。

续表

A卖方义务	B买方义务
A9 查对—包装—标记 卖方必须支付为了按照A4进行交货所需要进行的查对费用(如查对质量、丈量、过磅、点数的费用)，以及出口国有关机构强制进行的装运前检验所产生的费用。 除非在特定贸易中，某些货物的销售通常不需包装，卖方必须自付费用包装货物。 除非买方在签订合同前已通知卖方特殊包装要求，卖方可以以适合该货物运输的方式对货物进行包装。包装应作适当标记。	B9 货物检验 买方必须支付装运前任何强制性检验费用，但出口国有关机构强制进行的检验费用除外。
A10 协助提供信息及相关费用 如适用，应买方要求并由其承担风险和费用，卖方必须及时向买方提供或协助其取得相关货物出口和/或进口，和/或将货物运输到最终目的地所需要的任何文件和信息，包括安全相关信息。 卖方必须偿付买方按照B10提供或协助取得文件和信息时所发生的所有花销和费用。	B10 协助提供信息及相关费用 买方必须及时告知卖方任何安全信息要求，以便卖方遵守A10的规定。 买方必须偿付卖方按照A10向买方提供或协助其取得文件和信息时发生的所有花销和费用。 如适用，应卖方要求并由其承担风险和费用，买方必须及时向卖方提供或协助其取得货物运输和出口及从他国过境运输所需要的任何文件和信息，包括安全相关信息。

阅读案例 1-2

由谁负责装车

【案情简介】

2009年，中国A公司从新加坡B公司以FCA(新加坡某内陆城市)进口一批食糖，合同约定适用《2000通则》。买方A公司如期将租用的货车派至指定交货地点(即卖方B所在地)。A请求B装车，后者以手头订单多、人手不足等为由，拒绝装车。A只好雇佣当地人装车，货刚刚装上车，还未来得及做好防护措施，突然天降大雨，致使部分货物脏包，减损了货物的商业价值。买方A可否要求卖方B支付装车费并赔偿货损?

【案例点评】

按照《2000通则》和《2010通则》的解释，交货地点的选择直接影响到装卸货物的责任划分问题。本案双方约定的交货地点是在卖方所在地，则卖方要负责将货物装上买方安排的承运人所提供的运输工具上。所以，买方A可以要求卖方B支付装车费并赔偿货损。

如果本案的交货地点是在其他地方，例如新加坡港口，卖方则要自担风险和费用，自己提供运输工具将货物运至新加坡港口，在自己的运输工具上完成交货任务，无需负责卸货，更无需将货物换装到买方指定的运输工具上。

3. CPT (Carriage Paid To，运费付至)

CPT(Insert Named Place of Destination) Incoterms 2010——CPT(插入指定目的地)2010国际贸易术语解释通则。

1）该术语可适用于任何运输方式，也可适用于多种运输方式

“运费付至”是指卖方将货物在双方约定地点(如果双方已经约定了地点)交给卖方指定的承运人或其他人。卖方必须签订运输合同并支付将货物运至指定目的地所需费用。

若使用CPT、CIP、CFR或CIF术语，当卖方将货物交付给承运人，而不是当货物到达目的地时，即完成交货。

由于风险转移和费用转移的地点不同，该术语有两个关键点。特别建议双方尽可能确切地在合同中明确交货地点(风险在这里转移至买方)，以及指定的目的地(卖方必须签订运输合同运到该目的地)。如果运输到约定目的地涉及多个承运人，且双方不能就交货点达成一致，可以推定：当卖方在某个完全由其选择、且买方不能控制的点将货物交付给第一个承运人时，风险转移至买方。如双方希望风险晚些转移的话(例如在某海港或机场转移)，则需要在其买卖合同中订明。

由于卖方需承担将货物运至目的地具体地点的费用，特别建议双方尽可能确切地在指定的目的地内明确该点。建议卖方取得完全符合该选择的运输合同。如果卖方按照运输合同在指定的目的地卸货发生了费用，除非双方另有约定，卖方无权向买方要求偿付。

如适用，CPT要求卖方办理货物的出口清关手续。但是卖方无义务办理进口清关，支付任何进口税或办理进口相关的任何海关手续。

2）使用CPT术语应注意的事项

(1) 风险划分的界限问题。按照CPT术语成交，虽然卖方要负责订立从起运地到指定目的地的运输契约，并支付运费，但是卖方承担的风险并没有延伸至目的地。按照《2010国际贸易术语解释通则》的解释，货物自交货地点至目的地的运输途中的风险由买方承担，卖方只承担货物交给承运人控制之前的风险。在多式联运情况下，卖方承担的风险自货物交给第一承运人控制时即转移给买方。

如果双方希望风险晚些转移的话(例如在某海港或机场转移)，则需要在其买卖合同中订明。

(2) 责任和费用的划分问题。采用CPT术语时，由卖方指定承运人，自费订立运输合同，将货物运往指定的目的地，并支付正常运费。如果卖方按照运输合同在指定的目的地卸货并发生了费用，除非双方另有约定，卖方无权向买方要求偿付。由于卖方承担将货物运至目的地具体地点的费用，双方应尽可能确切地在指定目的地明确该点。卖方应取得完全符合该选择的运输合同。

卖方将货物交给承运人之后，应向买方发出货物已交付的通知，以便于买方在目的地办理货运保险和收领货物。如果双方未能确定买方收领货物的具体地点，卖方可以在目的地选择最适合其要求的地点。

(3) 关于清关手续。如适用，CPT要求卖方办理货物出口清关手续。但卖方无义务办理进口清关，支付任何进口税或办理任何进口海关手续。

3）买卖双方义务

具体而言，CPT术语下买卖双方的义务见表1－5。

表1－5 CPT术语下买卖双方的义务

A卖方义务	B买方义务
A1卖方一般义务 卖方必须提供符合买卖合同约定的货物和商业发票，以及合同可能要求的其他与合同相符的证据。 A1～A10中所指的任何单证在双方约定或符合惯例的情况下，可以是同等作用的电子记录或程序。	B1买方一般义务 买方必须按照买卖合同约定支付价款。 B1～B10中所指的任何单证在双方约定或符合惯例的情况下，可以是同等作用的电子记录或程序。
A2许可证、授权、安检通关和其他手续 如适用，卖方必须自负风险和费用，取得所有的出口许可或其他官方授权，办理货物出口和交货前从他国过境运输所需的一切海关手续。	B2许可证、授权、安检通关和其他手续 如适用，应由买方自负风险和费用，取得所有进口许可或其他官方授权，办理货物进口和从他国过境运输所需的一切海关手续。
A3运输合同与保险合同 a. 运输合同。卖方必须签订或取得运输合同，将货物自交货地的约定交货点(如果有的话)运送至指定目的地或该目的地的交付点(如有约定)。必须按照通常条件订立合同，由卖方支付费用，经由通常路线和习惯方式运送货物。如果双方没有约定特别的点或该点不能由惯例确定，卖方则可选择最适合其目的的交货点和指定目的地内的交货点。 b. 保险合同。卖方对买方无订立保险合同的义务。但应买方要求并由其承担风险和费用(如有的话)，卖方必须向买方提供后者取得保险所需的信息。	B3运输合同与保险合同 a. 运输合同。买方对卖方无订立运输合同的义务。 b. 保险合同。买方对卖方无订立保险合同的义务。但应卖方要求，买方必须向卖方提供取得保险所需的信息。
A4交货 卖方必须在约定日期或期限内，以将货物交给按照A3签订合同承运人的方式交货。	B4收取货物 当货物按照A4交付时，买方必须收取，并在指定目的地向承运人收取货物。
A5风险转移 除按照B5的灭失或损坏情况外，卖方承担按照A4完成交货前货物灭失或损坏的一切风险。	B5风险转移 买方承担自按照A4交货时起货物灭失或损坏的一切风险。 如买方未按照B7规定给予卖方通知，则买方必须从约定的交货日期或交货期限届满之日起，承担货物灭失或损坏的一切风险，但以该项货物已清楚地确定为合同项下之货物者为限。

续表

A 卖方义务	B 买方义务
A6 费用划分 卖方必须支付以下几种费用。 a. 按照 A4 完成交货前与货物相关的一切费用，但按照 B6 应由买方支付的费用除外。 b. 按照 A3a. 所发生的运费和其他一切费用，包括根据运输合同规定由卖方支付的装货费和在目的地的卸货费用。 c. 如适用，货物出口所需海关手续费用，出口应缴纳的一切关税、税款和其他费用，以及按照运输合同规定，由卖方支付的货物从他国过境运输的费用。	B6 费用划分 在不与 A3a. 冲突的情况下，买方必须支付以下费用。 a. 自按照 A4 交货时起与货物相关的一切费用，如适用，A6c. 为出口所需的海关手续费用，及出口应缴纳的一切关税、税款和其他费用除外。 b. 货物在运输途中直至到达约定目的地为止的一切费用，按照运输合同该费用由卖方支付的除外。 c. 卸货费，除非根据运输合同该项费用应由卖方支付。 d. 如买方未能按照 B7 发出通知，则自约定发货之日或约定发货期限届满之日起，所发生的一切额外费用，但以该项货物已清楚地确定为合同项下之货物者为限。 e. 如适用，货物进口应缴纳的一切关税、税款和其他费用，及办理进口海关手续的费用和从他国过境运输的费用，除非该费用已包括在运输合同中。
A7 通知买方 卖方必须向买方发出已按照 A4 交货的通知。 卖方必须向买方发出任何所需通知，以便买方采取收取货物时通常所需要的信息。	B7 通知卖方 当有权决定发货时间和(或)指定目的地或目的地内收取货物的点时，买方必须向卖方发出充分的通知。
A8 交货凭证 依惯例或应买方要求，卖方必须承担费用，向买方提供其按照 A3 订立的运输合同通常的运输凭证。此项运输凭证必须载明合同中的货物，且其签发日期应在约定运输期限内。如已约定或依惯例，此项凭证也必须能使买方在指定目的地向承运人索取货物，并能使买方在货物运输途中以向下家买方转让或通知承运人方式的出售货物。 当此类运输凭证以可转让形式签发且有数份正本时，则必须将整套正本凭证提交给买方。	B8 交货证据 如果凭证与合同相符的话，买方则必须接收按照 A8 提供的运输凭证。
A9 查对—包装—标记 卖方必须支付为了按照 A4 进行交货所需要进行的查对费用(如查对质量、丈量、过磅、点数的费用)，以及出口国有关机构强制进行的装运前检验所产生的费用。	B9 货物检验 买方必须支付装运前任何强制性检验费用，但出口国有关机构强制进行的检验费用除外。

续表

A 卖方义务	B 买方义务
除非在特定贸易中，某些货物的销售通常不需包装，卖方必须自付费用包装货物。 除非买方在签订合同前已通知卖方特殊包装要求，卖方可以以适合该货物运输的方式对货物进行包装。包装应作适当标记。	
A10 协助提供信息及相关费用 如适用，应买方要求并由其承担风险和费用，卖方必须及时向买方提供或协助其取得相关货物出口和(或)进口，和(或)将货物运输到最终目的地所需要的任何文件和信息，包括安全相关信息。 卖方必须偿付买方按照 B10 提供或协助取得文件和信息时所发生的所有花销和费用。	B10 协助提供信息及相关费用 买方必须及时告知卖方任何安全信息要求，以便卖方遵守 A10 的规定。 买方必须偿付卖方按照 A10 向买方提供或协助其取得文件和信息时发生的所有花销和费用。 如适用，应卖方要求并由其承担风险和费用，买方必须及时向卖方提供或协助其取得货物运输和出口及从他国过境运输所需要的任何文件和信息，包括安全相关信息。

阅读案例 1-3

未选用 *CPT* 贸易术语导致货损案

【案情简介】

我国某内陆出口公司于 2010 年 2 月向日本出口 30t 甘草膏，每吨 40 箱，共 1 200 箱，每吨售价 1 800 美元，FOB 新港，共 54 000 美元，即期信用证，装运期为 2 月 25 日之前，货物必须装集装箱。该出口公司在天津设有办事处，于是在 2 月上旬便将货物运到天津，由天津办事处负责订箱装船，不料货物在天津存仓后的第二天，仓库午夜着火，抢救不及，1 200 箱甘草膏全部被焚。办事处立即通知内地公司总部并要求尽快补发 30t，否则无法按期装船。结果该出口公司因货源不足，只好要求日商将信用证的有效期和装运期各延长 15 天。问：当初应该如何恰当处理才能避开不必要的损失？

【案例点评】

我国一些进出口企业长期以来不管采用何种运输方式，对外洽谈业务或报盘仍习惯用 FOB、CFR 和 CIF 三种贸易术语。但在滚装、滚卸、集装箱运输的情况下，船舷无实际意义时应尽量改用 FCA、CPT 及 CIP 三种贸易术语。该出口公司所在地正处在铁路交通的干线上，外运公司和中远公司在该市都有集装箱中转站，既可接受拼箱托运也可接受整箱托运。假如当初采用 CPT(该市名称)对外成交，出口公司在当地将 1 200 箱交中转站或自装自集后将整箱(集装箱)交中转站，不仅风险转移给买方，而且当地承运人(即中转站)签发的货运单据即可在当地银行办理议付结汇。该公司自担风险将货物运往天津，再集装箱出口，不仅加大了自身风险，而且推迟结汇。

资料来源：http：//jpkc. zstu. edu. cn/kecheng/guomao/view. asp? id＝1313，浙江省省级精品课程，国际贸易实务，经过改编。

4. CIP [(Carriage and Insurance Paid to(…Named Place of Destination)，即运费保险费付至(……指定目的地)]

CIP(Insert Named Place of Destination) Incoterms 2010——CIP(插入指定目的地) 2010 国际贸易术语解释通则。

1) CIP 术语适用于任何运输方式，也可适用于多种运输方式

“运费和保险费付至”是指卖方将货物在双方约定地点(如果双方已经约定了地点)交给卖方指定的承运人或其他人。卖方必须签订运输合同为买方在运输途中货物的灭失或损坏风险签订保险合同并支付将货物运至指定目的地所需费用。

2) 使用 CIP 术语应注意的事项

(1) 风险转移问题。按照 CIP 术语成交，虽然卖方要负责订立从起运地到指定目的地的运输契约，并支付运费，但是卖方承担的风险并没有延伸至目的地。按照《2010 国际贸易术语解释通则》的解释，货物自交货地点至目的地运输途中的风险由买方承担，卖方只承担货物交给承运人控制之前的风险。在多式联运情况下，卖方承担的风险自货物交给第一承运人控制时即转移给买方。如果双方希望风险晚些转移的话(例如在某海港或机场转移)，则需要在其买卖合同中订明。

(2) 保险问题。按 CIP 术语成交的合同，卖方要负责办理货运保险，并支付保险费，但货物从交货地点运往目的地运输途中的风险由买方承担。所以，卖方的投保仍属于代办性质。根据《2010 国际贸易术语解释通则》的解释，一般情况下，卖方要按双方协商确定的险别投保，如果双方未在合同中规定应投保的险别，则由卖方按惯例投保最低的险别。

(3) 责任和费用的划分问题。由于卖方需承担将货物运至目的地具体地点的费用，双方尽可能确切地在指定目的地内明确该点。卖方应取得完全符合该选择的运输合同。如果卖方按照运输合同在指定的目的地卸货发生了费用，除非双方另有约定，卖方无权向买方要求偿付。

(4) 关于清关手续。如适用，CIP 要求卖方办理货物出口清关手续。但卖方无义务办理进口清关，支付任何进口税或办理任何进口海关手续。

3) 买卖双方义务

具体而言，CIP 术语下买卖双方的义务见表 1-6。

表 1-6 CIP 术语下买卖双方的义务

A 卖方义务	B 买方义务
A1 卖方一般义务 卖方必须提供符合买卖合同约定的货物和商业发票，以及合同可能要求的其他与合同相符的证据。 A1～A10 中所指的任何单证在双方约定或符合惯例的情况下，可以是同等作用的电子记录或程序。	B1 买方一般义务 买方必须按照买卖合同的约定支付价款。 B1～B10 中所指的任何单证在双方约定或符合惯例的情况下，可以是同等作用的电子记录或程序。

续表

A 卖方义务	B 买方义务
A2 许可证、授权、安检通关和其他手续 如适用，卖方必须自负风险和费用，取得所有的出口许可或其他官方授权，办理货物出口和交货前从他国过境运输所需的一切海关手续。	B2 许可证、授权、安检通关和其他手续 如适用，应由买方自负风险和费用，取得所有进口许可或其他官方授权，办理货物进口和从他国过境运输所需的一切海关手续。
A3 运输合同与保险合同 a. 运输合同。卖方必须签订或取得运输合同，将货物自交货地内的约定交货点(如有的话)运送至指定目的地或该目的地的交付点(如有约定)。必须按照通常条件订立合同，由卖方支付费用，经由通常航线和习惯方式运送货物。如果双方没有约定特别的点或该点不能由惯例确定，卖方则可选择最适合其目的的交货点和指定目的地内的交货点。 b. 保险合同。卖方必须自付费用取得货物保险。该保险须至少符合《协会货物保险条款》(Institute Cargo Clauses，LMA/IUA)“条款(C)”(Clauses C)或类似条款的最低险别。保险合同应与信誉良好的承保人或保险公司订立。应使买方或其他对货物有可保利益者有权直接向保险人索赔。 当买方要求且能够提供卖方所需的信息时，卖方应办理任何附加险别，由买方承担费用，如果能够办理，诸如办理《协会货物保险条款》“条款(A)或(B)”(Clauses A or B)或类似条款的险别，也可同时或单独办理《协会战争险条款》(Institute War Clauses)和《协会罢工险条款》(Institute Strikes clauses)或其他类似条款的险别。 保险最低金额是合同规定价格另加10%(即110%)，并采用合同货币。 保险期间为货物自A4和A5规定的交货点起，至少到指定目的地止。 卖方应向买方提供保单或其他保险证据。 此外，应买方要求并由买方承担风险和费用(如有的话)，卖方必须向买方提供后者取得附加险所需的信息。	B3 运输合同与保险合同 a. 运输合同。买方对卖方无订立运输合同的义务。 b. 保险合同。买方对卖方无订立保险合同的义务。买方必须向卖方提供应卖方按照A3b. 要求其购买附加险所需信息。

续表

A 卖方义务	B 买方义务
A4 交货 卖方必须在约定日期或期限内，以将货物按照 A3 签订的合同交给承运人的方式交货。	B4 收取货物 当货物按照 A4 交付时，买方必须收取，并在指定目的地向承运人收取货物
A5 风险转移 除按照 B5 的灭失或损坏情况外，卖方承担按照 A4 完成交货前货物灭失或损坏的一切风险。	B5 风险转移 买方承担自按照 A4 交货时起货物灭失或损坏的一切风险。 如买方未按照 B7 规定给予卖方通知，则买方必须从约定的交货日期或交货期限届满之日起，承担货物灭失或损坏的一切风险，但以该项货物已清楚地确定为合同项下之货物者为限。
A6 费用划分 卖方必须支付以下几种费用。 a. 按照 A4 完成交货前与货物相关的一切费用，但按照 B6 应由买方支付的费用除外。 b. 按照 A3a. 所发生的运费和其他一切费用，包括根据运输合同规定由卖方支付的装货费和在目的地的卸货费用。 c. 根据 A3b. 发生的保险费用。 d. 如适用，货物出口所需海关手续费用，出口应缴纳的一切关税、税款和其他费用，以及按照运输合同规定，由卖方支付的货物从他国过境运输的费用。	B6 费用划分 在不与 A3a. 冲突的情况下，买方必须支付以下几种费用。 a. 自按照 A4 交货时起与货物相关的一切费用，如适用，A6d. 为出口所需的海关手续费用，及出口应缴纳的一切关税、税款和其他费用除外。 b. 货物在运输途中直至到达约定目的地为止的一切费用，按照运输合同该费用由卖方支付的除外。 c. 卸货费，除非根据运输合同该项费用应由卖方支付。 d. 如买方未能按照 B7 发出通知，则自约定发货之日或约定发货期限届满之日起，所发生的一切额外费用，但以该项货物已清楚地确定为合同项下之货物者为限。 e. 如适用，货物进口应缴纳的一切关税、税款和其他费用，及办理进口海关手续的费用和从他国过境运输的费用，除非该费用已包括在运输合同中。 f. 应买方要求，按照 A3 和 B3 取得附加险别所发生的费用。
A7 通知买方 卖方必须向买方发出已按照 A4 交货的通知。 卖方必须向买方发出任何所需通知，以便买方采取收取货物通常所需要的措施。	B7 通知卖方 当有权决定发货时间和(或)指定目的地或目的地内收取货物的点时，买方必须向卖方发出充分的通知。

续表

A 卖方义务	B 买方义务
A8 交货凭证 依惯例或应买方要求，卖方必须承担费用，向买方提供其按照 A3 订立的运输合同通常的运输凭证。此项运输凭证必须载明合同中的货物，且其签发日期应在约定运输期限内。如已约定或依惯例，此项凭证也必须能使买方在指定目的地向承运人索取货物，并能使买方在货物运输途中以向下家买方转让或通知承运人方式出售货物。 当此类运输凭证以可转让形式签发且有数份正本时，则必须将整套正本凭证提交给买方。	B8 交货证据 如果凭证与合同相符的话，买方则必须接收按照 A8 提供的运输凭证。
A9 查对—包装—标记 卖方必须支付为了按照 A4 进行交货所需要进行的查对费用(如查对质量、丈量、过磅、点数的费用)，以及出口国有关机构强制进行的装运前检验所产生的费用。 除非在特定贸易中，某些货物的销售通常不需包装，卖方必须自付费用包装货物。 除非买方在签订合同前已通知卖方特殊包装要求，卖方可以以适合该货物运输的方式对货物进行包装。包装应作适当标记。	B9 货物检验 买方必须支付装运前任何强制性检验费用，但出口国有关机构强制进行的检验费用除外。
A10 协助提供信息及相关费用 如适用，应买方要求并由其承担风险和费用，卖方必须及时向买方提供或协助其取得相关货物进口或将货物运输到最终目的地所需要的任何文件和信息，包括安全相关信息。 卖方必须偿付买方按照 B10 提供或协助取得文件和信息时所发生的所有花销和费用。	B10 协助提供信息及相关费用 买方必须及时告知卖方任何安全信息要求，以便卖方遵守 A10 的规定。 买方必须偿付卖方按照 A10 向买方提供或协助其取得文件和信息时发生的所有花销和费用。 如适用，应卖方要求并由其承担风险和费用，买方必须及时向卖方提供或协助其取得货物运输和出口及从他国过境运输所需要的任何文件和信息，包括安全相关信息。

阅读案例 1-4

CIP 贸易术语下保函欺诈案

【案情简介】

我国荣塔公司向日本富士株式会社订购了并已投保海上货运保险的液晶电视 800 台，合同规定，液晶电视价格为每台 600 美元 CIP 宁波，2010 年 6 月 30 日长崎港装货。货物于 2010 年 6 月 30 日装船，装船时已经发现外包装有严重破损，富士株式会社向船舶公司出具了货物品质的保函。船长应富士株式会社的请求，出具了清洁提单，富士株式会社据此从银行取得了货款。货物到达宁波后，荣塔公司发现，电视机外包装箱有严重破损，船舶公司出示了富土株式会社提供的保函，认为该事应向富士株式会社索赔。

【案例点评】

在荣塔公司、富士株式会社、船舶公司三者的关系中，船舶公司作为承运人向买方荣塔公司出具了清洁提单，富士株式会社作为卖方向船舶公司出具了货物品质的保函。本案中承运人既然向买方签发了清洁提单，就负有向买方交付良好货物的义务。保函是指由托运人出具的用以担保承运人签发清洁提单而产生的一切法律后果的一种担保文件。该保函能担保承运人因签发提单后而产生的法律后果，但该保函并无对抗第三人的效力，因为保函的当事人是托运人和承运人。根据《汉堡规则》的规定：保函对受让提单的包括收货人在内的任何第三人不发生效力。该规则还规定：保函对托运人是有效的，但承运人接受保函而签发提单属于恶意的欺诈，则保函对托运人无效。承运人不仅无权从托运人处取得赔偿，而且要对包括收益人在内的任何第三方的损失承担无限赔偿责任，即只有善意保函才对托运人和承运人有效，但不能对抗任何第三人。因而，本案中船舶公司应向荣塔公司承担责任，尔后由富士株式会社向船舶公司承担责任。

资料来源：http：//jpkc. zstu. edu. cn/kecheng/guomao/view. asp? id=1313，浙江省省级精品课程，国际贸易实务，经过改编。

5. DAT (Delivered At Terminal，运输终端交货)

DAT(Insert Named Terminal at port of Destination)Incoterms 2010—DAT(插入指定港口或目的地的运输终端)2010 国际贸易术语解释通则。

1）该术语可适用于任何运输方式，也可适用于多种运输方式

“运输终端交货”是指当卖方在指定港口或目的地的指定运输终端将货物从抵达的载货运输工具上卸下，交由买方处置时，即为交货。“运输终端”意味着任何地点，而不论该地点是否有遮盖，例如码头、仓库、集装箱堆积场或公路、铁路、空运货站，卖方承担将货物送至指定港口或目的地的运输终端并将其卸下的一切风险。

由于卖方承担在特定地点交货前的风险，特别建议双方尽可能确切地约定运输终端，或如果可能的话，在约定港口或目的地的运输终端内的特定的点。建议卖方取得完全符合该选择的运输合同。

此外，如果双方希望由卖方承担由运输终端至另一地点间运送和受理货物的风险和费用，则应当使用 DAP 或 DDP 术语。

如适用，DAT 要求卖方办理货物的出口清关手续。但是卖方无义务办理进口清关，支付任何进口税或办理进口相关的任何海关手续。

2）使用 DAT 术语应注意的事项

(1) 风险、责任和费用。由于卖方承担在特定地点交货前的风险，双方尽可能确切地约定运输终端，或如果可能的话，在约定港口或目的地的运输终端内的特定的点。卖方应取得完全符合该选择的运输合同。

此外，如果双方希望由卖方承担由运输终端至另一地点间运送和受理货物的风险和费用，则应当使用 DAP 或 DDP 术语。

(2) 关于清关手续。如适用，DAT 要求卖方办理货物出口清关手续。但卖方无义务办理进口清关，支付任何进口税或办理任何进口海关手续。

3）买卖双方义务

具体而言，DAT术语下买卖双方的义务见表1-7。

表1-7 DAT术语下买卖双方的义务

A卖方义务	B买方义务
A1 卖方一般义务 卖方必须提供符合买卖合同约定的货物和商业发票，以及合同可能要求的其他与合同相符的证据。 A1～A10中所指的任何单证在双方约定或符合惯例的情况下，可以是同等作用的电子记录或程序。	B1 买方一般义务 买方必须按照买卖合同约定支付价款。 B1～B10中所指的任何单证在双方约定或符合惯例的情况下，可以是同等作用的电子记录或程序。
A2 许可证、授权、安检通关和其他手续 如适用，卖方必须自负风险和费用，取得所有的出口许可或其他官方授权，办理货物出口和交货前从他国过境运输所需的一切海关手续。	B2 许可证、授权、安检通关和其他手续 如适用，应由买方自负风险和费用，取得所有进口许可或其他官方授权，办理货物进口的一切海关手续。
A3 运输合同与保险合同 a. 运输合同。卖方必须自付费用签订运输合同，将货物运至约定港口或目的地的指定运输终端。 如果未约定特定的运输终端或该终端不能由惯例确定，卖方则可在约定港口或目的地选择最适合其目的的运输终端。 b. 保险合同。卖方对买方无订立保险合同的义务。但应买方要求并由其承担风险和费用(如有的话)，卖方必须向买方提供后者取得保险所需的信息。	B3 运输合同与保险合同 a. 运输合同。买方对卖方无订立运输合同的义务。 b. 保险合同。 c. 买方对卖方无订立保险合同的义务。但应卖方要求，买方必须向卖方提供取得保险所需信息。
A4 交货 卖方必须在约定日期或期限内，以在A3a.指定港口或目的地运输终端，将货物从抵达的运输工具上卸下，并交由买方处置的方式交货。	B4 收取货物 当货物按照A4交付时，买方必须收取。
A5 风险转移 除按照B5的灭失或损坏情况外，卖方承担按照A4完成交货前货物灭失或损坏的一切风险。	B5 风险转移 买方承担自按照A4交货时起货物灭失或损坏的一切风险。 a. 如果买方未按照B2履行义务，则承担由此造成的货物灭失或损坏的一切风险。 b. 如果买方未按照B7通知卖方，则从约定的交货日期或交货期限届满之日起，买方承担货物灭失或损坏的一切风险。但以该项货物已清楚地确定为合同项下之货物者为限。

续表

A 卖方义务	B 买方义务
A6 费用划分 卖方必须支付以下几种费用。 a. A3a. 发生的费用，以及按照 A4 交货前与货物相关的一切费用，但按照 B6 应由买方支付的费用除外。 b. 如适用，在按照 A4 交货前发生的、货物出口所需海关手续费用，出口应缴纳的一切关税、税款和其他费用，以及货物从他国过境运输的费用。	B6 费用划分 买方必须支付以下几种费用。 a. 自按照 A4 完成交货时起与货物相关的一切费用，如适用，A6 为出口所需的海关手续费用，及出口应缴纳的一切关税、税款和其他费用除外。 b. 如买方未按照 B2 履行其义务或未按照 B7 发出通知导致卖方发生的任何额外费用，但以该项货物已清楚地确定为合同项下之货物者为限。 c. 如适用，办理进口海关手续的费用，以及进口需缴纳的所有关税、税款和其他费用。
A7 通知买方 卖方必须向买方发出任何所需通知，以便买方采取收取货物通常所需要的措施。	B7 通知卖方 当有权决定在约定期间内的具体时间和/或指定运输终端内的收取货物的点时，买方必须向卖方发出充分的通知。
A8 交货凭证 卖方必须自付费用，向买方提供凭证，以确保买方能够按照 A4/B4 收取货物。	B8 交货证据 买方则必须接收按照 A8 提供的交货凭证。
A9 查对—包装—标记 卖方必须支付为了按照 A4 进行交货，所需要进行的查对费用(如查对质量、丈量、过磅、点数的费用)，以及出口国有关机构强制进行的装运前检验所产生的费用。 除非在特定贸易中，某些货物的销售通常不需包装，卖方必须自付费用包装货物。包装应作适当标记。	B9 货物检验 买方必须支付装运前任何强制性检验费用，但出口国有关机构强制进行的检验费用除外。
A10 协助提供信息及相关费用 如适用，应买方要求并由其承担风险和费用，卖方必须及时向买方提供或协助其取得相关货物进口或将货物运输到最终目的地所需要的任何文件和信息，包括安全相关信息。 卖方必须偿付买方按照 B10 提供或协助取得文件和信息时所发生的所有花销和费用。	B10 协助提供信息及相关费用 买方必须及时告知卖方任何安全信息要求，以便卖方遵守 A10 的规定。 买方必须偿付卖方按照 A10 向买方提供或协助其取得文件和信息时发生的所有花销和费用。 如适用，应卖方要求并由其承担风险和费用，买方必须及时向卖方提供或协助其取得货物运输和出口及从他国过境运输所需要的任何文件和信息，包括安全相关信息。

6. DAP (Delivered At Place，目的地交货)

DAP(Insert Named Place of Destination) Incoterms 2010——DAP(插入指定目的地) 2010 国际贸易术语解释通则。

1）该术语可适用于任何运输方式，也可适用于多种运输方式

“目的地交货”是指当卖方在指定目的地将仍处于抵达的运输工具之上，且已作好卸载准备的货物交由买方处置时，即为交货。卖方承担将货物运送到指定地点的一切风险。

由于卖方承担在特定地点交货前的风险，特别建议双方尽可能清楚地约定指定目的地内的交货点。建议卖方取得完全符合该选择的运输合同。如果卖方按照运输合同在目的地发生了卸货费用，除非双方另有约定，卖方无权向买方要求偿付。

如适用，DAP 要求卖方办理货物的出口清关手续。但是卖方无义务办理进口清关，支付任何进口税或办理进口相关的任何海关手续。如果双方希望卖方办理进口清关、支付所有进口关税，并办理所有进口海关手续，则应当使用 DDP 术语。

2）使用 DAP 术语应注意的事项

(1) 风险、责任和费用。由于卖方承担在特定地点交货前的风险，双方尽可能确切地约定指定目的地内的交货点。卖方应取得完全符合该选择的运输合同。如果卖方按照运输合同在目的地发生了卸货费用，除非双方另有约定，卖方无权向买方要求偿付。

(2) 关于清关手续。如适用，DAP 要求卖方办理货物出口清关手续。但卖方无义务办理进口清关，支付任何进口税或办理任何进口海关手续。如果双方希望卖方办理进口清关、支付所有进口关税，并办理所有进口海关手续，则应当使用 DDP 术语。

3）买卖双方义务

具体而言，DAP 术语下买卖双方的义务见表 1-8。

表 1-8 DAP 术语下买卖双方的义务

A 卖方义务	B 买方义务
A1 卖方一般义务 卖方必须提供符合买卖合同约定的货物和商业发票，以及合同可能要求的其他与合同相符的证据。 A1～A10 中所指的任何单证在双方约定或符合惯例的情况下可以是同等作用的电子记录或程序。	B1 买方一般义务 买方必须按照买卖合同约定支付价款。 B1～B10 中所指的任何单证在双方约定或符合惯例的情况下可以是同等作用的电子记录或程序。
A2 许可证、授权、安检通关和其他手续 如适用，卖方必须自负风险和费用，取得所有出口许可或其他官方授权，办理货物出口和交货前从他国过境运输所需的一切海关手续。	B2 许可证、授权、安检通关和其他手续 如适用，应由买方自负风险和费用，取得进出口许可或其他官方授权，办理相关货物进出口的海关手续。

续表

A 卖方义务	B 买方义务
A3 运输合同与保险合同 a. 运输合同。卖方必须自付费用签订运输合同，将货物送至指定目的地或该目的地内的约定点(如有的话)。如果未约定特别的点或该点不能由惯例确定，卖方则可在指定目的地内选择最适合的交货点。 b. 保险合同。卖方对买方无订立保险合同的义务。但应买方要求并由其承担风险和费用(如有的话)，卖方必须向买方提供后者取得保险所需的信息。	B3 运输合同与保险合同 a. 运输合同。买方对卖方无订立运输合同的义务。 b. 保险合同。买方对卖方无订立保险合同的义务。但应卖方要求，买方必须向卖方提供取得保险所需信息。
A4 交货 卖方必须在约定日期或期限内，在约定的地点(如有的话)或指定目的地，以将仍处于抵达的运输工具且已做好卸载准备的货物交由买方处置的方式交货。	B4 收取货物 当货物按照 A4 交付时，买方必须收取。
A5 风险转移 除按照 B5 的灭失或损坏情况外，卖方承担按照 A4 完成交货前货物灭失或损坏的一切风险。	B5 风险转移 买方承担自按照 A4 交货时起货物灭失或损坏的一切风险。 a. 如果买方未按照 B2 履行义务，则承担由此造成的货物灭失或损坏的一切风险。 b. 如果买方未按照 B7 通知卖方，则从约定的交货日期或交货期限届满之日起，买方承担货物灭失或损坏的一切风险。但以该项货物已清楚地确定为合同项下之货物者为限。
A6 费用划分 卖方必须支付以下几种费用。 a. 因 A3a. 发生的费用，以及按照 A4 交货前与货物相关的一切费用，但按照 B6 应由买方支付的费用除外。 b. 运输合同中规定的应由卖方支付的在目的地卸货的任何费用。 c. 如适用，在按照 A4 交货前发生的货物出口所需海关手续费用，出口应缴纳的一切关税、税款和其他费用，以及货物从他国过境运输的费用。	B6 费用划分 买方必须支付以下几种费用。 a. 自按照 A4 完成交货时起与货物相关的一切费用，如适用，A6b. 为出口所需的海关手续费用，及出口应缴纳的一切关税、税款和其他费用除外。 b. 在指定目的地从到达的运输工具上，为收取货物所必须支付的一切卸货费用，但运输合同规定该费用由卖方承担者除外。 c. 买方未按照 B2 履行其义务或未按照 B7 发出通知导致卖方发生的任何额外费用，但以该项货物已清楚地确定为合同项下之货物者为限。 d. 如适用，办理进口海关手续的费用，以及进口需缴纳的所有关税、税款和其他费用。

续表

A 卖方义务	B 买方义务
A7 通知买方 卖方必须向买方发出任何所需通知，以便买方采取收取货物通常所需要的措施。	B7 通知卖方 当有权决定在约定期间内的具体时间和/或指定目的地内的收取货物的点时，买方必须向卖方发出充分的通知。
A8 交货凭证 卖方必须自付费用，向买方提供凭证，以确保买方能够按照 A4/B4 收取货物。	A8 交货凭证 买方必须接收按照 A8 提供的交货凭证。
A9 查对—包装—标记 卖方必须支付为了按照 A4 进行交货，所需要进行的查对费用(如查对质量、丈量、过磅、点数的费用)，以及出口国有关机构强制进行的装运前检验所产生的费用。 除非在特定贸易中，某些货物的销售通常不需包装，卖方必须自付费用包装货物。 除非买方在签订合同前已通知卖方特殊包装要求，卖方可以以适合该货物运输的方式对货物进行包装。包装应作适当标记。	B9 货物检验 买方必须支付装运前任何强制性检验费用，但出口国有关机构强制进行的检验费用除外。
A10 协助提供信息及相关费用 如适用，应买方要求并由其承担风险和费用，卖方必须及时向买方提供或协助其取得相关货物进口或将货物运输到最终目的地所需要的任何文件和信息，包括安全相关信息。 卖方必须偿付买方按照 B10 提供或协助取得文件和信息时所发生的所有花销和费用。	B10 协助提供信息及相关费用 买方必须及时告知卖方任何安全信息要求，以便卖方遵守 A10 的规定。 买方必须偿付卖方按照 A10 向买方提供或协助其取得文件和信息时发生的所有花销和费用。 如适用，应卖方要求并由其承担风险和费用，买方必须及时向卖方提供或协助其取得货物运输和出口及从他国过境运输所需要的任何文件和信息，包括安全相关信息。

提示

《2010 通则》在 2000 版本的基础上新增加两个 D 组贸易术语，即 DAT 和 DAP，用 DAP 取代了 DAF、DES 和 DDU 三个术语，DAT 取代了 DEQ，且扩展至适用于一切运输方式。

7. DDP (Delivered Duty Paid，完税后交货)

DDP(Insert Named Place of Destination) Incoterms 2010——DDP(插入指定目的地) 2010 国际贸易术语解释通则。

1）该术语可适用于任何运输方式，也可适用于多种运输方式

“完税后交货”是指当卖方在指定目的地将仍处于抵达的运输工具上，但已完成进口清关，且已作好卸载准备的货物交由买方处置时，即为交货。卖方承担将货物运至目的地的一切风险和费用，并且有义务完成货物出口和进口清关，支付所有出口和进口的关税和办理所有海关手续。DDP代表卖方的最大责任。

由于卖方承担在特定地点交货前的风险和费用，特别建议双方尽可能清楚地约定在指定目的地内的交货点。建议卖方取得完全符合该选择的运输合同。如果按照运输合同卖方在目的地发生了卸货费用，除非双方另有约定，卖方无权向买方要求偿付。

如卖方不能直接或间接地完成进口清关，则特别建议双方不使用DDP。

如双方希望买方承担所有进口清关的风险和费用，则应使用DAP术语。

除非买卖合同中另行明确规定，任何增值税或其他应付的进口税款由卖方承担。

2）使用DDP术语应注意的事项

（1）风险、责任和费用。由于卖方承担在特定地点交货前的风险和费用，双方尽可能确切地约定指定目的地内的交货点。卖方应取得完全符合该选择的运输合同。如果卖方按照运输合同在目的地发生了卸货费用，除非双方另有约定，否则，卖方无权向买方要求偿付。

（2）关于清关手续。如卖方不能直接或间接地完成进口清关，则特别建议双方不使用DDP。

如双方希望买方承担所有进口清关的风险和费用，则应使用DAP术语。

除非买卖合同中另行规定，任何增值税或其他应付的进口税款均由卖方承担。

3）买卖双方义务

具体而言，DDP术语下买卖双方的义务见表1-9。

表1-9 DDP术语下买卖双方的义务

A卖方义务	B买方义务
A1卖方一般义务 卖方必须提供符合买卖合同约定的货物和商业发票，以及合同可能要求的其他与合同相符的证据。 A1～A10中所指的任何单证，在双方约定或符合惯例的情况下可以是同等作用的电子记录或程序。	B1买方一般义务 买方必须按照买卖合同约定支付价款。 B1～B10中所指的任何单证，在双方约定或符合惯例的情况下可以是同等作用的电子记录或程序。
A2许可证、授权、安检通关和其他手续 如适用，卖方必须自负风险和费用，取得所有的进出口许可或其他官方授权，办理货物出口和交货前从他国过境运输和进口所需的一切海关手续。	B2许可证、授权、安检通关和其他手续 如适用，应卖方要求并由其承担风险和费用，买方必须协助卖方取得货物进口所需所有进口许可或其他官方授权。

续表

A 卖方义务	B 买方义务
A3 运输合同与保险合同 a. 运输合同。卖方必须自付费用签订运输合同，将货物运至指定目的地或目的地内的约定的点(如有的话)，如果未约定特定的点或该点不能由惯例确定，卖方则可在指定目的地内选择最适合其目的的交货点。 b. 保险合同。卖方对买方无订立保险合同的义务。但应买方要求并由其承担风险和费用(如有的话)，卖方必须向买方提供后者取得保险所需的信息。	B3 运输合同与保险合同 a. 运输合同。买方对卖方无订立运输合同的义务。 b. 保险合同。买方对卖方无订立保险合同的义务。但应卖方要求，买方必须向卖方提供取得保险所需信息。
A4 交货 卖方必须在约定日期或期限内，在约定的地点(如有的话)或指定目的地，将仍处于抵达的运输工具之上且已做好卸载准备的货物以交由买方处置的方式交货。	B4 收取货物 当货物按照 A4 交付时，买方必须收取。
A5 风险转移 除按照 B5 灭失或损坏情况外，卖方承担按照 A4 完成交货前货物灭失或损坏的一切风险。	B5 风险转移 买方承担自按照 A4 交货时起货物灭失或损坏的一切风险。 a. 如果买方未按照 B2 履行义务，则承担由此造成的物灭失或损坏的一切风险。 b. 如果买方未按照 B7 通知卖方，则从约定的交货日期或交货期限届满之日起，卖方承担货物灭失或损坏的一切风险。但以该项货物已清楚地确定为合同项下之货物者为限。
A6 费用划分 卖方必须支付以下几种费用。 a. 因 A3a. 发生的费用，以及按照 A4 交货前与货物相关的一切费用，但按照 B6 应由买方支付的费用除外。 b. 运输合同中规定的应由卖方支付的在目的地卸货的任何费用。 c. 如适用，在按照 A4 交货前发生的货物进出口所需海关手续费用，出口和进口应缴纳的一切关税、税款和其他费用，以及货物从他国过境运输的费用。	B6 费用划分 买方必须支付以下几种费用。 a. 自按照 A4 完成交货时起与货物相关的一切费用。 b. 在指定目的地从到达的运输工具上，为收取货物所必须支付的一切卸货费用，但运输合同规定该费用由卖方承担者除外。 c. 买方未按照 B2 履行其义务或未按照 B7 发出通知导致卖方发生的任何额外费用，但以该项货物已清楚地确定为合同项下之货物者为限。
A7 通知买方 卖方必须向买方发出任何所需通知以便买方采取收取货物通常所需要的措施。	B7 通知卖方 当有权决定在约定期间内的具体时间和/或指定目的地内的收取货物的点时，买方必须向卖方发出充分的通知。

续表

A 卖方义务	B 买方义务
A8 交货凭证 卖方必须自付费用，向买方提供凭证，以确保买方能够按照 A4/B4 收取货物。	B8 交货证据 买方必须接收按照 A8 提供的交货凭证。
A9 查对—包装—标记 卖方必须支付为了按照 A4 进行交货所需要进行的查对费用(如查对质量、丈量、过磅、点数的费用)，以及进出口国有关机构强制进行的装运前检验所产生的费用。 除非在特定贸易中，某些货物的销售通常不需包装，卖方必须自付费用包装货物。 除非买方在签订合同前已通知卖方特殊包装要求，卖方可以以适合该货物运输的方式对货物进行包装。包装应作适当标记。	B9 货物检验 买方对卖方不承担义务支付任何进出口国有关机构装运前强制进行的检验费用。
A10 协助提供信息及相关费用 如适用，应买方要求并由其承担风险和费用，卖方必须及时向买方提供或协助其取得相关货物进口或将货物运输到最终目的地所需要的任何文件和信息，包括安全相关信息。 卖方必须偿付买方按照 B10 提供或协助取得文件和信息时所发生的所有花销和费用。	B10 协助提供信息及相关费用 买方必须及时告知卖方任何安全信息要求，以便卖方遵守 A10 的规定。 买方必须偿付卖方按照 A10 向买方提供或协助其取得文件和信息时发生的所有花销和费用。 如适用，应卖方要求并由其承担风险和费用，买方必须及时向卖方提供或协助其取得货物运输、进出口及从他国过境运输所需要的任何文件和信息，包括安全相关信息。

1.2.2 第二类国际贸易术语

它是适用于海运和内河水运的术语。

1. FAS (Free Alongside Ship，装运港船边交货)

FAS(Insert Named Port of Shipment) Incoterms 2010——FAS(插入指定装运港)2010国际贸易术语解释通则。

1) 该术语仅适用于海运或内河水运

“装运港船边交货”是指当卖方在指定的装运港将货物交到买方指定的船边(例如，置于码头或驳船上)时，即为交货。货物灭失或损坏的风险在货物交到船边时发生转移，同时买方承担自那时起的一切费用。

由于卖方承担在特定地点交货前的风险和费用，而且这些费用和相关作业费可能因各港口惯例不同而变化，特别建议双方尽可能清楚地约定指定装运港内的装货点。

卖方应将货物运至船边或取得已经这样交运的货物。此处使用的“取得”一词适用于商品贸易中常见的交易链中的多层销售(链式销售)。

如适用，FAS要求卖方办理出口清关手续。但卖方无义务办理进口清关、支付任何进口税或办理任何进口海关手续。

提示

当货物装在集装箱里时，卖方通常将货物在集装箱码头移交给承运人，而非交到船边。这时，FAS术语不适用，而应当使用FCA术语。

2）使用FAS术语应注意的事项

(1) 风险、责任和费用。由于卖方承担在特定地点交货前的风险和费用，而且这些费用和相关作业费可能因各港口惯例不同而变化，双方应尽可能确切地约定指定装运港内的装货点。

(2) 交货。卖方应将货物运至船边或取得已交运的货物。此处使用的“取得”一词适用于商品贸易中常见的交易链中的多层销售(链式销售)。

当货物装在集装箱里时，卖方通常将货物在集装箱码头移交给承运人，而非交到船边。这时，FAS术语不适用，而应当使用FCA术语。

(3) 关于清关手续。如适用，FAS要求卖方办理货物出口清关手续。但卖方无义务办理进口清关，支付任何进口税或办理任何进口海关手续。

(4)《美国对外贸易定义1941年修订本》对FAS术语的解释。《2010国际贸易术语解释通则》和《美国对外贸易定义1941年修订本》对FAS术语的解释是有区别的：前者规定FAS只适用于海运或江河运输，所以交货地点只能在装运港；而后者规定其适合任何运输方式，卖方只要将货物交至运输工具旁即可。

3）买卖双方义务

具体而言，FAS术语下买卖双方的义务见表1-10。

表1-10 FAS术语下买卖双方的义务

A卖方义务	B买方义务
A1 卖方一般义务 卖方必须提供符合买卖合同约定的货物和商业发票，以及合同可能要求的其他与合同相符的证据。 A1～A10中所指的任何单证，在双方约定或符合惯例的情况下可以是同等作用的电子记录或程序。	B1 买方一般义务 买方必须按照买卖合同约定支付价款。 B1～B10中所指的任何单证，在双方约定或符合惯例的情况下可以是同等作用的电子记录或程序。
A2 许可证、授权、安检通关和其他手续 如适用，卖方必须自负风险和费用，取得所有的出口许可或其他官方授权，办理货物出口所需的一切海关手续。	B2 许可证、授权、安检通关和其他手续 如适用，应由买方自负风险和费用，取得所有进口许可或其他官方授权，办理货物进口和从他国过境运输所需的一切海关手续。

续表

A 卖方义务	B 买方义务
A3 运输合同与保险合同 a. 运输合同。卖方对买方无订立运输合同的义务。但若买方要求，或依商业实践，且买方未适时做出相反指示，卖方可以按照通常条件签订运输合同，由买方承担风险与费用。 在以上两种情形下，卖方都可以拒绝签订运输合同，如予拒绝，卖方应立即通知买方。 b. 保险合同。卖方对买方无订立保险合同的义务。但应买方要求并由其承担风险和费用(如有的话)，卖方必须向买方提供后者取得保险所需的信息。	B3 运输合同与保险合同 a. 运输合同。除了卖方按照 A3a. 签订运输合同情形外，买方必须自付费用签订自指定的装运港起运货物的运输合同。 b. 保险合同。买方对卖方无订立保险合同的义务。
A4 交货 卖方必须在买方指定的装运港内的装船点(如有的话)，以将货物置于买方指定的船舶旁边，或以取得已经在船边交付的货物的方式交货。在以上任何情况下，卖方都必须在约定日期或期限内，按照该港的习惯方式交货。	B4 收取货物 当货物按照 A4 交付时，买方必须收取。
A5 风险转移 除按照 B5 的灭失或损坏情况外，卖方承担按照 A4 完成交货前货物灭失或损坏的一切风险。	B5 风险转移 买方承担自按照 A4 交货时起货物灭失或损坏的一切风险。 a. 如果买方未按照 B7 发出通知。 b. 如果买方指定的船舶未准时到达，或未收取货物，或早于 B7 通知的时间停止装货，则买方自约定的交货日期或交货期限届满之日起承担货物灭失或损坏的一切风险，但以该项货物已清楚地确定为合同项下之货物者为限。
A6 费用划分 卖方必须支付以下几种费用。 a. 按照 A4 交货前与货物相关的一切费用，但按照 B6 应由买方支付的费用除外。 b. 如适用，货物出口所需海关手续费用，以及出口应缴纳的一切关税、税款和其他费用。	B6 费用划分 买方必须支付以下几种费用。 a. 自按照 A4 完成交货时起与货物相关的一切费用；如适用时，A6b. 中为出口所需的海关手续费用，以及出口应缴纳的一切关税、税款和其他费用除外。 b. 由于以下原因之一发生的任何额外费用。 ① 买方未按照 B7 发出通知。 ② 买方指定的船舶未准时到达，或未收取货物，或早于 B7 通知的时间停止装货；但以该项货物已清楚地确定为合同项下之货物者为限。

续表

A卖方义务	B买方义务
	③ 如适用，货物进口所需海关手续费用，以及进口应缴纳的一切关税、税款和其他费用以及从他国过境运输费用。
A7 通知买方 由买方承担风险和费用，卖方必须就其已经按照 A4 交货或船舶未在约定时间内收取货物给予买方充分的通知。	B7 通知卖方 买方必须就船舶名称、装船点和其在约定期内选择的交货时间(如需要时)，向卖方发出充分的通知。
A8 交货凭证 卖方必须自付费用，向买方提供已按照 A4 交费的通常证据。 除非上述证据是运输凭证，否则，应买方要求并由其承担风险和费用，卖方必须协助买方取得运输凭证。	B8 交货证据 买方必须接收按照 A8 提供的交货凭证。
A9 查对—包装—标记 卖方必须支付为了按照 A4 进行交货所需要进行的查对费用(如查对质量、丈量、过磅、点数的费用)，以及出口国有关机构强制进行的装运前检验所产生的费用。	B9 货物检验 买方必须支付装船前任何强制性检验费用，但出口国有关机构强制进行的检验费用除外。
A10 协助提供信息及相关费用 如适用，应买方要求并由其承担风险和费用，卖方必须及时向买方提供或协助其取得相关货物进口或将货物运输到最终目的地所需要的任何文件和信息，包括安全相关信息。 卖方必须偿付买方按照 B10 提供或协助取得文件和信息时所发生的所有花销和费用。	B10 协助提供信息及相关费用 买方必须及时告知卖方任何安全信息要求，以便卖方遵守 A10 的规定。 买方必须偿付卖方按照 A10 向买方提供或协助其取得文件和信息时发生的所有花销和费用。 如适用，应卖方要求并由其承担风险和费用，买方必须及时向卖方提供或协助其取得货物运输、进出口及从他国过境运输所需要的任何文件和信息，包括安全相关信息。

阅读案例 1-5

未明确约定船边引发贸易纠纷

【案情简介】

2009 年，中国 A 公司从印度 B 公司以 FAS Panaji/Mormugao，Goa，India 条件进口 4 万公吨“印度 58%铁矿粉”(Processing Iron Ore Fines Fe58 PCT of India Origin)，合同约定适用《2000 通则》(通则的 2000 版本和 2010 版本对 FAS 贸易术语具有相同的解释)。买卖双方在履行过程中未能够就“船边”的理解达成一致，进而就相关费用和风险划分产生贸易纠纷。

【案例点评】

(1) 必要时，当事双方应该在《通则》术语基础上添加词句以求得比术语更精确的约定。因为贸易术语要在不同行业和不同地区使用，《通则》对双方的义务不能总是规定得很精确。例如，在FAS和FOB的A4条款中，不可避免地要援引行业惯例(“按港口的习惯方式”)。其原因是，在FAS或FOB合同下，将货物(尤其是农矿产品)交运的具体做法在不同的海港是不一样的。对于买卖双方而言，协商销售合同时，使自己及时了解这些习惯做法，并在不能确定时，在销售合同中订立适当的条款以澄清当事方的法律地位的做法值得推荐。在具体合同中，这些特别条款将取代或改变《通则》的规定。

(2) 添加的内容应该明确。因为《通则》对任何这种添加的内容不提供任何指导规定。这样，如果当事方无法依赖行业惯例来解释其新增内容，他们也可能会由于无法就新增内容证明有一贯的理解而面临严重的问题。

2. FOB (Free On Board，装运港船上交货)

FOB(Insert Named Port of Shipment) Incoterms 2010——FOB(插入指定装运港)2010国际贸易术语解释通则。

1) 该术语仅用于海运或内河水运

“装运港船上交货”是指卖方以在指定装运港将货物装上买方指定的船舶或通过取得已交付至船上货物的方式交货。货物灭失或损坏的风险在货物交到船上时转移，同时买方承担自那时起的一切费用。

卖方应将货物在船上交付或者取得已在船上交付的货物。此处使用的“取得”一词适用于商品贸易中常见的交易链中的多层销售(链式销售)。

FOB可能不适合于货物在上船前已经交给承运人的情况，例如用集装箱运输的货物通常是在集装箱码头交货。在此类情况下，应当使用FCA术语。

如适用，FOB要求卖方出口清关。但卖方无义务办理进口清关、支付任何进口税或办理任何进口海关手续。

2) 使用FOB术语应注意的事项

(1) 交货。卖方应将货物在船上交付或者取得已在船上交付的货物。此处使用的“取得”一词适用于商品贸易中常见的交易链中的多层销售(链式销售)。

FOB可能不适用于货物在上船前已经交给承运人的情况，例如，用集装箱运输的货物通常是在集装箱码头交货的。在此类情况下，应当使用FCA术语。

(2) 关于清关手续。如适用，FOB要求卖方办理货物出口清关手续。但卖方无义务办理进口清关，支付任何进口税或办理任何进口海关手续。

(3)《美国对外贸易定义1941年修订本》对FOB的解释。《美国对外贸易定义1941年修订本》对FOB的解释分为6种，其中只有指定装运港船上交货(FOB'Vessel，Named Port of Shipment)与《2010国际贸易术语解释通则》对FOB术语的解释相近。所以，《美国对外贸易定义1941年修订本》对FOB的解释与运用同国际上的一般解释与运用有明显的差异，这点主要表现在以下几个方面。

① 美国惯例将FOB笼统地解释为在某处某种运输工具上交货，其适用范围很广，因此，在同美国、加拿大等国的商人按FOB订立合同时，除必须标明装运港名称外，还必须在FOB后加上“船舶”(Vessel)字样。如果只订为“FOB San Francisco”而漏写

“Vessel”字样，则卖方只负责将货物运到旧金山城内的任何处所，不负责将货物运到旧金山港口并交到船上。

② 在费用负担上，规定买方要支付卖方协助提供出口单证的费用以及出口税和因出口而产生的其他费用。

(4) FOB的变形。在按FOB条件成交时，卖方要负责支付货物装上船之前的一切费用。但各国对于“装船”的概念没有统一的解释，有关装船的各项费用由谁负担，各国的惯例或习惯做法也不完全一致。如果采用班轮运输，船方管装管卸，装卸费计入班轮运费之中，自然由负责订舱的买方承担；而采用定程租船运输，船方一般不负担装卸费用，这就必须明确装船的各项费用应由谁负担。为了说明装船费用的负担问题，双方往往在FOB术语后加列附加条件，这就形成了FOB的变形。而FOB条件下，在卸货港是买方承运人和买方交接，所以卸货费用由买方负担，FOB的变形主要包括以下几种。

① FOB Liner Terms(FOB班轮条件)。这一变形是指装船费用按照班轮的做法处理，即由船方或买方承担。因此，采用这一术语，卖方不负担装船的有关费用。

② FOB under Tackle(FOB吊钩下交货)，是指卖方负担费用将货物交到买方指定船只的吊钩所及之处，而吊装入舱以及其他各项费用概由买方负担。

③ FOB Stowed(FOB理舱费在内)，是指卖方负责将货物装入船舱并承担包括理舱费在内的装船费用。理舱费是指货物入舱后进行安置和整理的费用。

④ FOB Trimmed(FOB平舱费在内)，是指卖方负责将货物装入船舱并承担包括平舱费在内的装船费用。平舱费是指对装入船舱的散装货物进行平整所需的费用。

在许多标准合同中，为表明由卖方承担包括理舱费和平舱费在内的各项装船费用，常采用FOBST(FOB Stowed and Trimmed)方式。

FOB的上述变形只是为了表明装船费用由谁负担而产生的，并不改变FOB的交货地点以及风险划分的界限。

(5) 风险转移。《2010国际贸易术语解释通则》将FOB、CFR与CIF三种贸易术语买卖双方风险划分的界限由“船舷”改为“船上”，即货物装上船之前的风险，包括货物装船过程中的落海所造成的损失，均由卖方负责。货物装上船以后所发生的货物损失由买方负责。因为在实际业务中，装船是一个连续的动作，所以它包括货物从岸上起吊、越过船舷、装上船舶。如果卖方承担装船义务，就要完成整个作业，而不能与买方在船舷交接；而且，买方也一般要求卖方递交FULL SET OF ORIGINAL CLEAN ON BOARD BILL OF LADING，即对于提单的要求是已装船，所以风险应该延展至船上。

(6) 船货的衔接。在FOB合同中，由买方负责租船订舱，并将船名、装卸地点和时间通知卖方，而卖方负责在合同规定的时间和地点将货物装上买方指定的船上，这就涉及一个船货的衔接问题。买方船舶若提前到达，则会导致空舱费用；而买方如果不按期派船，卖方有权拒绝交货。如果导致卖方仓储费用的增加以及延迟交货而产生的利息损失，应该由买方承担。

提示

如果买方未按时派船，这包括未经对方同意提前或延迟将船派到装运港，卖方都有权拒绝交货，由此产生的各种损失均由买方负担。如果买方指派的船只按时到达装运港，而卖方却未能备妥货物，那么，由此产生的上述费用则由卖方承担。按FOB术语成交，对于装运期和装运港要慎重规定，签约之后，有备货和派船事宜，也要加强联系，密切配合，保证船货衔接。

3）买卖双方义务

具体而言，FOB术语下买卖双方的义务见表1-11。

表1-11　FOB术语下买卖双方的义务

A 卖方义务	B 买方义务
A1 卖方一般义务 卖方必须提供符合买卖合同约定的货物和商业发票，以及合同可能要求的其他与合同相符的证据。 A1～A10中所指的任何单证，在双方约定或符合惯例的情况下可以是同等作用的电子记录或程序。	B1 买方一般义务 买方必须按照买卖合同约定支付价款。 B1～B10中所指的任何单证，在双方约定或符合惯例的情况下可以是同等作用的电子记录或程序。
A2 许可证、授权、安检通关和其他手续 如适用，卖方必须自负风险和费用，取得所有的进出口许可或其他官方授权，办理货物出口所需的一切海关手续。	B2 许可证、授权、安检通关和其他手续 如适用，应由买方自负风险和费用，取得所有的进出口许可或其他官方授权，办理货物进口和从他国过境所需的一切海关手续。
A3 运输合同与保险合同 a. 运输合同。卖方对买方无订立运输合同的义务。但若买方要求，或依商业实践，且买方未适时做出相反指示，卖方可以按照通常条件签订运输合同，由买方承担风险与费用。 在以上两种情形下，卖方都可以拒绝签订运输合同，如予拒绝，卖方应立即通知买方。 b. 保险合同。卖方对买方无订立保险合同的义务。但应买方要求并由其承担风险和费用(如有的话)，卖方必须向买方提供后者取得保险所需的信息。	B3 运输合同与保险合同 a. 运输合同。除了卖方按照A3a. 签订运输合同情形外，买方必须自付费用签订自指定的装运港起运货物的运输合同。 b. 保险合同。买方对卖方无订立保险合同的义务。
A4 交货 卖方必须在买方指定的装运港内的装船点(如有的话)，以将货物置于买方指定的船舶旁边，或以取得已经在船边交付的货物的方式交货。在以上任何情况下，卖方都必须在约定日期或期限内按照该港的习惯方式交货。 如果买方没有指定特定的装货点，卖方则可在指定装运港选择最适合其目的的装货点。	B4 收取货物 货物按照A4交付时，买方必须收取。

续表

A卖方义务	B买方义务
A5 风险转移 除按照 B5 的灭失或损坏情况外，卖方承担按照 A4 完成交货前货物灭失或损坏的一切风险。	B5 风险转移 买方承担自按照 A4 交货时起货物灭失或损坏的一切风险。 a. 如果买方未按照 B7 发出通知。 b. 如果买方指定的船舶未准时到达导致卖方未能按 A4 履行义务，或该船舶不能够装载该货物，或早于 B7 通知的时间停止装货。 买方则按下列情况承担货物灭失或损坏的一切风险。 a. 自约定之日起，或没有约定日期的。 b. 自卖方在约定期限内按照 A7 通知的日期起，或没有通知日期的。 c. 自任何约定交货期限届满之日起。 但以该项货物已清楚地确定为合同项下之货物者为限。
A6 费用划分 卖方必须支付以下几种费用。 a. 按照 A4 完成交货前与货物相关的一切费用，但按照 B6 应由买方支付的费用除外。 b. 如适用，货物出口所需海关手续费用，以及出口应缴纳的一切关税、税款和其他费用	B6 费用划分 买方必须支付以下几种费用。 a. 自按照 A4 完成交货时起与货物相关的一切费用。如适用，A6b. 中为出口所需的海关手续费用，以及出口应缴纳的一切关税、税款和其他费用除外。 b. 由于以下原因之一发生的任何额外费用。 ① 买方未按照 B7 发出通知。 ② 买方指定的船舶未准时到达，不能装载货物，或早于 B7 通知的时间停止装货；但以该项货物已清楚地确定为合同项下之货物者为限。 ③ 如适用，货物进口所需海关手续费用，以及进口应缴纳的一切关税、税款和其他费用及从他国过境运输费用。
A7 通知买方 由买方承担风险和费用，卖方必须就其已经按照 A4 交货或船舶未在约定时间内收取货物给予买方充分的通知。	B7 通知卖方 买方必须就船舶名称、装船点和其在约定期内选择的交货时间(如需要时)，向卖方发出充分的通知。
A8 交货凭证 卖方必须自付费用，向买方提供已按照 A4 交费的通常证据。 除非上述证据是运输凭证，否则，应买方要求并由其承担风险和费用，卖方必须协助买方取得运输凭证。	B8 交货证据 买方必须接收按照 A8 提供的交货凭证。

续表

A 卖方义务	B 买方义务
A9 查对—包装—标记 卖方必须支付为了按照 A4 进行交货，所需要进行的查对费用(如查对质量、丈量、过磅、点数的费用)，以及进出口国有关机构强制进行的装运前检验所产生的费用。 除非在特定贸易中，某些货物的销售通常不需包装，卖方必须自付费用包装货物。 除非买方在签订合同前已通知卖方特殊包装要求，卖方可以以适合该货物运输的方式对货物进行包装。包装应作适当标记。	B9 货物检验 买方必须支付装船前任何强制性检验费用，但出口国有关机构强制进行的检验费用除外。
A10 协助提供信息及相关费用 如适用，应买方要求并由其承担风险和费用，卖方必须及时向买方提供或协助其取得相关货物进口或将货物运输到最终目的地所需要的任何文件和信息，包括安全相关信息。 卖方必须偿付买方按照 B10 提供或协助取得文件和信息时所发生的所有花销和费用。	B10 协助提供信息及相关费用 买方必须及时告知卖方任何安全信息要求，以便卖方遵守 A10 的规定。 买方必须偿付卖方按照 A10 向买方提供或协助其取得文件和信息时发生的所有花销和费用。 如适用，应卖方要求并由其承担风险和费用，买方必须及时向卖方提供或协助其取得货物运输、进出口及从他国过境运输所需要的任何文件和信息，包括安全相关信息。

阅读案例 1-6

裁决结果截然不同的两个 FOB 合同贸易纠纷案

【案情简介】

洋葱头案：某公司出口洋葱头，FOB 大连。装船前检验合格，但是，目的港卸货时发现部分洋葱头腐烂。买方就该货损向卖方索赔，遭到拒赔，引发贸易纠纷，双方同意将该争议案件提交仲裁。仲裁机构调查发现：洋葱头装船后，由于船舶的通风设备失灵，导致货损，裁决卖方可以拒赔。

燕麦种子案：某公司出口燕麦种子，FOB 天津新港，合同规定燕麦种子的发芽率不得低于 90%，装运前燕麦种子发芽率超过 90%，合格。目的港检验结果显示该批种子的发芽率不足 50%，不合格。买方就该货损向卖方索赔，遭到拒赔，引发贸易纠纷，双方同意将该争议案件提交仲裁。仲裁机构调查发现：由于卖方未能于该批燕麦种子包装前对包装物(麻袋)进行充分的熏蒸处理，麻袋上残留虫卵，主运输途中虫卵孵化，啃噬了燕麦种子胚芽，致损，裁决卖方应该赔偿。

【案例点评】

如果按照《2000 通则》规定，FOB 的买卖双方以装运港船舷为界划分货物风险。如果按照《2010 通则》规定，FOB 的买卖双方以装运港货物装上船为界划分货物风险。如果导致货损的原因是偶然的，而且发生在货物装上船后，则由买方负责，例如洋葱头案，卖方装船前货物经检验机构检验符合合同规定的品质条件，卖方在装船后及时发出装船通知，卖方没有过失。主运输途中，船舶的通风设备失灵，导致货损，属于货物装上船后的风险，应该由买方承担。如果损失发生在货物装上船之前则由卖方负责。如果导致货损的原因是必然的，而且该原因于货物在货物装上船之前就已经存在，则由卖方负责，例如燕麦种子案。

阅读案例 1-7

船货衔接不佳引发的FOB贸易纠纷案

【案情简介】

某年美国A公司从俄罗斯B公司进口一批钢材，买方A派船至装运港，卖方B却没有备货至指定装运港，买方多次催促，卖方先以“货物在运输途中，遇事延误了，请耐心等待”等多种理由搪塞，最后才被迫承认自己没有办法组织到货源，无法交货。于是，买方所派船舶在指定装运港逗留50多天后，空船而走。由于买方和承运人签订的是定程租船合同，该合同规定滞期费费率为每天12 000美元，于是，船方向买方索要60多万美元的滞期费。买方就该滞期费向卖方索要未果。

【案例点评】

履行FOB合同时，买卖双方做好船货衔接十分重要。由于各国法律规定不尽相同，解决类似装卸费用引发的纠纷往往十分棘手。

提示

FOB与FCA的异同点。按FOB与FCA两种术语成交的合同均属装运合同。买卖双方责任划分的基本原则是相同的，主要不同在于适用的运输方式、交货和风险转移的地点不同。FCA术语适用于各种运输方式，交货地点视不同运输方式的不同约定而定，其风险划分是卖方将货物交至承运人时转移；FOB术语仅用于海运和内河运输，交货地点为装运港，风险划分以装运港船上为界。此外，在装卸费的负担和运输单据的使用上也有所不同。

3. CFR (Cost and Freight，成本加运费)

CFR(Insert Named Port of Destination) Incoterms 2010——CFR(插入指定目的港) 2010国际贸易术语解释通则。

1）该术语仅用于海运或内河水运

“成本加运费”是指卖方在船上交货或以取得已经这样交付的货物方式交货。货物灭失或损坏的风险在货物交到船上时转移。卖方必须签订合同，并支付必要的成本和运费，将货物运至指定的目的港。

若使用CPT、CIP、CFR或者CIF，卖方按照所选择术语规定的方式将货物交付给承运人时，即完成其交货义务，而不是货物到达目的地之时。

由于风险转移和费用转移的地点不同，该术语有两个关键点。虽然合同通常都会指定目的港，但不一定都会指定装运港，而这里是风险转移至买方的地方。如果装运港对买方具有特殊意义，特别建议双方在合同中尽可能准确地指定装运港。

由于卖方要承担将货物运至目的地具体地点的费用，特别建议双方应尽可能确切地在指定目的港内明确该点。建议卖方取得完全符合该选择的运输合同。如果卖方按照运输合同在目的港交付点发生了卸货费用，则除非双方事先另有约定，卖方无权向买方要求补偿该项费用。

卖方需要将货物在船上交货，或以取得已经这样交付运往目的港的货物的方式交货。此外，卖方还需签订一份运输合同，或者取得一份这样的合同。此处使用的“取得”一词适用于商品贸易中常见的交易链中的多层销售(链式销售)。

2）使用 CFR 的注意事项

(1）卖方应及时发出装船通知。按 CFR 条件成交时，由卖方安排运输，由买方办理货运保险。如卖方不及时发出装船通知(Shipping Advice)，则买方就无法及时办理货运保险，甚至有可能出现漏保货运险的情况。卖方装船后务必及时向买方发出装船通知，否则，卖方应承担货物在运输途中的风险和损失。所以，在出口贸易中，作为 CFR 合同的卖方应该在了解配载船名、航次后，立刻发出装船通知，有些国外信用证规定，卖方必须提供装船通知的副本作为结汇单据。

(2）按 CFR 进口应慎重行事。在进口业务中，按 CFR 条件成交时，鉴于由外商安排装运，由我方负责保险，故应选择资信好的国外客户成交，并对船舶提出适当要求，以防外商与船方勾结，出具假提单，租用不适航的船舶，或伪造品质证书与产地证明。若出现这类情况，会使我方蒙受损失。

(3）CFR 的变形。按 CFR 术语成交，如货物是使用班轮运输的，运费由承运人承担，而承运人的费用由出口商承担，所以装卸费用由 CFR 合同的卖方支付。如果营运方式是租船运输，则船方按不负担装卸费的条件出租船舶。在 CFR 条件下，因为是出口商指定承运人，在装运港不涉及买卖双方的交接，所以装船费用由出口商承担。而在目的港的卸货费涉及卖方承运人和买方收货人的交接，那卸货费用究竟由何方负担，买卖双方应在合同中订明。为了明确责任，可在 CFR 术语后加列表明卸货费由谁负担的具体条件。

① CFR Liner Terms(CFR 班轮条件)，这是指卸货费按班轮办法处理，即买方不负担卸货费。

② CFR Landed(CFR 卸到岸上)，这是指由卖方负担卸货费，其中包括驳运费在内。

③ CFR EX Tackle(CFR 吊钩下交货)，这是指卖方负责将货物从船舱吊起卸到船舶吊钩所及之处(码头上或驳船上)的费用。在船舶不能靠岸的情况下，租用驳船的费用和货物从驳船卸到岸上的费用由买方负担。

④ CFR EX Ship's Hold(CFR 舱底交货)，这是指货物运到目的港后，由买方自行起舱，并负担货物从舱底卸到码头的费用。

提示

在 CFR 术语下的附加条件只是为了明确卸货费由何方负担，其交货地点和风险划分的界线并无任何改变。《2010 通则》对术语后加列的附加条件不提供公认的解释，建议买卖双方通过合同条款加以规定。

(4）交货。若使用 CPT、CIP、CFR 或者 CIF，卖方按照所选择术语规定的方式将货物交付给承运人时，即完成交货义务，而不是货物到达目的地之时。

卖方应将货物在船上交付或者取得已在船上交付的货物。此处使用的“取得”一词适用于商品贸易中常见的交易链中的多层销售(链式销售)。

CFR可能不适用于货物在上船前已经交给承运人的情况，例如用集装箱运输的货物通常是在集装箱码头交货。在此类情况下，应当使用CPT术语。

(5) 关于清关手续。如适用，CFR要求卖方办理货物出口清关手续。但卖方无义务办理进口清关，支付任何进口税或办理任何进口海关手续。

(6) 风险、责任与费用。由于风险转移和费用转移的地点不同，CFR术语有两个关键点。虽然合同通常都会指定目的港，但不一定都会指定装运港，而这里是风险转移至买方的地方。如果装运港对买方具有特殊意义，双方在合同中尽可能准确地指定装运港。

由于卖方要承担将货物运至目的地具体地点的费用，双方应尽可能确切地在指定目的港内明确该点。卖方应取得完全符合该选择的运输合同。如果卖方按照运输合同在目的港交付点发生了卸货费用，除非双方另有约定，卖方无权向买方要求补偿这项费用。

3) 买卖双方义务

具体而言，CFR术语下买卖双方的义务见表1-12。

表1-12　CFR术语下买卖双方的义务

A卖方义务	B买方义务
A1 卖方一般义务 卖方必须提供符合买卖合同约定的货物和商业发票，以及合同可能要求的其他与合同相符的证据。 A1～A10中所指的任何单证，在双方约定或符合惯例的情况下可以是同等作用的电子记录或程序。	B1 买方一般义务 买方必须按照买卖合同约定支付价款。 B1～B10中所指的任何单证，在双方约定或符合惯例的情况下可以是同等作用的电子记录或程序。
A2 许可证、授权、安检通关和其他手续 如适用，卖方必须自负风险和费用，取得所有的出口许可或其他官方授权，办理货物出口所需的一切海关手续。	B2 许可证、授权、安检通关和其他手续 如适用，应由买方自负风险和费用，取得所有进口许可或其他官方授权，办理货物进口和从他国过境运输所需的一切海关手续。
A3 运输合同与保险合同 a. 运输合同。卖方必须签订或取得运输合同，将货物自交货地内的约定交货点(如有的话)运送至指定目的港或该目的港的交付点(如有约定)。必须按照通常条件订立合同，由卖方支付费用，经由通常航线，由通常用来运输该类商品的船舶运输。 b. 保险合同。卖方对买方无订立保险合同的义务。但应买方要求并由其承担风险和费用(如有的话)，卖方必须向买方提供后者取得保险所需的信息。	B3 运输合同与保险合同 a. 运输合同。买方对卖方无订立运输合同的义务。 b. 保险合同。买方对卖方无订立保险合同的义务。但应卖方要求，买方必须向卖方提供取得保险所需信息。

续表

A 卖方义务	B 买方义务
A4 交货 卖方必须以将货物装上船，或以取得已装船货物的方式交货。在以上任何情况下，卖方都必须在约定日期或期限内，按照该港的习惯方式交货。	B4 收取货物 当货物按照 A4 交付时，买方必须收取，并在指定的目的港自承运人收取货物。
A5 风险转移 除按照 B5 的灭失或损坏情况外，卖方承担按照 A4 完成交货前货物灭失或损坏的一切风险。	B5 风险转移 买方承担自按照 A4 交货时起货物灭失或损坏的一切风险。 如果买方未按照 B7 通知卖方，则买方自约定交货日期或交货期限届满之日起，承担货物灭失或损坏的一切风险，但以该项货物已清楚地确定为合同项下之货物者为限。
A6 费用划分 卖方必须支付以下几种费用。 a. 按照 A4 交货前与货物相关的一切费用，但按照 B6 应由买方支付的费用除外。 b. 按照 A3a. 所发生的将货物装上船的运费和其他一切费用，包括根据运输合同规定由卖方支付的在约定卸货港的卸货费。 c. 如适用，货物出口所需海关手续费用，以及出口应缴纳的一切关税、税款和其他费用，以及按照运输合同规定，由卖方支付的货物从他国过境运输的费用。	B6 费用划分 在不与 A3a. 发生冲突的情况下，买方必须支付以下几种费用。 a. 自按照 A4 完成交货之时起与货物相关的一切费用，如适用，按照 A6c. 为出口所需的海关手续费用，以及出口应缴纳的一切关税、税款和其他费用除外。 b. 货物在运输途中直至到达目的港为止的一切费用，按照运输合同该费用应由卖方支付者除外。 c. 包括驳运费和码头费在内的卸货费，除非根据运输合同该费用应由卖方支付者除外。 d. 如买方未按照 B7 发出通知，则自约定交货日期或交货期限届满之日起，所发生的一切额外费用，但以该项货物已清楚地确定为合同项下之货物者为限。 e. 如适用，货物进口所需海关手续费用，以及进口应缴纳的一切关税、税款和其他费用及从他国过境运输费用，除非该费用已包括在运输合同中。
A7 通知买方 卖方必须向买方发出任何所需通知，以便买方采取收取货物通常所需要的措施。	B7 通知卖方 当有权决定货物运输时间和/或指定目的港内的收取货物的点时，买方必须向卖方发出充分的通知。

续表

A 卖方义务	B 买方义务
A8 交货凭证 卖方必须自付费用，不得延迟向买方提供到约定目的港的通常的运输凭证。 此项运输凭证必须载明合同中的货物，且其签发日期应在约定运输期限内，并使买方能在指定目的港向承运人索取货物。同时，除非另有约定，该项凭证应能使买方在货物运输途中以向下家买方转让或通知承运人的方式出售货物。 当此类运输凭证以可转让形式签发且有数份正本时，则必须将整套正本凭证提交给买方。	B8 交货证据 如果凭证与合同相符，买方必须接收按照 A8 提供的交货凭证。
A9 查对—包装—标记 卖方必须支付为了按照 A4 进行交货，所需要进行的查对费用(如查对质量、丈量、过磅、点数的费用)，以及出口国有关机构强制进行的装运前检验所产生的费用。 除非在特定贸易中，某些货物的销售通常不需包装，卖方必须自付费用包装货物。 除非买方在签订合同前已通知卖方特殊包装要求，卖方可以以适合该货物运输的方式对货物进行包装。包装应作适当标记。	B9 货物检验 买方必须支付装船前任何强制性检验费用，但出口国有关机构强制进行的检验费用除外。
A10 协助提供信息及相关费用 如适用，应买方要求并由其承担风险和费用，卖方必须及时向买方提供或协助其取得相关货物进口或将货物运输到最终目的地所需要的任何文件和信息，包括安全相关信息。 卖方必须偿付买方按照 B10 提供或协助取得文件和信息时所发生的所有花销和费用。	B10 协助提供信息及相关费用 买方必须及时告知卖方任何安全信息要求，以便卖方遵守 A10 的规定。 买方必须偿付卖方按照 A10 向买方提供或协助其取得文件和信息时发生的所有花销和费用。 如适用，应卖方要求并由其承担风险和费用，买方必须及时向卖方提供或协助其取得货物运输、进出口及从他国过境运输所需要的任何文件和信息，包括安全相关信息。

阅读案例 1-8

CFR 贸易术语下装船通知的重要性

【案情简介】

我某公司以 CFR 术语出口一批瓷器，我方按期在装运港装船后，即将有关交易单据寄交买方，要求买方支付货款。过后，业务人员才发现忘记向买方发出装船通知。此时，买方已来函向我方提出索赔，因为货物在运输途中因海上风险而损毁。问：我方能否以货物运输风险是由买方承担为由拒绝买方的索赔？

【案例点评】

(1) 我方不能以风险界点在装运港装上船为由而拒绝买方的索赔要求。

(2) 这个案例涉及CFR术语，根据CFR术语，买卖双方的风险界点在装运港装上船，货物在装运港装船前的风险由卖方承担，货物装船以后的风险由买方承担。有鉴于此，卖方为了保证自己在遭到风险时能够将损失减低，可以通过向保险公司办理货运保险手续将风险转嫁给保险公司，但是买方能否及时办理保险取决于卖方在装运港装船后是否及时向买方发出装船通知，根据CFR术语，卖方在货物装船后及时向买方发出装船通知是其重要义务，如果卖方未及时向买方发出装船通知导致买方未能及时办理保险手续，那么由此引起的损失由卖方负担。

(3) 就本案例而言，很显然卖方没有及时向买方发出装船通知，结果买方未办理货物保险，而货物却因海上风险而损毁，故此我方理应对该项货物损失负责，而不能以风险已转移给买方为由而拒绝卖方的索赔。

4. CIF (Cost Insurance and Freight，成本保险费加运费)

CIF(Insert Named Port of Destination) Incoterms 2010——CIF(插入指定目的港) 2010国际贸易术语解释通则。

1) 该术语仅用于海运或内河水运

“成本保险费加运费”是指卖方在船上交货或以取得已经这样交付的货物方式交货。货物灭失或损坏的风险在货物交到船上时转移。卖方必须签订合同，并支付必要的成本和运费，以将货物运至指定的目的港。

卖方还要为买方在运输途中货物的灭失或损坏风险办理保险。买方应注意到，在CIF下卖方仅需投保最低险别。如买方需要更多保险保护的话，则需与卖方明确达成协议，或者自行做出额外的保险安排。

2) 使用CIF术语应注意的事项

(1) CIF合同属于“装运合同”。在CIF术语下，卖方在装运港将货物装上船，即完成了交货义务。因此，采用CIF术语订立的合同属于“装运合同”。必须明确指出的是，CIF以及其他C组术语(CFR、CPT、CIP)与F组术语(FCA、FAS、FOB)一样，卖方在装运地完成交货义务，采用这些术语订立的买卖合同均属“装运合同”性质。按此类术语成交的合同，卖方在装运地(港)将货物交付装运后，对货物可能发生的任何风险不再承担责任。

(2) 象征性交货问题。从交货方式来看，CIF是一种典型的象征性交货(Symbolic Delivery)。所谓象征性交货，是针对实际交货(Physical Delivery)而言的。前者指卖方只要按期在约定地点完成装运，并向买方提交合同规定的包括物权凭证在内的有关单证，就算完成了交货义务，而无需保证到货。后者则是指卖方要在规定的时间和地点，将符合合同规定的货物提交给买方或其指定人，而不能以交单代替交货。在象征性交货方式下，卖方是凭单交货，买方是凭单付款，只要卖方按时向买方提交了符合合同规定的全套单据，即使货物在运输途中损坏或灭失，买方也必须履行付款义务；反之，如果卖方提交的单据不符合要求，即使货物完好无损地运达目的地，买方仍有权拒付货款。由此可见，CIF交易实际上是一种单据的买卖。因此，装运单据在CIF交易中具有特别重要的意义。但是，必须指出，按CIF术语成交，卖方履行其交单义务，只是得到买方付款的前提条件，除此之外，卖方还必须履行交货义务。如果卖方提交的货物不符合要求，买方即使已经付款，仍然可以根据合同的规定向卖方提出索赔。

(3) CIF的变形。在国际贸易中，大宗商品的交易通常采用程租船运输。在多数情况下，船公司是不负担装卸费的。因此，在CIF条件下，买卖双方容易在卸货费由哪一方负担的问题上引起争议。为了明确责任，买卖双方应在合同中对卸货费由谁负担的问题作出明确具体的规定。如买方不愿负担卸货费，在商订合同时，可要求在CIF术语后加列"Liner Terms"(班轮条件)或"Landed"(卸到岸上)或"EX Tackle"(吊钩下交货)字样。如卖方不愿负担卸货费，在商订合同时，可要求在CIF术语后加列"EX Ship's Hold"(舱底交货)字样(具体参考CFR变形)。

上述CIF术语后加列各种附加条件，如同CFR术语后加列各种附加条件一样，只是为了明确卸货费由谁负担，并不影响交货地点和风险转移的界线。

(4) 交货。当使用CPT、CIP、CFR或者CIF时，卖方按照所选择术语规定的方式将货物交付给承运人时，即完成交货义务，而不是货物到达目的地之时。

卖方应将货物在船上交付或者取得已在船上交付的货物。此处使用的"取得"一词适用于商品贸易中常见的交易链中的多层销售(链式销售)。

CIF可能不适用于货物在上船前已经交给承运人的情况，例如，用集装箱运输的货物通常是在集装箱码头交货。在此类情况下，应当使用CIP术语。

(5) 关于清关手续。如适用，CIF要求卖方办理货物出口清关手续。但卖方无义务办理进口清关，支付任何进口税或办理任何进口海关手续。

(6) 风险、责任与费用。由于风险转移和费用转移的地点不同，CIF术语有两个关键点。虽然合同通常都会指定目的港，但不一定都会指定装运港，而这里是风险转移至买方的地方。如果装运港对买方具有特殊意义，双方在合同中就应尽可能准确地指定装运港。

由于卖方要承担将货物运至目的地具体地点的费用，双方应尽可能确切地在约定目的港内明确该点。卖方应取得完全符合该选择的运输合同。如果卖方按照运输合同在目的港交付点发生了卸货费用，除非双方另有约定，卖方无权向买方要求补偿这项费用。

若使用CPT、CIP、CFR或者CIF，卖方按照所选择术语规定的方式将货物交付给承运人时，即完成其交货义务，而不是货物到达目的地之时。

由于风险转移和费用转移的地点不同，该术语有两个关键点。虽然合同通常都会指定目的港，但不一定都会指定装运港，而这里是风险转移至买方的地方。如果装运港对买方具有特殊意义，特别建议双方在合同中尽可能准确地指定装运港。

由于卖方要承担将货物运至目的地具体地点的费用，特别建议双方应尽可能确切地在约定目的港内明确该点。建议卖方取得完全符合该选择的运输合同。如果卖方按照运输合同在目的港交付点发生了卸货费用，则除非双方事先另有约定，卖方无权向买方要求补偿该项费用。

3) 买卖双方义务

具体而言，CIF术语下买卖双方的义务见表1-13。

表 1-13 CIF 术语下买卖双方的义务

A 卖方义务	B 买方义务
A1 卖方一般义务 卖方必须提供符合买卖合同约定的货物和商业发票，以及合同可能要求的其他与合同相符的证据。 A1～A10 中所指的任何单证，在双方约定或符合惯例的情况下可以是同等作用的电子记录或程序。	B1 买方一般义务 买方必须按照买卖合同约定支付价款。 B1～B10 中所指的任何单证，在双方约定或符合惯例的情况下可以是同等作用的电子记录或程序。
A2 许可证、授权、安检通关和其他手续 如适用，卖方必须自负风险和费用，取得所有的出口许可或其他官方授权，办理货物出口所需的一切海关手续。	B2 许可证、授权、安检通关和其他手续 如适用，应由买方自负风险和费用，取得所有进口许可或其他官方授权，办理货物进口和从他国过境运输所需的一切海关手续。
A3 运输合同与保险合同 a. 运输合同。卖方必须签订或取得运输合同，将货物自交货地内的约定交货点(如有的话)运送至指定目的港或该目的港的交付点(如有约定)。必须按照通常条件订立合同，由卖方支付费用，经由通常航线，由通常用来运输该类商品的船舶运输。 b. 保险合同。卖方必须自付费用取得货物保险。该保险需至少符合《协会货物保险条款》(Institute Cargo Clauses，LMA/IUA)“条款(C)”(Clauses C)或类似条款的最低险别。保险合同应与信誉良好的承保人或保险公司订立。应使买方或其他对货物有可保利益者有权直接向保险人索赔。 当买方要求且能够提供卖方所需的信息时，卖方应办理任何附加险别，由买方承担费用。如果能够办理，诸如办理《协会货物保险条款》“条款(A)或(B)”(Clauses A or B)或类似条款的险别，也可同时或单独办理《协会战争险条款》(Institute War Clauses)和《协会罢工险条款》(Institute Strikes Clauses)或其他类似条款的险别。 保险最低金额是合同规定价格另加 10%(即 110%)，并采用合同货币。 保险期间为货物自 A4 和 A5 规定的交货点起，至少到指定目的港止。 卖方应向买方提供保单或其他保险证据。 此外，应买方要求并由买方承担风险和费用(如有的话)，卖方必须向买方提供后者取得附加险所需的信息。	B3 运输合同与保险合同 a. 运输合同。买方对卖方无订立运输合同的义务。 b. 保险合同。买方对卖方无订立保险合同的义务。买方必须向卖方提供后者应买方按照 A3b. 要求其购买附加险所需信息。

续表

A 卖方义务	B 买方义务
A4 交货 卖方必须以将货物装上船，或以取得已装船货物的方式交货。在以上任何情况下，卖方都必须在约定日期或期限内，按照该港的习惯方式交货。	B4 收取货物 当货物按照 A4 交付时，买方必须收取，并在指定的目的港自承运人收取货物。
A5 风险转移 除按照 B5 的灭失或损坏情况外，卖方承担按照 A4 完成交货前货物灭失或损坏的一切风险。	B5 风险转移 买方承担自按照 A4 交货时起货物灭失或损坏的一切风险。 如果买方未按照 B7 通知卖方，则买方自约定交货日期或交货期限届满之日起，承担货物灭失或损坏的一切风险，但以该项货物已清楚地确定为合同项下之货物者为限。
A6 费用划分 卖方必须支付以下几种费用。 a. 按照 A4 完成交货前与货物相关的一切费用，但按照 B6 应由买方支付的费用除外。 b. 按照 A3a. 所发生的将货物装上船的运费和其他一切费用，包括根据运输合同规定由卖方支付的在约定卸货港的卸货费。 c. 按照 A3b. 规定所发生的保险费用。 d. 如适用，货物出口所需海关手续费用，以及出口应缴纳的一切关税、税款和其他费用，以及按照运输合同规定，由卖方支付的货物从他国过境运输的费用。	B6 费用划分 在不与 A3a. 发生冲突的情况下，买方必须支付以下几种费用。 a. 自按照 A4 完成交货之时起与货物相关的一切费用，如适用，按照 A6d. 为出口所需的海关手续费用，以及出口应缴纳的一切关税、税款和其他费用除外。 b. 货物在运输途中直至到达目的港为止的一切费用，按照运输合同该费用应由卖方支付者除外。 c. 包括驳运费和码头费在内的卸货费，除非根据运输合同该费用应由卖方支付者除外。 d. 如买方未按照 B7 发出通知，则自约定交货日期或交货期限届满之日起，所发生的一切额外费用，但以该项货物已清楚地确定为合同项下之货物者为限。 e. 如适用，货物进口所需海关手续费用，以及进口应缴纳的一切关税、税款和其他费用及从他国过境运输费用，除非该费用已包括在运输合同中。 f. 按照 A3b. 和 B3b. 应卖方要求办理附加险所产生的费用。
A7 通知买方 卖方必须向买方发出任何所需通知，以便买方采取收取货物通常所需要的措施。	B7 通知卖方 当有权决定货物运输时间和(或)指定目的港内的收取货物的点时，买方必须向卖方发出充分的通知。

续表

A 卖方义务	B 买方义务
A8 交货凭证 卖方必须自付费用，不得延迟向买方提供到约定目的港的通常的运输凭证。 此项运输凭证必须载明合同中的货物，且其签发日期应在约定运输期限内，并使买方能在指定目的港向承运人索取货物。同时，除非另有约定，该项凭证应能使买方在货物运输途中以向下家买方转让或通知承运人的方式出售货物。 当此类运输凭证以可转让形式签发且有数份正本时，则必须将整套正本凭证提交给买方。	B8 交货证据 如果凭证与合同相符，买方必须接收按照 A8 提供的交货凭证。
A9 查对—包装—标记 卖方必须支付为了按照 A4 进行交货，所需要进行的查对费用(如查对质量、丈量、过磅、点数的费用)，以及出口国有关机构强制进行的装运前检验所产生的费用。 除非在特定贸易中，某些货物的销售通常不需包装，卖方必须自付费用包装货物。 除非买方在签订合同前已通知卖方特殊包装要求，卖方可以以适合该货物运输的方式对货物进行包装。包装应作适当标记。	B9 货物检验 买方必须支付装船前任何强制性检验费用，但出口国有关机构强制进行的检验费用除外。
A10 协助提供信息及相关费用 如适用，应买方要求并由其承担风险和费用，卖方必须及时向买方提供或协助其取得相关货物进口或将货物运输到最终目的地所需要的任何文件和信息，包括安全相关信息。 卖方必须偿付买方按照 B10 提供或协助取得文件和信息时所发生的所有花销和费用。	B10 协助提供信息及相关费用 买方必须及时告知卖方任何安全信息要求，以便卖方遵守 A10 的规定。 买方必须偿付卖方按照 A10 向买方提供或协助其取得文件和信息时发生的所有花销和费用。 如适用，应卖方要求并由其承担风险和费用，买方必须及时向卖方提供或协助其取得货物运输、进出口及从他国过境运输所需要的任何文件和信息，包括安全相关信息。

提示

由于 CIF 术语后接目的港名称，因此在国际贸易实践中，有时 CIF 价格条件被称作“到岸价”，其实这是一种错误的叫法，很容易被误解为卖方负责货物抵达目的港前的一切责任。但是，事实上货物灭失或损坏的风险在货物交到船上时即由卖方转移至买方。

阅读案例 1-9

CIF 合同修改引起的贸易纠纷案

【案情简介】

山西某C公司与科威特某D公司达成一笔胶鞋出口交易，合同条件为CIF。双方约定卖方在装船前必须取得质量检验合格证书，并且以货物到达目的港经检验合格作为付款条件。货物在装运港经质量检验合格，按时发送至目的港。但是，货物到达目的港后，买方宣称经过检验发现大量鞋面出现脱胶现象，据此拒绝支付货款。C公司在多次与D公司交涉未果后，将科威特D公司告上法庭。请分析此案例。

【案例点评】

由于CIF合同对买方来说是不利的，因为只要卖方将货物装上船舶，取得了合格的单证，就完成了交货义务，即使买方等货物到达目的港经检验发现货物与合同不符，或者卖方与承运人合谋以次充好，或者货物在运输途中灭失，甚至承运人将货物非法出售给第三人等，买方仍要支付货款。鉴于CIF合同的这种性质，有的买方为了减少自己的风险或预防卖方或承运人欺诈，确保付款后能收到符合合同规定的货物，常常在CIF等合同中加进如下条款：卖方保证货物安全抵达目的港、货到目的港经检验合格后付款、卖方应承担货物运输过程中的风险、货物的价格依货物到达目的港的质量确定等。本案中，C公司与D公司正是通过增加这种条款对CIF合同做了修改，允许货物到达目的港经买方检验合格后付款，将卖方的风险从装运港延伸到了目的港。这显然违背了CIF术语的本来意思，从而使该合同成为一份有名无实的CIF合同。此种情况下，卖方将货物装船后，仍然要为货物到达目的港之前的一切风险和损失承担责任。而在货物交由承运人掌管后，卖方实际上已经丧失了对货物的实际控制权。承运人对货物的保管、配载、装运等都由其自行操作，托运人只是对此进行监督。让卖方在其已经丧失了对货物的实际控制权的情况下继续承担责任和风险，这是非常不合理的。尤其对于路途遥远、时间较长的运输，途中会发生什么事情，谁都无法预料。C公司显然犯了这种错误，导致其最后无法收回货款，处于非常被动的位置。由此可见，在制定CIF合同时，应该慎用这种附加条款，以免造成不必要的纠纷。

以上分析表明，在国际贸易实践中使用CIF术语时，要尊重国际惯例的完整性和稳定性，不要轻易予以改变，要准确把握买卖双方在各种情况下责任和风险的划分，对与国际贸易惯例相冲突的条款要持严格解释的态度。在确需改变CIF合同的性质时，所用词语必须足够清楚明了。

本章小结

本章作为国际贸易实务学习的入门，首先剖析了贸易术语的含义、作用。其次，简单介绍了贸易术语的产生和发展、有关贸易术语的3个国际贸易惯例。最后，详细介绍了《2010通则》对各贸易术语的解释，概括了各贸易术语的特点及其选用注意事项。

习　题

一、填空题

1. 2010国际贸易术语解释通则更新并整合与“交货”相关的规则，将术语总数由原来的13条减至____________条，并对所有规则做出更加简洁、明确的陈述。

2. 2010国际贸易术语解释通则中新增的两个贸易术语________和________取代了2000国际贸易术语解释通则中的DAF、DES、DEQ和DDU。

3. 在2010国际贸易术语解释通则中，________是签约承担运输责任的一方。

4. FOB的全称是________，它的中文是________。

5. 在CFR贸易术语后应注明________。

6. 在CIF贸易术语中，C是指________，I是指________。

7. 在象征性交货方式下，卖方是凭________交货的，买方是凭________付款的。

8. FAS术语仅用于________或________。

9. ________术语代表卖方的最大责任。

10. FOB可能不适合于货物在上船前已经交给承运人的情况，例如用集装箱运输的货物通常是在集装箱码头交货。在此类情况下，应当使用________术语。

二、单项选择题

1. 在进出口贸易实践中，对当事人行为无强制性约束的规范是(　　)。

A. 国内法　　B. 国际法　　C. 国际贸易惯例　　D. 国际条约

2. 在实际业务中，FOB条件下，买方常委托卖方代为租船、订舱，其费用由买方负担。如到期订不到舱，租不到船，则(　　)。

A. 卖方不承担责任，其风险由买方承担

B. 卖方承担责任，其风险也由卖方承担

C. 买卖双方共同承担责任、风险

D. 双方均不承担责任，合同停止履行

3. 以下关于国际贸易术语"CIF"的内容提法正确的是(　　)。

A. 卖方除承担成本加运费的义务外，还要负责办理运输保险并支付保险费

B. 卖方在投保时应投保一切险

C. 卖方必须将货物实际交付给买方，才算完成了交货义务

D. 货物的风险在货物实际交付时由卖方转移给买方

4. 按照《2010通则》的解释，若以FOB条件成交，买卖双方风险划分是以(　　)为界。

A. 货交承运人保管　　B. 装运港船上　　C. 货交买方处置　　D. 目的港船上

5. 以FOBST成交，则买卖双方风险的划分界限是(　　)。

A. 货交承运人　　B. 装运港货物交到船上

C. 货物在目的港卸货后　　D. 装运港码头

6. 采用FCA贸易术语成交，货物的运输契约应由(　　)订立。

A. 买方　　B. 卖方　　C. 承运人　　D. 银行

7. 采用FOB贸易术语成交，在FOB后应注明(　　)。

A. Port of Shipment　　B. Port of Destination　　C. Named Place　　D. Carrier

8. 按照《2010通则》的解释，采用CIF条件成交时，货物装船时从吊钩脱落掉入海里造成的损失由(　　)。

A. 卖方负担　　B. 买方负担　　C. 承运人负担　　D. 买卖双方共同负担

9. 按照《2010通则》的解释，CIF与CFR的主要区别在于(　　)。

A. 办理租船订舱的责任方不同　　B. 办理货运保险的责任方不同

C. 风险划分的界限不同　　D. 办理出口手续的责任方不同

10. 负责制定《2010通则》的组织是(　　)。

A. 国际法协会　　B. 国际商会　　C. 经合组织　　D. WTO

三、多项选择题

1. 贸易术语在国际贸易中的主要作用是(　　)。

A. 简化交易手续　　B. 明确交易双方责任

C. 缩短磋商时间　　D. 节省费用开支

2. 国际贸易术语具有两重性，分别是(　　)。

A. 表示付款条件　　B. 表示交货条件

C. 表示运输条件　　D. 表示成交价格的构成因素

3. 根据《2010 通则》的解释，FOB 条件和 CFR 条件下卖方均应负担(　　)。

A. 提交商业发票及海运提单　　B. 租船订舱并支付运费

C. 货物交到船上之前的一切风险　　D. 办理出口通关手续

4. 根据《2010 通则》的解释，FOB、CFR 与 CIF 的共同之处表现在(　　)。

A. 均适合水上运输方式　　B. 风险转移均为货物交到船上

C. 买卖双方责任划分基本相同　　D. 交货地点均为装运港

5. 有关贸易术语的国际贸易惯例有(　　)。

A.《2010 通则》　　B.《1932 年华沙—牛津规则》

C.《美国对外贸易定义 1941 年修订本》　　D.《汉堡规则》

6. 根据《2010 通则》，第二类贸易术语仅适用于海运和内河水运，其中包括(　　)。

A. FAS　　B. FOB　　C. CFR　　D. CIF

7. FOB 与 FCA 相比较，其主要区别有(　　)。

A. 适用的运输方式不同　　B. 风险划分界限不同

C. 交货地点不同　　D. 提交的单据种类不一定相同

8. 我某进口公司按 FOB 条件进口一批货物，采用全程租船运输，如我进口方不愿承担装船费用，应采用(　　)。

A. FOB Under Tackle　　B. FOB Stowed

C. FOB Trimmed　　D. FOBST

9. 若使用(　　)术语，当卖方将货物交付给承运人时，而不是当货物到达目的地时，即完成交货。

A. CPT　　B. CIP　　C. CFR　　D. CIF

10. 以货物交到船上作为划分买卖双方所承担风险界限的价格术语有(　　)。

A. FOB　　B. CIF　　C. FAS　　D. CFR

四、判断题

1. 采用 FOB 贸易术语的各种变形是为了解决买卖双方在卸货费用上的负担问题。　　(　　)

2. 在 FOB 条件下，如合同未规定“装船通知”条款，卖方将货物装船后可不发装船通知，此做法不算违约。　　(　　)

3. 国际贸易惯例已得到各国公认，因此，它对于买卖合同中的当事人都具有普遍的法律约束力。　　(　　)

4. 按 CIF 贸易术语成交，如货物已在运输途中灭失，即使出口方提供全套合格的货运单据，进口方也有权拒收单据和拒付货款。　　(　　)

5. 贸易术语因其表示商品的价格构成，所以可以称为“价格术语”。　　(　　)

6. CFR EX Ship's Hold Rotterdam 是指卖方必须将货运到鹿特丹，在舱底交货。　　(　　)

7. 在 FOB 条件下，如合同未规定“装船通知”条款，卖方将货物装船后可不发装船通知，此做法不算违约。　　(　　)

8. 按一般惯例，凡 FOB 后未加“理舱”或“平舱”字样的，则由买方负担理舱或平舱的费用。　　(　　)

9. 按《2010 通则》的规定，以 C 组贸易术语成交的合同都属于装运合同。 （ ）

10. 我国从汉堡进口货物，如按 FOB 条件成交，需由我方派船到汉堡口岸接运货物；而按 CIF 条件成交，则由出口方洽租船舶将货物运往中国港口，可见，我方按 FOB 进口承担的货物运输风险比按 CIF 进口承担的风险大。 （ ）

11. 国际贸易惯例已得到各国的公认，因此，它对于买卖合同中的当事人都具有普遍的法律约束力。 （ ）

12. 买卖双方以 CIF 条件成交，若双方在洽商合同时未规定具体的险别，则卖方投保时，只有投保最低限度险别义务。 （ ）

13. 按 CIF 贸易术语成交，只要货物已在运输途中灭失，即使出口方提供全套正确的货运单据，进口方也是有权拒收单据和拒付货款的。 （ ）

14. 以 FAS 术语成交，若装运港口吃水线浅使船舶不能靠岸，则货物从码头驳运到装运船只船边的一切风险及费用应由买方负担。 （ ）

15. FOB 价格术语的变形是因装货费用的负担问题而产生的，而 CIF 价格术语的变形则是因卸货费用的负担问题而产生的。 （ ）

五、名词解释

1. 贸易术语　　2. CIF　　3. 装运合同
4. 国际贸易惯例　　5. 象征性交货　　6. FCA

六、简答题

1. 简述 FCA、CPT、CIP 三种价格术语同 FOB、CFR、CIF 三种价格术语的联系和区别。
2. 简述《国际贸易术语解释通则》。
3. FOB 价格术语后加列各种附加条件，形成哪 4 种 FOB 变形？
4. 采用 FCA 术语时应注意哪些问题？
5. 在具体业务中，贸易术语的选用要考虑哪些问题？

七、案例分析

1. 某出口公司 A 同新加坡的客户因价格条款发生了一些分歧，一直争执不下。A 与这个客户做的业务是通过空运方式进行运输的，A 认为“CIF”只适用于“海运及陆运方式”而不适用于“空运方式”，所以坚持用“CIP”条款(并且银行方面也坚持按照国际惯例空运必须使用“CIP”)。可客户坚持要用“CIF”，他们认为“CIP”比“CIF”多一个费用。请问“CIP”与“CIF”在费用上有什么区别？A 的做法是不是正确？

2. 我国某公司以 FOB 条件出口一批冻鸡，合同签订后接到买方来电，称租船较为困难委托我方代为租船，有关费用由买方负担。为了方便合同履行，我方接受了对方的要求。但时至装运期我方在规定装运港无法租到合适的船，且买方又不同意改变装运港。因此，到装运期满时货仍未装船，买方因销售季节即将结束便来函以我方未按期租船履行交货义务为由撤销合同。试问：我方应如何处理？

3. 某出口公司按 CIF 伦敦向英商出售一批核桃仁，由于该商品季节性较强，双方在合同中规定买方须于 9 月底前将信用证开到，卖方保证装运船只不迟于 12 月 2 日驶抵目的港。如货轮迟于 12 月 2 日抵达目的港，买方有权取消合同，如货款已收，卖方必须将货款退还买方。问这一份合同的性质是否属于 CIF 合同？

4. 2011 年 5 月，美国某贸易公司(以下简称进口方)与我国江西某进出口公司(以下简称出口方)签订合同购买一批日用瓷具，价格条件为 CIF Los Angeles。支付条件为不可撤销的跟单信用证，出口方需要提供已装船提单等有效单证。出口方随后与宁波某运输公司(以下简称承运人)签订运输合同。8 月初出口方将货物备妥，装上承运人派来的货车。途中由于驾驶员的过失发生了车祸，耽误了时间，错过了信用证规定的装船日期。得到发生车祸的通知后。出口方即刻与进口方洽商要求将信用证的有效期和装船期各延长半个月，并本着诚信原则告知进口方两箱瓷具可能受损。美国进口方回电称同意延期，但要求货价应降5%。出口方回电据理力争，同意受振荡的两箱瓷具降价1%，但认为其余货物并未损坏，不能降价。但进口方坚持要求全部降价。最终出口方还是做出让步，受振荡的两箱降价2.5%，其余降价1.5%，为此受到货价、利息等有关损失共计达15万美元。事后，出口方作为托运人又向承运人就有关损失提出索赔。对此，承运人同意承担有关仓储费用与两箱振荡货物的损失；利息损失只赔偿50%，理由是自己只承担一部分责任，主要是由于出口方修改单证耽误时间；但对于货价损失不予理赔，认为这是出口方单方面与进口方的协定所致，与己无关。出口方却认为货物降价及利息损失的根本原因都在于承运人的过失，坚持要求其全部赔偿。3个月后经多方协商，承运人最终赔偿各方面损失共计5.5万美元。出口方实际损失9.5万美元。请指出本案问题产生的原因并予以分析。

5. 我国某进出口公司出口一批手表到西班牙，按FCA Shanghai Airport签约。交货期8月。出口企业8月31日将该手表运到上海虹桥机场并由航空公司收货开具航空运单。我方即电传西班牙发出装运通知。9月2日手表抵达马德里，将到货通知连同发票与航空运单送交马德里××银行。该银行即通知西班牙商人提货、付款，但西班牙商人以延迟交货为理由拒绝。西班牙商人的做法是否合理？

6. 我某外贸企业向国外一新客商定购一批大豆，按CFR中国某港口、即期信用证付款条件达成交易，合同规定由卖方以定程租船方式将货物运交我方。我方开证银行也凭国外议付行提交的复合信用证规定的单据付了款。但装运船一直未到达目的港，后经多方查询，发现承运人原来是一家小公司，而且在船舶起航后不久就宣告倒闭，承运船舶是一条旧船，船、货均告失踪，此系卖方与船方相互勾结进行诈骗，导致我方蒙受重大损失。试分析，我方应从中吸收哪些教训？

7. 我国某公司从美国进口男士衬衫5 000件，外商报价为每件10美元FOB Vessel New York，我方如期将金额50 000美元的不可撤销即期信用证开抵美商，但美商要求将信用证金额增加至50800美元，否则，有关的出口关税及签证费用将由我方另行电汇。问：根据《美国对外贸易定义1941年修订本》的相关规定美商的要求是否合理？为什么？

8. 有一份以EXW条件成交的产地交货合同，出售新鲜荔枝15公吨，总值20万美元。合同规定买方必须在5月25日至30日之间派冷藏集装箱车到产地接运货物。后卖方多次催促，直至6月7日也未见买方派车接货。于是，卖方不得不在6月8日将这批货物卖给另一家新买主，得价只有5万美元。试问本案例中，荔枝的差价损失应该由谁承担？为什么？

9. 国外某公司(简称买方)与我国一公司(简称卖方)签订一笔食品出口合同，交易条件为FOB大连，付款方式为不可撤销即期信用证。随后，卖方收到了买方银行开来的信用证，即备妥货物，办好出口手续，按期将货物装上买方指派的船只，并向买方发出了装船通知。装船于凌晨2时结束，半小时后载货船舱出现火情，船长立即组织救火，先启用二氧化碳系统灭火，但发现该系统失灵，只好使用消防水系统灭火，才将火扑灭。经商检部门鉴定，该批货物因火灾和严重泡湿而完全丧失商业价值。卖方立即通知买方，征求处理意见。买方来电称，卖方应负责卸下毁坏的货物，重新备货装船，并声称将指示银行撤销已开出的信用证。卖方则认为，货物已装船，合同义务已履行，没有义务卸下损坏的货物和重新备货装船，并认为买方应该支付已装船货物的货款。船方则因货物已毁损而拒绝签发提单，并以火灾免责为由拒绝承担赔偿。思考题：卖方是否应负责替换货物？买方可否拒付货款？船方是否应承担赔偿责任？从此案例中我们可以获得哪些启示？

10. 山东某A公司与香港某B公司达成一项关于鲜蘑菇的交易，约定条件为CIF香港，分三批交货，并且在装船之前必须取得买方的质量检验合格证书。前两笔交易都顺利进行，到交运第三批货物时，A公司在已经收到B公司寄来的质量检验合格证书，正准备装船之际，突然收到B公司发来的传真，表示其客户反映第二批货物中有部分蘑菇不符合质量标准，要求A公司停止装船。A公司因此没有按时发运货物，而将货物堆放在海关仓库。由于新鲜蘑菇的保鲜期有限，数天后，该批蘑菇全部发霉。A公司认为该批货物是B公司的，发霉也是由于B公司要求暂停装船的结果，因此B公司必须对此负责，据此A公司几次三番向B公司索要货款，B公司对此置之不理。A公司于是将B公司告上法庭，请求法院强令B公司支付货款。请分析此案例。

【操作训练】

实训项目：贸易术语的选用。

实训目的：学会正确理解贸易术语的含义，正确选用贸易术语。

实训内容：宏昌国际股份有限公司(Grand Western Foods Corp.)是一家成立于1988年的贸易公司，负责人为刘铭华(Minghua Liu)，主要经营罐头食品，产品质优价廉，远销到欧洲、中东和北美地区，享有良好声誉。公司为了积极拓销产品，利用各种方法寻找客户资料。在网络上发现加拿大的Carters Trading Company、LLC公司发布的关于求购罐头的信息后，向对方寄送开发信函介绍本公司，并表达希望建立业务关系的愿望(请参阅下面的素材)。

实训要求：将参加实训的学生分成若干谈判小组，分别代表进口商Carters Trading Company、LLC和宏昌国际股份有限公司就贸易术语的选用进行磋商。

素材　开发信函

GRAND WESTERN FOODS CORP.

Room2501，Jiafa Mansion，Beijing West road，Nanjing，P. R. China

FAX：86－25－23500638　　TEL：86－25－23501213

E－MAIL：lmh@simtrade. net

Date：Jan. 24，2011

Carters Trading Company，LLC
P. O. Box8935，
New Terminal，Lata. Vista，
Ottawa，Canada

Dear Sirs：

We known your name and address from the website of www. simtrade. net and note with pleasure the items of your demand just fall within the scope of our business line. First of all，we avail ourselves of this opportunity to introduce our company in order to be acquainted with you.

Our firm is an exporter of various Canned Foodstuffs. We highly hope to establish business relations with your esteemed company on the basis of mutual benefit in an earlier date. We are sending a catalogue and a pricelist under separate cover for your reference. We will submit our best price to you upon receipt of your concrete inquiry.

We are looking forward to receiving your earlier reply.

Yours faithfully，

Grand Western Foods Corp.

Minghua Liu，Manager

第2章 进出口商品的价格、品质、数量和包装

学习目标

知识目标	技能目标
理解订立价格条款的意义并掌握成本核算方法	能够正确、完整地表示商品价格；熟练应用成本核算公式
掌握表示品质的方法，品质条款的规定	具备分析判断不同商品适用的品质表示方法的能力
掌握运输包装和销售包装的要求，运输包装的标志	能够识别不同包装的类别及标志
掌握品名条款的内容，计量单位和计量方法	具备判断商品数量的计量单位和计量方法的能力
(1) 理解各国度量衡采用的标准的区别，约定商品数量的意义 (2) 了解列明合同标的物的意义，包装的重要性	理解列明商品数量、合同标的物和包装在国际货物买卖合同中的重要性

知识结构

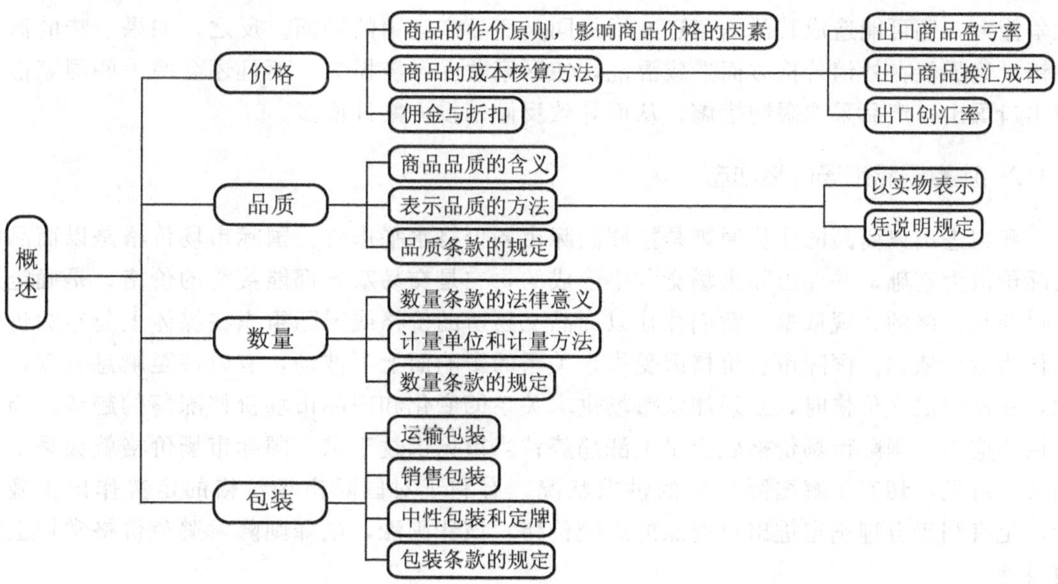

导入案例

交货数量及包装不符导致卖方违约

国内某公司向国外出口一批灯具，合同上规定每箧30只，共100箧。工作人员为方便起见，改为每箧50只，共60箧，灯具总数不变。请问这种处理方法是否构成违约？

点评：①这种处理方式已经构成违约。②包装方式是买卖合同包装条款的一项具体内容。买卖双方必须严格按照合同规定的条款履行合同。如果一方行为与合同规定不完全相符，即构成违约。③在本案中，我方虽然未改变交货总数，但却改变了每件包装内装商品的数量与包装件数，与合同规定不相符。因此，这种处理方式已经构成违约。

讨论题：国际货物买卖合同中的价格、品质、数量以及包装条款具有哪些法律意义和作用？如何正确把握？

2.1 商品价格

2.1.1 正确贯彻作价原则

在确定进出口商品价格时，必须遵循下列3个原则。

(1) 按照国际市场价格水平作价。国际市场价格是以商品的国际价值为基础，在国际市场竞争中形成的，它是交易双方都能接受的价格，是确定进出口商品价格的客观依据。

(2) 要结合国别、地区政策作价。为了使外贸配合外交，在参照国际市场价格水平的同时，也可适当考虑国别、地区政策。

(3) 要结合购销意图。进出口商品价格在国际市场价格水平的基础上，可根据购销意图来确定，即可略高或略低于国际市场价格。但是，如果作价过高不仅会削弱出口商品的竞争能力，还可能造成其他国家迅速增加同类商品来竞销的局面。反之，如果一味的低价促销，这不仅在外销价格方面造成混乱，使国家蒙受经济损失，而且还会使一些国家借此对出口国出口产品采取限制措施，从而导致反倾销投诉案件增多。

2.1.2 注意国际市场价格动态

我国进出口商品的作价原则是按照国际市场价格水平作价。国际市场价格是以商品的国际价值为基础，并在国际市场竞争中形成的，它是交易双方都能接受的价格，是确定进出口商品价格的客观依据。我们往往以商品交易所的价格或国际组织在媒体上公布的价格等作为参考依据。国际市场价格因受供求关系的影响而上下波动，有时甚至瞬息万变，因此，在确定成交价格时，必须注意市场供求关系的变化和国际市场价格涨落的趋势。当市场供不应求，国际市场价格就会呈上涨趋势；当市场供过于求，国际市场价格就会呈下跌趋势。可见，切实了解国际市场的供求状况，有利于对国际市场价格的走势作出正确判断，也有利于合理确定进出口商品的成交价格，该涨则涨，该降则降，避免价格掌握上的盲目性。

2.1.3 考虑商品价格的各种具体因素

由于价格构成因素不同，影响价格变化的因素也多种多样。因此，在确定进出口商品价格时，必须充分考虑影响价格的种种因素，并注意同一商品在不同情况下应有合理的差价，防止出现全球同一价格的错误做法。在遵循上述作价原则的基础上，还需考虑以下因素。

(1) 要考虑商品的质量和档次。在国际市场上，一般都贯彻按质论价的原则，即好货好价，次货次价。品质的优劣，档次的高低，包装装潢的好坏，式样的新旧，商标、品牌的知名度等都直接影响商品的价格。

(2) 要考虑交货条件。在国际贸易中选择不同的贸易术语即交货条件，则交货地点和买卖双方承担的责任、费用负担就会不同，那么在确定进出口商品价格时就必须考虑这些因素。例如，同一运输距离内、相同装运港和目的港条件下成交的同一商品，按 CIF 贸易术语成交同按 FOB 贸易术语成交，其价格应当不同。

(3) 要考虑运输距离和运输方式。国际贸易一般都涉及长途运输。运输距离的远近和运输方式的选择直接影响运费和保险费的开支，从而影响商品的价格。因此，确定商品价格时，必须核算运输成本，做好比价工作，以体现地区差价。

(4) 要考虑季节性需求的变化。在国际市场上，某些商品受消费的季节性影响比较大。如赶在消费旺季前到货，抢行应市，即能卖上好价。过了节令的商品，其售价往往会降低，甚至以低于成本的“跳楼价”出售。因此，应充分利用季节性需求的变化，切实掌握好季节性差价，争取按有利的价格成交。

(5) 要考虑成交数量。按国际贸易的习惯做法，成交量的多少会影响商品价格。当成交量多时，在价格上应给予适当优惠，或者采用数量折扣的办法，鼓励外商多下订单；反之，则可以适当提高出售价格。

(6) 要考虑支付条件和汇率变动的风险。支付条件是否有利和汇率变动风险的大小都影响商品的价格。例如，同一商品在其他交易条件相同的情况下，采取预付货款和凭信用证付款方式下，其价格应当有所区别。同时，确定商品价格时，一般应争取采用对自身有利的货币成交。如果采用了不利的货币成交，应当把汇率变动的风险考虑到货价中去，即适当提高出售价格或压低购买价格。

此外，交货期的远近、市场销售习惯和消费者的爱好等因素，对确定价格也有不同程度的影响，我们必须通盘考虑和正确掌握。

提示

在人民币升值的情况下，以外币表示的我国出口商品的价格上升，会削弱我国商品在国际市场上的竞争力，因此不利于出口贸易。此时，我国出口商可以考虑适当降低货价，以保持原有的国际市场份额。

2.1.4 加强商品成本核算

在价格掌握上，要注意加强成本核算，以提高经济效益，防止出现不计成本、不计盈亏和单纯追求成交量的偏向。尤其在出口方面，强调加强成本核算，掌握出口总成本、出口销售外汇净收入和人民币净收入的数据，并计算和比较各种商品出口的盈亏情况，更有现实意义。出口总成本是指出口商品的进货成本加上出口前的一切费用和税金。出口销售外汇净收入是指出口商品按FOB价出售所得的外汇净收入。出口销售人民币净收入是指出口商品的FOB价按当时的外汇牌价折成人民币的数额。

1. 出口商品盈亏率

出口商品盈亏率是指出口商品盈亏额与出口总成本的比率。出口盈亏额是指出口销售人民币净收入与出口总成本的差额，前者大于后者为盈利，反之为亏损。

出口商品盈亏率＝(出口销售人民币净收入－出口总成本)/出口总成本×100%

2. 出口商品换汇成本

它是以某种商品的出口总成品与出口所得的外汇净收入之比，得出用多少人民币换回1美元。出口商品换汇成本如高于银行的外汇牌价，则出口为亏损；反之，则说明出口盈利。

出口商品换汇成本＝出口总成本(人民币)/出口销售外汇净收入(美元)

3. 出口创汇率

出口创汇率是指加工后成品出口的外汇净收入与原料外汇成本的比率。如原料为国产品，其外汇成本可按原料的FOB出口价计算。如原料是进口的，则按该原料的CIF价计算。

出口创汇率＝(成品出口外汇净收入－原料外汇成本)/原料外汇成本×100%

2.1.5 掌握不同术语间价格换算方法

现将最常用的FOB、CFR和CIF这3种价格的换算方法及公式介绍如下。

1. FOB价换算为其他价

CFR价＝FOB价＋运费

CIF价＝(FOB价＋运费)/(1－保险费率×投保加成)

CIF价＝FOB价＋运费＋保费＝FOB价＋运费＋CIF价×投保加成×保险费率

2. CFR价换算为其他价

FOB价＝CFR价－运费

CIF价＝CFR价/(1－投保加成×保险费率)

3. CIF价换算为其他价

FOB价＝CIF价×(1－投保加成×保险费率)－运费

CFR价＝CIF价×(1－投保加成×保险费率)

2.1.6 价格条款

1. 价格条款的内容

合同中的价格条款，一般包括商品的单价和总值两项基本内容，确定单价的作价办法和与单价有关的佣金与折扣的运用，也属价格条款的内容，商品的单价通常由4个部分组成，即计量单位、单位价格金额、计价货币和贸易术语。在价格条款中可规定“每公吨200美元，CIF伦敦”。总值是指单价同成交商品数量的乘积，即一笔交易的货款总金额。

2. 规定价格条款的注意事项

（1）合理确定商品的单价，防止作价偏高或偏低。

（2）根据经济意图和实际情况，在权衡利弊的基础上选用适当的贸易术语。

（3）争取选择有利的计价货币，以免遭受币值变动带来的风险。如采用不利的计价货币时，应当加订保值条款。

（4）灵活运用各种不同的作价办法，以避免价格变动风险。

（5）参照国际贸易的习惯做法，注意佣金和折扣的合理运用。

（6）如交货品质和数量约定有一定的机动幅度，则对机动部分的作价也应一并规定。

（7）如包装材料和包装费另行计价，对其计价办法也应一并规定。

（8）单价中涉及的计量单位、计价货币、装卸地名称，必须书写正确、清楚，以利合同的履行。

2.2 佣金与折扣的运用

在价格条款中，有时会涉及佣金和折扣。价格条款中所规定的价格，可分为包含佣金或折扣的价格和不包含这类因素的净价。包含佣金的价格，在业务中通常称为“含佣价”。

2.2.1 佣金

1. 佣金的含义

在国际贸易中，有些交易是通过中间代理商进行的。因中间代理商介绍生意或代买代卖而向其支付一定的酬金，此项酬金叫佣金。凡在合同价格条款中，明确规定佣金的百分比，叫做明佣。不标明佣金的百分比，甚至连佣金字样也不标示出来，有关佣金的问题，由双方当事人另行约定，这种暗中约定佣金的做法叫做暗佣。佣金直接关系到商品的价格，货价中是否包括佣金和佣金比例的大小，都影响商品的价格。显然，含佣价比净价要高。正确运用佣金，有利于调动中间商的积极性和扩大交易。

2. 佣金的规定方法

（1）在商品价格中包括佣金时，通常应以文字来说明。例如“每公吨200美元CIF旧金山包括2%佣金”（U. S. $200 per U/T CIF San Francisco including 2% commission）。

（2）也可以在贸易术语上加注佣金的缩写英文字母“C”和佣金的百分比来表示。例如“每公吨200美元CIF C 2%旧金山”（U. S. $200 per U/T CIF San Francisco including 2% commission）。

（3）商品价格中所包含的佣金除用百分比表示外，也可以用绝对数来表示。例如“每公吨付佣金25美元”。

如中间商为了从买卖双方处获取“双头佣金”或为了逃税，有时要求在合同中不规定佣金，而另按双方暗中达成的协议支付。佣金的规定应合理，其比率一般掌握在1%至5%之间，不宜偏高。

3. 佣金的计算与支付方法

在国际贸易中，计算佣金的方法不一，有的按成交金额约定的百分比计算，也有的按成交商品的数量来计算，即按每一单位数量收取若干佣金计算。

在我国进出口业务中，计算方法也不一致，按成交金额和成交商品的数量计算的都有。在按成交金额计算时：①有的以发票总金额作为计算佣金的基数；②有的则以FOB总值为基数来计算佣金；③如按CIF值成交，而以FOB值为基数计算佣金时，则应从CIF价中减去运费和保险费，求出FOB值。然后以FOB值乘以佣金率，即得出佣金额。

关于计算佣金的共识如下：

$$\text{单位货物佣金额}=\text{含佣价}\times\text{佣金率}$$

$$\text{净价}=\text{含佣价}-\text{单位货物佣金额}$$

上述公式也可写成：

$$\text{净价}=\text{含佣价}\times(1-\text{佣金率})$$

$$\text{含佣价}=\text{净价}/(1-\text{佣金率})$$

佣金的支付一般有两种做法：一种是由中间代理商直接从货价中扣除佣金；另一种是在委托人收清货款之后，再按事先约定的期限和佣金比率，另行付给中间代理商。在支付佣金时，应防止错付、漏付和重付等事故的发生。

2.2.2 折扣

1. 折扣的含义

折扣是指卖方按原价给予买方一定百分比的减让，即在价格上给予适当的优惠。国际贸易中使用的折扣，名目很多，除一般折扣外，还有为扩大销售而使用的数量折扣，为实现某种特殊目的而给予的特别折扣，以及年终回扣等。凡在价格条款中明确规定折扣率的，叫做“明扣”。折扣直接关系到商品的价格，货价中是否包括折扣和折扣率的大小都影响商品价格，折扣率越高，则价格越低。

2. 折扣的规定方法

在国际贸易中，折扣通常在规定价格条款时，用文字明确表示出来。

(1) 例如“CIF 伦敦每公吨 200 美元，折扣 3%”（U. S. $200 per metric ton CIF London including 3% discount），此例也可以表示为“CIF 伦敦每公吨 200 美元，减 3%折扣”（U. S. $200 per metric ton CIF London less 3% discount）。

(2) 折扣也可以用绝对数来表示。例如“每公吨折扣 6 美元”。

在实际业务中，也可以用 CIFD 或 CIFR 来表示 CIF 价格中包含折扣。这里的 D 和 R 是 Discount 和 Rebate 的缩写。鉴于贸易术语中加注的 D 或 R 含义不清，可能引起误解，故最好不使用此缩写语。

3. 折扣的计算与支付方法

折扣通常是以成交额或发票金额为基础计算出来的。

单位货物折扣额＝原价(或含折扣价)×折扣率

卖方实际净收入＝原价－单位货物折扣额

折扣一般是在买方支付货款时预先予以扣除。也有的折扣金额不直接从货价中扣除，而按暗中达成的协议另行支付给买方，这种做法通常在给暗扣或回扣时采用。

提示

“价格中含 2%的佣金”，可以表示为“CIF C 2%”，“CFR C 2%”，“FOB C 2%”或“CIF C 2%”，“CFR C 2%”，“FOB C 2%”，也可以用描述的方法表示，如 including 2% commission。但是，折扣的表示不能写入贸易术语，只能用文字说明的方式表达，如 less 2% discount。

阅读案例 2－1

错误缮制发票案

【案情简介】

国内某公司向国外出口女士衬衫，单价为每件 2.10 美元，共 2 000 件。国外开来的信用证中规定的金额为“about USD 4 200，CIF London，less 5% commission and 5% discount”（约 4 200 美元，CIF 伦敦，减 5%的佣金和 5%的折扣）。该公司将衬衫装船发运后，向银行交单议付时，需要缮制出口商业发票。该公司的经办人员认为信用证规定了“5%的佣金和 5%的折扣”，那么 CIF 净价就是在 4 200 美元的总价上直接减 10%就可以了，于是将发票缮制为下面的形式。

Ladies Blouses	Unit Price	Amount
2 000 pieces	USD 2.10	USD 4 200.00
Less 5% commission and 5% discount		USD 420.00
	CIF London net:	USD 3 780.00

该公司蒙受了损失，为什么？

【案例点评】

这张发票是错误的。这个公司的经办人员由于对国际贸易中的商品价格表示方法以及计算方法缺乏了解，所以在这笔业务中该公司有损失。

按商业习惯做法，在缮制出口发票时，它在总金额(单价×数量)中先扣除5%优惠(折扣)得到一个毛净价。然后在此基础上再扣除5%佣金，在既有折扣又有佣金的交易中，应先扣除折扣，然后再扣佣金，因为扣除部分是不应支付佣金的。

该公司应该缮制发票如下所示。

Ladies Blouses	Unit Price	Amount
2 000 pieces	USD 2.10	USD 4 200.00
Less 5% discount		USD 210.00
		3 990.00
Less 5% Commission		199.50
	CIF London net	USD 3 790.50

两种计算方法相比较，该公司由于业务员的业务不精，致使公司损失了10.5美元。

根据国际商会的《跟单信用证统一惯例》(UCP500)第三十九条a款规定：凡“约”“大概”、“大约”或类似的词语用于信用证金额、货物数量和单价时，应解释为有关金额、数量或单价不超过10%的增减幅度。该公司发票金额没有超过信用证规定的USD 4 200增减10%的幅度，因此银行不会拒付，但使公司造成不该有的损失是非常遗憾的。

2.3 合同的标的物及商品的品质

2.3.1 合同的标的物

1. 构成合同的标的物的条件

在国际贸易商品买卖中，标的物是双方买卖的主体，这是一笔交易赖以进行的物质基础。一般说来，国际商品买卖中要构成标的物，必须具备3个条件。

(1) 必须是出口方所占有的。

(2) 必须是合法的。

(3) 必须是双方当事人一致同意的，即一方有效发盘，另一方正当接受，双方意见一致达成交易的。

2. 合同标的物条款的意义和作用

(1) 是国际货物买卖合同中必不可少的条款。

(2) 是法律上的需要。

(3) 是业务上的需要。

3. 品名条款的内容(Name of Commodity)

(1) 加标题。

(2) 不加标题，只在合同的开头部分列明交易双方同意买卖某种商品的文句。

(3) 把有关具体品种、等级和型号的概括性描述包括进去。如：三道眉葵花籽、一等玉米、45cm×45cm 的羊剪绒坐垫等。

(4) 品名条款与品质条款合并。如：含绒 90%的鸭鸭牌羽绒服。

4. 规定品名条款应注意的问题

(1) 内容必须具体、明确。如：品名为大豆，就不够具体，应标明东北大豆，或其他产地的大豆。

(2) 针对商品的实际作出实事求是的规定。如：品名为优质绿茶，大家对优质的理解各不相同，就不宜使用。

(3) 尽可能使用国际上通用的名称。一些药品，如我们常称病毒唑，而国际通用名称为利巴韦林。

(4) 注意选用合适的品名。如：一家公司出口苹果酒，品名写为“Cider”，结果遭到拒付。原因是这个词除了苹果酒的意思之外，还有苹果汁的意思，海关无从收税。正确的写法应为“Apple Wine”。

2.3.2 商品的品质

1. 商品品质含义

商品品质是指商品的内在素质和外观形态的综合。前者包括商品的物理性能、化学成分和生物特征等自然属性；后者包括商品的外形、色泽、款式和透明度等。

在国际贸易中，往往是按照每种商品的不同特点，选择一定的质量指标来表示不同商品的品质，如：机床以性能、用途、功率、自动化程度等；煤炭以灰分、含水、含硫、发热量、粒度等；服装以面料和辅料、款式、颜色、工艺等指标表示。商品的品质优劣直接影响商品使用价值和价格，往往是买方最为关心的。

2. 表示商品品质的方法

(1) 以实物表示：看货买卖和凭样品买卖。

(2) 凭说明约定：凭规格买卖(Specification of Goods)；
凭等级买卖(Grade of Goods)；
凭标准买卖(Standard of Goods)；
凭说明书和图样买卖(Description and Illustration of Goods)；
凭商标或牌号买卖(Trade Mark or Brand Name of Goods)；
凭产地名称买卖(Place of Goods)。

1) 以实物表示商品的品质

(1) 看货买卖(Actual Quality of Goods)。指买卖双方根据成交货物的实际品质进行交易。这种方法多半用于拍卖、寄售和展卖业务中，尤其适用于具有独特性质的商品，如珠宝、首饰、字画及特定工艺制品。

（2）凭样品买卖(Sample Quality of Goods)。样品通常是指从一批商品中抽出来的或由生产、使用部门设计、加工出来的，足以反映和代表整批商品品质的少量实物。凡以样品表示商品品质并以此作为交货依据的，称为凭样品买卖。

① 卖方样品：由卖方提供的样品称为卖方样品。凡凭卖方样品作为交货依据者，称为凭卖方样品买卖。

② 买方样品：买方为了使其订购的商品符合自身要求，有时也提供样品由卖方依样承制，如卖方同意按买方提供的样品成交，称为凭买方样品买卖。

③ 对等样品：卖方可根据买方提供的样品，加工复制出一个类似的样品交买方确认，这种经确认后的样品称为对等样品或回样(Confirming Sample or Counter Sample)，也有称之为确认样品。

④ 参考样品：仅以介绍商品为目的的样品，最好标明仅供参考(For Reference Only)字样，以免与标准样品混淆。

⑤ 复样：在将样品即原样或称标准样品送交买方的同时，应保留与送交样品质量完全一致的另一样品，即留样或称复样，以备将来组织生产、交货或处理质量纠纷时作核对之用。

2）以说明表示商品品质

（1）凭规格买卖：商品规格是指一些足以反映商品品质的主要指标，如化学成分、含量、纯度、性能、容量、长短、粗细等。

（2）凭等级买卖：商品的等级是指同一类商品按其规格上的差异，分为品质优劣各不相同的若干等级。

（3）凭标准买卖：商品的标准是指将商品的规格和等级予以标准化。它一般由标准化组织、政府机关、行业团体、工商组织及商品交易所等制定、公布，并在一定范围内实施。如英国为BS，美国为ANSI，法国为NF，德国为DIN，日本为JIS等，另外，还有国际标准，如国际标准化组织ISO标准，国际电工委员会(IE)制定的标准等。由于各国的标准常常随着生产技术的发展和情况的变化进行修改和变动，所以某个国家或某个部门颁布的某类产品的标准往往会有不同年份的版本。版本不同，质量标准的内容也不尽相同。因此，在买卖货物采用标准时，应当注明采用标准的版本年份。

对于某些品质变化较大而难以规定统一标准的农副产品往往采用“良好平均品质”(Fair Average Quality，FAQ)，是指一定时期内某地出口货物的平均品质水平，一般是相对中等货而言。良好平均品质的确定方法有以下几种。

① 农产品的每个生产年度的中等货。

② 某一季度或某一装船月份在装运地发运的同一种商品的平均品质。

“上好可销品质”(Good Merchantable Quality，GMQ)：是指卖方必须保证其交付的货物品质良好，合乎销售条件，在成交时无须以其他方式证明产品的品质。但是，这种方法比较抽象笼统，在执行中容易引起争执，因此，应尽量少用。它主要适应于木材和冰冻产品类。

（4）凭说明书和图样买卖。

（5）凭商标或牌号买卖。商标是生产者或商号用来说明其所生产或出售的商品的标志，它可由一个或几个具有特色的单词、字母、数字、图形或图片等组成。牌号是指工商企业给其制造或销售的商品所冠的名称，以便与其他企业的同类产品区分开来。

(6) 凭产地名称买卖。如：以一个国家为名称的“法国香水”、“德国啤酒”、“中国梅酒”；以某个国家某一地区为名称的“中国东北大米”、“四川榨菜”、“绍兴花雕酒”、“庐山云雾茶”等。

提示

可以联系实际生活来理解表示品质的方法，如“凭说明买卖”就相当于平时的网上购物，网购的特点之一就是买家收货前无法接触实物商品，而只能通过卖家的介绍、图片等了解商品信息。

3. 品质条款的规定

品质条款是合同中的一项主要条款，它是买卖双方对商品质量、规格、等级、标准、商标、牌号等的具体规定。卖方以约定的品质交货，否则买方有权提出索赔或拒收货物，以至撤销合同。合同中的品质条款也是商检机构进行品质检验、仲裁机构进行仲裁和法院解决品质纠纷案件的依据。

品质条款的基本内容是商品的品质、规格、等级、标准和商标、牌号等。在凭样品买卖时，应列明样品的编号和寄送日期，有时还加列交货品质与样品一致或相符的说明。在凭标准买卖时，一般应列明所采用的标准及标准版本的年份。

阅读案例 2-2

关于“凭标准买卖”的贸易纠纷

【案情简介】

我国A公司从国外进口一批青霉素油剂，合同规定该商品品质“以英国药局1953年标准为准”，但货到目的港后，发现样品有异样，于是请商检部门进行检验。经反复查明，在英国药局1953年版本内没有青霉素油剂的规格标准，结果商检人员无法检验，从而使A公司对外索赔失去了根据。请分析为避免此类事件发生应该注意什么问题？

【案例点评】

商品的标准，有的由国家或有关政府主管部门规定，也有的由同行业公会、交易所或国际性的工商组织决定。在国际贸易中，有些商品习惯于凭标准买卖，人们往往使用某种标准作为说明与评定商品品质的依据。在我国实际业务中，凡我国已规定有标准的商品，为了便于安排生产与组织货源，通常采用我国有关部门所规定的标准成交，但为了把生意做活，也可根据需要与可能，酌情采用国外规定的品质标准。由于同一商品，各国所定的品质标准不完全一致，而且每个国家的标准，包括民间性的行业所定的标准因各年的版本不同，内容也有差异。所以我们在签订合同时如按标准确定商品品质，不仅要弄清楚是按哪个国家的标准，而且还需要弄清楚不同年限版本的标准的内容。否则，就会出现本案例的被动局面。

此案例说明在进口贸易中，一定要认真制定商品品质条款，如需要用标准来说明商品品质时，为了便于安排生产与组织货源，通常采用我国有关部门所规定的标准成交。此外，也可根据需要与可能，酌情采用国际标准化组织或出口国规定的品质标准。但要密切注意各种标准修改与变动的情况，以免引起争议，造成损失。

2.4 商品的数量

2.4.1 数量条款的法律意义

商品的数量是国际贸易中不可缺少的主要条件之一。正确掌握成交数量，对促进交易的达成和争取有利的价格具有重要的作用。数量是买卖双方交接货物的依据。联合国《国际货物买卖合同公约》在第35条中规定："按约定的数量交付货物是卖方的一项基本义务"。如果卖方交付货物数量大于合同规定的数量，买方可以拒收多交的部分，也可以收取多交部分中的一部分或全部，但应按合同价款执行；如卖方交货数量少于合同规定，卖方应在规定的交货期内补交不足部分，但不得给买方造成不合理的不便或使买方承担不合理的开支，即便如此，买方也有保留要求损害赔偿的权利。

2.4.2 计量单位和计量方法

1. 计量单位

1）计量单位的确定方法

（1）按重量(Weight)计算：农副产品、矿产品和工业制成品都按重量计算。单位有公吨(metric ton)、长吨(long ton)、短吨(short ton)、公斤(kilogram)、克(gram)、盎司(ounce)。

1长吨＝1 016公斤；1短吨＝907公斤。

（2）按数量(Quantity)计算：大多数工业制成品，尤其是日用消费品、工业品、机械产品以及一部分土特产品，均习惯于按数量进行买卖。单位有件(piece)、双(pair)、套(set)、打(dozen)、卷(roll)、令(ream)、罗(gross)、袋(bag)、包(bale)。

1罗＝12打；1打＝12件；1令＝480张。

（3）按长度(Length)计算：在金属绳索、丝绸、布匹等类商品的交易中，通常采用。单位有米(meter)、英尺(foot)、码(yard)。

1英尺＝12英寸＝30.48cm；1码＝3英尺＝0.914m；1英寸＝2.54cm。

（4）按面积(Aere)计算：在玻璃板、地毯、皮革等商品的交易中使用。单位有平方米(square meter)、平方英尺(square foot)、平方码(square yard)。

（5）按体积(Volume)计算：仅用于木材、天然气和化学气体等。单位有立方米(cubic meter)、立方英尺(cubic foot)、立方码(cubic yard)。

（6）按容积(Capacity)计算：各种谷物和流体货物。单位有蒲式耳(bushel)、加仑(gallon)公升(litre)。

1加仑＝4.546L(美)；1加仑＝3.785L(英)

2）各国度量衡制度

各国度量衡制度是指公制、英制、美制和国际标准计量组织在公制基础上颁布的国际单位制。根据《中华人民共和国计量法》规定："国家采取国际单位制，国际单位制计量单位和国家选定的其他计量单位，为国家法定计量单位。"

2. 重量计算方法

(1) 毛重(Gross Weight)：是指商品本身的重量加包装物的重量。

(2) 净重(Net Weight)：是指商品本身的重量，即除去包装物后的商品实际重量。

“以毛作净”(Gross for Net)实际上就是以毛重当作净重计价，适用于有些价值较低的农产品或其他商品。采用净重计重时，对于如何计算包装物重量，国际上有下列几种做法。①按实际皮重(Actual Tare)计算；②按平均皮重(Average Tare)计算；③按习惯皮重(Customary Tare)计算；④按约定皮重(Computed Tare)计算。

(3) 公量(Conditioned Weight)：有些商品如棉花、羊毛、生丝等有较强的吸湿性，其所含水分受客观环境的影响较大，故其重量很不稳定，国际上采用按公量计算方法，即以商品的干净重加上国际公定回潮率与干净重的乘积所得出的重量。

公量＝商品干净重×(1＋国际公定回潮率)

公量＝商品净重×[(1＋公定回潮率)/(1＋实际回潮率)]

(4) 理论重量(Theoretical Weight)：对有固定规格的货物只要规格一致、尺寸相符、重量大体相同，这样就能从其件数推出重量。

(5) 法定重量(Legal Weight)和实物净重(Net Weight)：法定重量是商品重量加上直接接触商品的包装物料的重量。而除去这部分重量所表示出来的纯商品重量称为实物净重。

2.4.3 数量条款的规定

1. 数量条款的基本内容

买卖合同中的数量条款，主要包括成交商品的数量和计量单位。按重量成交的商品，还需订明计算重量的方法。如：中国大米 1 000 公吨，麻袋装，以毛作净。5%溢短装，由卖方选择，按合同价格计算。

2. 数量条款的注意事项

(1) 正确掌握成交数量。对出口数量的掌握：注意国内、国外市场供求情况；价格变动情况；国外客户资信及经营能力等。对进口数量的掌握：要看国内实际需要；实际支付能力；市场行情变化。

(2) 数量条款应当明确具体。如：“中国盘锦产大米 500 公吨、单层新麻袋装，以毛作净”，并把握好溢短装条款的应用。在合同中一般不宜采用“大约”、“近似”、“左右”(“about”、“circa”、“appoximate”)等字样。根据《跟单信用证统一惯例》规定：对“约数”可解释为不超过 10%的增减幅度。

(3) 合理规定数量机动幅度。在粮食、矿砂、化肥和食糖等大宗商品的交易中，由于商品特性、货源变化、船舱容量、装载技术和包装等因素的影响，要求准确的按约定数量交货，有时存在一定困难，可在合同中规定数量机动幅度条款，即数量增减条款或溢短装条款。注意以下几点。

① 数量机动幅度的大小要适当。数量机动幅度的大小通常都以百分比表示，如3%或5%不等。关于分批装运中机动幅度的规定：第一，只对合同数量规定一个百分比的机动幅度，而对每批分运的具体幅度不作规定，在此情况下，只要卖方交货总量在规定的机动幅度内，就算按合同数量交货。第二，除规定合同数量总的机动幅度外，还规定每批分运数量的机动幅度，在此情况下，卖方总的交货量，就得遵守上述总机动幅度的约束，而不能只按每批分运数量的机动幅度交货，这就要求卖方根据过去累计的交货量，计算出最后一批应交的数量。

② 机动幅度选择权的规定要合理，可以由卖方选择、船方选择或买方选择。

③ 溢短装数量的计价方法要公平合理，可以选择：按合同价格计算；按装船日的行市计算；按到货日的行市计算；按双方协议的价格计算。

提示

UCP600第三十条 信用证金额、数量和单价的增减幅度的相关规定。A. 凡“约”、“大概”或类似的词语，用于信用证金额、数量和单价时，应解释为有关金额、数量或单价不超过10%的增减幅度。B. 除非信用证规定货物的指定数量不得有增减外，在所支付款项不超过信用证金额的条件下，货物数量准许有5%的增减幅度。但是，当信用证规定数量以包装单位或个数单位计数时，此项增减幅度则不适用。C. 除非禁止部分装运的信用证另有规定或已适用本条B款，当信用证对货物的数量有规定，且货物已全部装运，以及当信用证对单价有规定，而单价又未降低的条件下，允许支取的金额有5%的减幅。如信用证已利用本条A款提到的词语，则本规定不适用。

阅读案例2-3

出口水果短装引发的贸易纠纷

【案情简介】

我国某出口公司与匈牙利商人订立了一份出口水果的合同，支付方式为货物验收后付款。但货到后经买方验收后发现水果总重缺少10%，而且每个水果的重量也低于合同规定，匈牙利商人既拒绝付款，也拒绝退货。后来水果全部腐烂，匈牙利海关向中方收取仓储费和处理水果费用5万美元。我国公司陷于被动。从本案中，我们可以吸取什么教训？

【案例点评】

商品的数量是国际货物买卖合同中不可缺少的主要条件之一。按照某些国家的法律规定，卖方交货数量与合同规定必须相符，否则，买方有权提出索赔，甚至拒收货物。此案中虽然我方陷于被动，但仍可据理力争，挽回损失。首先应查明短重是属于正常途耗还是我方违约没有交足合同规定数量，如属我方违约，则应分清是属于根本性违约还是非根本性违约，如属非根本性违约，匈方无权退货和拒付货款，只能要求减价或赔偿损失；如属根本性违约，匈方可退货，但应妥善保管货物，对鲜活商品可代为转售，尽量减轻损失。《联合国国际货物销售合同公约》第86条第一款明确规定：“如果买方已收到货物，但打算行使合同或本公约中的任何权利，把货物退回，他必须按情况采取合理措施，以保全货物，他有权保有这些货物，直至卖方把他所付的合理费用偿还给他为止。”而匈方未尽到妥善保管与减轻损失的义务，须对此承担责任。因此，我国公司可与匈牙利商人就商品的损失及支出费用进行交涉，以尽可能挽回损失。

2.5 商品的包装

2.5.1 包装的意义

在国际货物买卖中，包装是说明货物的重要组成部分，包装条件是买卖合同中的一项主要条件。按照某些国家的法律规定，如卖方交付的货物未按约定的条件包装，或者货物的包装与行业习惯不符，买方有权拒收货物。如果货物虽按约定的方式包装，但与其他货物混杂在一起，买方可以拒收违反规定包装的那部分货物，甚至可以拒收整批货物。

2.5.2 运输包装

运输包装习惯上称为大包装或外包装，其主要作用在于保护商品，防止在储运过程中发生货损货差。又分为以下几类。

1. 单件运输包装

(1) 按包装造型不同分为：箱、桶、袋、包、捆等。

(2) 按包装用料不同分为：箱有纸箱、木箱等；桶有铁桶、木桶、塑料桶等。

2. 集合运输包装

(1) 集装箱(Container)：目前国际上通用的集装箱规格很多，但最通用的是8×8×20英尺和8×8×40英尺两种。20英尺集装箱的载货重量，最多可达18公吨，其容量为31～35m^3。一般计算集装箱的流量时，通常以20英尺集装箱为一个标准单位，通称"TEU"。

(2) 托盘(Pallet)：是按一定规格制成的单层或双层平板载货工具，在平板上将若干单件包装的商品，放在托盘上，然后用绳索、收缩薄膜或拉伸薄膜等物料，将商品与托盘组合加固起来，组成一个运输单位，便于在运输过程中使用机械进行装卸、搬运和堆放。托盘货物一般重1～1.5公吨。托盘通常以木制为主，但也有用塑料、金属等制成。常见的托盘有平板托盘和箱型托盘等。

(3) 集装袋和集装包(Flexible Container)：是一种用合成纤维或复合材料编织成的圆形大包，可容1～4公吨货物，最多可达13公吨。主要用于装载粉粒状货物，如化肥、矿砂、面粉、食糖、水泥等，有些国家为了提高货物的装卸速度和港口码头的使用效率，常常在信用证上规定进口货物必须使用集合运输包装，否则不准卸货。

3. 运输包装的标志

(1) 运输标志(Shipping Mark)：又称唛头，通常是由一个简单的几何图形和字母、数字及简单的文字组成。主要内容包括：目的地的名称或代号；收、发货人的代号；件号、批号。

此外，有的运输标志还包括原产地、合同号、许可证号和体积与重量等内容。另外，联合国欧洲经济委员会为简化国际贸易的工作程序，在国际标准化组织和国际货物装卸协调协会的支持下，制定了一套运输标志，向各国推荐使用。该标准的运输标志包括以下几种。

① 收货人或买方名称的英文缩写字母或简称；②参考号：如运单号、订单号、发票号、合同号；③目的地：货物最终目的地或目的港的名称；④件号：包装货物的每件货物的顺序号和总件数均需标上。如："NO. 1/100"、"NO. 2/100"、"NO. 100/100"。

(2) 指示性标志。

(3) 警告性标志。

2.5.3 销售包装

条形码：是由一组配有数字的黑白及粗细间隔不等的平行条纹所组成，它是一种利用光电扫描阅读设备为计算机输入数据的特殊代码语言。

在国际上通用的包装上的条形码有两种：一种是由美国、加拿大组织的统一编码委员会编制，其使用的物品标识符号为UPC码；一种是由欧洲共同体12国成立的欧洲物品编码协会编制，该组织后改名为国际物品编码协会，其使用的物品标示符号为EAN码。1941年4月我国正式加入国际物品编码协会，该会分配给我国的国别号为690，凡标有690、691、692条形码的商品，即表示是中国出产的商品。

2.5.4 中性包装和定牌

1. 中性包装

(1) 定义：中性包装指既不标明生产国别、地名和厂商名称，也不标明商标或牌号的包装。包括无牌中性包装和定牌中性包装两种。前者是指包装上既无生产地名和厂商名称，又无商标、品牌；后者是指包装上仅有买方指定的商标或品牌，但无生产地名和出口厂商的名称。

(2) 目的：主要是为了打破进口国家和地区实行的各种限制和政治歧视，是扩大商品出口的一种竞争手段。目前，某些出口商品使用中性包装已成为国际贸易中的一种习惯做法。我们采用它，有利于打破某些国家和地区对我国商品实行关税和不合理的配额限制，使我国商品能进入这些国家和地区市场。

2. 定牌

(1) 定义：定牌是指卖方按买方要求在其出售的商品或包装上标明买方指定的商标或品牌，这种做法叫定牌生产。

(2) 具体做法有以下几个方面。

① 对某些国外大量的长期的稳定的订货，为了扩大销售，可以接受买方指定的商标，不加注生产国别的标志，即定牌中性包装。

② 接受国外买方指定的商标或牌名，但在商标或牌名下标明“中华人民共和国制造”或“中国制造”。

③ 接受国外买方指定的商标或牌名，同时在商标或牌名下注明由买方所在国家工厂制造，即定牌定产地。

2.5.5 包装条款的规定

包装条款一般包括包装材料、包装方式、包装规格、包装标志和包装费用负担等内容。

1. 在合同中要明确规定包装材料、包装方式和规格

例如：纸箱包装，每箱6块。约定包装时，应明确具体，不宜笼统规定。在国际贸易中，有时也使用“海运包装”或“习惯包装”等术语，但这种术语内容不明确，各国理解不一，应避免使用。如要使用，应订明使用什么包装材料。

2. 包装费用负担

包装由谁供应，通常有下列3种做法。

(1) 由卖方供应包装，包装连同商品一块交付买方。

(2) 由卖方供应包装，但交货后，卖方将原包装收回。关于原包装返回给卖方的运费由何方负担，应作具体规定。

(3) 买方供应包装或包装物料。

关于包装费用，一般包括在货价之内，不另计收。但也有不计在货价之内，而规定由买方另外支付。究竟由何方负担，应在包装条款中订明。

阅读案例 2-4

擅自改变商品包装致损案

【案情简介】

我国某公司向国外某客商出口大豆，合同规定数量为1 000公吨，用麻袋装。我方在装运中，由于麻袋数量不足，有100公吨的货物擅自改用塑料袋代替麻袋装运。请问我方的行为是否构成违约？对方是否有权拒收或以此向我方提出索赔？

【案例点评】

(1) 在此情况下，我方行为已构成违约，对方有权拒收或以此向我方提出索赔。

(2) 在进出口交易中，买卖双方签订贸易合同，对货物包装作出具体规定。如果卖方提供的货物包装与合同规定不符，卖方就构成违约行为，买方有权拒收，提出索赔要求。

(3) 从本案看，在处理上述情况时，卖方不应该擅自做主，而应主动与买方联系或者要求延期交货或要求不足部分改用代替品或减少交货数量，在征得对方同意或认可后方可作出相应改动，否则会引起交易纠纷，使我方蒙受更大损失。

本章小结

本章首先介绍了有关商品定价的内容，包括商品的作价原则、影响商品价格的因素、成本核算方法以及佣金与折扣的含义。其次，对合同的标的物、商品的品质及其在合同中的条款进行了详细的剖析。最后，介绍了商品的数量和包装在进出口合同中的重要性以及应用。

习 题

一、填空题

1. 完整的国际贸易价格应包括＿＿＿＿＿＿、＿＿＿＿＿＿、＿＿＿＿＿＿和＿＿＿＿＿＿4个部分。

2. 在出口业务中，一般应尽可能争取多使用从成交至收汇这段时期内汇价比较稳定且趋势上浮的货币，即所谓＿＿＿＿＿＿或称“强币”。

3. 在合同中规定，以某月某日某地的有关商品交易所规定的该商品的收盘价为准或以此为基础再加减若干美元。这种作价方法属于＿＿＿＿＿＿。

4. 我国通常采用的国际贸易作价方法为＿＿＿＿＿＿。

5. ＿＿＿＿＿＿是代理人或经济人为委托人进行交易而收取的报酬。

6. 向买方送交样品时，卖方应留存一份或数份同样的样品，称为＿＿＿＿＿＿或留样，以备将来组织生产、交货或处理质量纠纷时作核对之用。

7. 在国际贸易中，按样品提供者的不同，可分为＿＿＿＿＿＿、＿＿＿＿＿＿、＿＿＿＿＿＿。

8. 合同订有溢短装条款并按合同计价的条件下，交货时市价下跌，多装对＿＿＿＿＿＿有利，如市价上升，多装对＿＿＿＿＿＿有利。

9. ＿＿＿＿＿＿指既不标明生产国别、地名和厂商名称，也不标明商标或牌号的包装。

10. ＿＿＿＿＿＿习惯上称为大包装或外包装，其主要作用在于保护商品，防止在储运过程中发生货损货差。

二、单项选择题

1. 凡货、样不能做到完全一致的商品，一般都不适宜凭(　　)买卖。

A. 规格　　B. 号码　　C. 标准　　D. 样品

2. 在对外贸易业务中，选择货币种类时，应遵循(　　)的原则。

A. 力争采取硬货币收付

B. 力争采用软货币收付

C. 出口采用硬货币收付，进口采用软货币收付

D. 出口采用软货币收付，进口采用硬货币收付

3. 我国某出口商每箱1 000美元CFRC 2%伦敦，若对方要求佣金增至5%，我方要保持外汇收入不变，应报价(　　)。

A. USD 1 000 per case CFRC 5% London　　B. USD 1 050 per case CFRC 5% London

C. USD 1 029 per case CFRC 5% London　　D. USD 1 032 per case CFRC 5% London

4. 下列我方出口单价的写法正确的是(　　)。

A. USD 35 per yard CIFC Hongkong

B. EUR 500 per carton CFR net England

C. USD 2 000 per M/T FOB Tianjin

D. EUR 100 per dozen FOB net less 1% discount

5. 下列关于我国出口单价表述正确的为(　　)。

A. 每公吨 1 000 英镑 FOB 伦敦　　B. 每打 100 法国法郎 FOB 净价减 1%折扣

C. 每码 3.50 美元 CIF C 2%新加坡　　D. 500 英镑 CFR 净价利物浦

6. 适用于在造型上有特殊要求或具有色、香、味方面特征的商品，表示品质的方式是(　　)。

A. 凭等级买卖　　B. 凭商标买卖　　C. 凭说明书买卖　　D. 凭样品买卖

7. 对于工业制成品交易，一般在品质条款中灵活制定品质指标，通常使用(　　)。

A. 品质机动幅度　　B. 品质公差

C. 品质与样品大致相符　　D. 规定一个约量

8. 按照国际惯例，买卖商品按重量计价时，如果合同中未明确规定计量方法，应按(　　)计价。

A. 毛重　　B. 净重　　C. 以毛作净　　D. 公量

9. 条形码标志主要用于商品的(　　)上。

A. 销售包装　　B. 运输包装

C. 销售包装和运输包装　　D. 任何包装

10. 某公司对外出口报价是每公吨 500 美元 CIF C 5%纽约，该报价是(　　)。

A. 含佣价　　B. 净价　　C. 成本价　　D. 折扣价

11. 某公司对外报价为每公吨 500 美元 CIF 纽约，外商要求改报 CIF C 5%纽约，我方报价应为(　　)。

A. 526.3 美元　　B. 25 美元　　C. 526.5 美元　　D. 526.9 美元

12. 如果我方报价中包含有折扣，则折扣率越高，货物的实际价格就(　　)。

A. 越高　　B. 越低　　C. 不变　　D. 不确定

13. 每公吨 1 000 美元，折扣 2%，则卖方支付给买方的折扣是(　　)。

A. 20 美元　　B. 22 美元　　C. 21 美元　　D. 23 美元

14. CIF 价涉及的国内费用不包括(　　)。

A. 加工整理费　　B. 货物运至装运港的运费

C. 装船费　　D. 海上运输保险费

15. “龙口粉丝”中用来表明商品品质的方法是(　　)。

A. 凭商标或品牌　　B. 凭标准　　C. 凭规格　　D. 凭产地名称

三、多项选择题

1. 销售包装的标志主要有(　　)。

A. 装潢画面　　B. 文字说明　　C. 条形码

D. 标签　　E. 唛头

2. 合同中包装条款的主要内容包括(　　)。

A. 包装材料　　B. 包装方式　　C. 包装费用的负担

D. 包装标志　　E. 包装尺寸

3. 佣金的表示方式有(　　)。

A. 用文字“含佣%”表示　　B. 用字母“C”表示

C. 用文字“含佣”表示　　D. 用字母“D”表示

4. 确定进出口商品的价格时除了要考虑商品质量和档次、运输距离、成交数量以外，还要考虑(　　)。

A. 交货地点和交货时间　　B. 季节需求的变化

C. 支付条件和汇率变动的风险　　D. 国际市场商品供求变化和价格走势

5. 下列是我某公司业务员的进口报价，(　　)是正确的。

A. USD 75.00 per doz CIF Dalian　　B. USD 75.00 per doz FCA Shanghai

C. USD 75.00 per doz FOB London　　D. USD 75.00 per doz CIF New York

E. USD 75.00 per doz FCA Liner Terms London

6. 下列是我某公司业务员的出口报价，(　　)是正确的。

A. 每打 50 港元 FOB 广州黄埔　　B. 每套 200 美元 CIF 3%香港

C. 每台 5 800 日元 FOB 大连，含 3%的折扣　　D. 每桶 36 英镑 CFR 伦敦

7. 在国际贸易实际业务中，商品计价数量确定的方式，主要有(　　)。

A. 精确计量　　B. 概数计量　　C. 溢短计量　　D. 看货计量

8. 商品包装从其流通过程中的作用来看，可以分为(　　)。

A. 散货包装　　B. 整体包装　　C. 运输包装　　D. 销售包装

9. 在订立国际货物买卖合同的品质条款时，要注意(　　)。

A. 科学性　　B. 严密性　　C. 准确性　　D. 灵活性

10. 品质机动幅度是指允许卖方所交货物的品质指标在一定幅度内有所机动，规定方法包括(　　)。

A. 规定范围　　B. 规定价格　　C. 规定极限

D. 规定上下差异　　E. 规定折扣

四、判断题

1. 交货数量的机动幅度可由卖方选择也可由买方选择，不论由何方选择，每次装货均不得超过承运人宣布的船舶装载量。(　　)

2. 按买方来样，我方复制一样品寄交买方确认，这个样品即为复样。(　　)

3. 运输包装上的标志都必须在运输单据上标明。(　　)

4. 包装费用一般包括在货价之内，不另计收。(　　)

5. 双方签订的贸易合同中，规定成交货物为不需包装的散装货，而卖方在交货时采用麻袋包装，但净重与合同规定的完全相符，且不要求另外加收麻袋包装费。货到后，买方以卖方交货的包装条件不符合合同的规定提出索赔，该索赔不合理。(　　)

6. 某外商来电要我方提供大豆，要求按含油量 20%，含水分 15%，不完善粒 6%，杂质 1%的规格订立合同，对此，在一般情况下，我方可以接受。(　　)

7. 若卖方交付货物的品质在约定的品质机动幅度或品质公差范围内，除非买卖双方另有规定，一般不另行增减价格。(　　)

8. 在出口贸易中，表示品质的方法多种多样，为了明确责任，最好采用既凭样品，又凭规格买卖的方法。(　　)

9. 根据《公约》的规定，如卖方所交货物多于约定数量，买方可以全部收下合同规定和卖方多交的货物，也可以全部拒收合同规定和卖方多交的货物。(　　)

10. 以毛做净就是以净重代替毛重。(　　)

11. 买卖双方在合同中规定：“按提单日期的国际市场价格计算”。这是固定作价的一种规定方法。(　　)

12. 不论在何种情况下，固定作价都比非固定作价有利。（ ）

13. 佣金和折扣都可分为明佣(扣)和暗佣(扣)两种。（ ）

14. 在规定单价时，若明确规定佣金的百分比，则规定总值时也应作出相应的规定。（ ）

15. 含佣价＝净价/(1－佣金率)，其中的净价一定是 FOB 价。（ ）

16. 出口合同中规定的价格应与出口总成本相一致。（ ）

17. 出口销售外汇净收入是指出口商品的 FOB 价按当时外汇牌价折成人民币后的数额。（ ）

18. 出口商品盈亏率是指出口商品盈亏额与出口总成本的比率。（ ）

19. 从一笔交易的出口销售换汇成本中可以看出，在这笔交易中用多少人民币换回 1 美元，从而得出这笔交易为盈利还是亏损。（ ）

20. 在实际业务中，较常采用的作价方法是固定作价。（ ）

五、名词解释

1. 凭样品买卖　2. 唛头　3. 对等样品　4. 定牌　5. 溢短装条款
6. 中性包装　7. 条形码　8. 佣金　9. 折扣　10. 单价
11. 出口总成本　12. 出口销售人民币净收入　13. 换汇成本

六、计算题

1. 内蒙古某出口公司向韩国出口 10 公吨羊毛。在合同中规定按公量计算，标准回潮率定为 11%。经抽样证明，10 公斤纯羊毛用科学方法去掉水分净剩羊毛 8 公斤，即该批货物的实际回潮率为 25%。求上述货物的公量。

2. 某出口公司出口棉花净重 100 公吨，棉花的国际公定回潮率为 8.5%，如这批出口棉花的实际回潮率为 11%，则这批棉花的公量应为多少公吨？干净重应为多少公吨？

3. 我国对美国出口某种商品 100 公吨，出口价格为 USD 320.00 Mt CIF New York，其中运费为每公吨 30 美元，保险费率为 0.3%，投保加一成。出口总成本为每公吨 2 100 元人民币，银行美元买入价为 8.02 元人民币。请计算该商品的出口盈亏率和换汇成本。

4. 我方公司向西欧某客商推销商品，发盘价为每公吨 1 150 英镑 CFR 利物浦，对方要求改报 FOB 上海价，并给予 2% 的佣金。已知自上海至利物浦的运费为每公吨 170 英镑，我方如要保持外汇收入不变，怎样改才能按买方要求条件报价？

七、简答题

1. 我国对于品质增减价条款有何种不同的规定方法？
2. 数量机动幅度是什么？它的规定方法有哪些？
3. 联合国制定标准运输标志的原因是什么？其作用有哪些？
4. 简述溢短装条款的计价方法。
5. 品质条款的内容有哪些？

八、案例分析题

1. 中国某公司向加拿大某商人出售一批价值 128 万元人民币的货物，双方在合同包装条款中约定用塑料袋包装，且每件要同时使用英、法两种文字的贴头(粘纸)，但卖方交货时却改用其他包装代替，且只使用英文贴头。买方收货后，为了便于在当地销售该批商品，只好改换包装和贴头，随后即向卖方要求赔偿其损失，由于确实是卖方严重违反双方约定的包装条件，故卖方只好认赔，了解此案。问：卖方应从该案中吸取哪些教训？

2. 我国某公司于 2011 年 3 月，向美国公司出口天平 2 000 台，CIF 条款。双方签订了合同，最后装运期为 2011 年 6 月 30 日。当时工厂由于检修，并连续停电多日，到 6 月 28 日工厂只生产出 1 910 台。

业务人员认为，错过了最后装运期会导致银行拒付。根据UCP500规定，数量上可以有5%的增减幅度，少了90件货，幅度为4.5%，在允许范围内。于是就将1 910台天平装运出口。我公司将全部单据交于银行，银行拒付。原因是数量与信用证数量不符。后与进口方联系，进口方对某公司在没有提前通知的情况下擅自违反合同的行为，提出质疑。最后我公司同意每台降价5%，客户才按降价后的金额将1 910件货款给我方。

3. 国内某单位向英国出口一批大豆，合同规定水分最高为14%，杂质不超过2.5%，在成交前我方曾向买方交过样品，订约后我方又电告买方成交货物与样品相似，当货物运到英国后，买方提出货物与样品不符，并出示相应的检验证书证明货物的质量比样品低7%，并以此要求我方赔偿15 000英镑的损失。请问：在此情况下我方是否可以以该项交易并非凭样品买卖为由而不予理赔？

4. 英国穆尔公司以CIF伦敦的条件，从兰陀公司购买300箱澳大利亚水果罐头。合同的包装条款规定："箱装，每箱30听。"卖方所交货物中有150箱为每箱30听装，其余120箱为每箱24听，买方拒收。卖方争辩说，"每箱30听"字样并非合同的重要部分，无论是24听还是30听，其品质与合同相符，因此，买方应接收。请问买方是否有权拒收货物？

5. 我方与印度某客商凭样品成交达成一笔出口镰刀的交易。合同中规定复验有效期为货物到达目的港后60天。货物到达目的港经印商复验后，未提出任何异议。但事隔半年，印商来电称：镰刀全部生锈，只能降价出售，印商因此要求我方按成交价的40%赔偿其损失。我方接电后立即查看我方留存的复样，也发现类似情况。请问我方是否应该同意对方的要求？为什么？

6. 我国国内某进出口公司与美国某贸易有限公司订立了一份出口新茶的合同，凭样品买卖，支付方式为货到目的港验收后付款。当到货经买方验收后发现货物品质与样品不符，美商即决定退货并拒绝提货。后来，货物因保管不善完全变质，且美国海关向我方收取仓储费及变质品处理费5万元。请问我方公司应如何处理？

7. 2009年10月，内地一企业(卖方)与香港某商行(买方)签订了一份货物买卖合同，该合同规定：买方向卖方按FOB条件订购5 000t铸铁井盖，单价每吨610美元，合同总金额为305万美元。同时合同又规定，整批货物分10批每两月装运一批，每批供货500t，货物由买方提供图样生产，并经买方验收后方可接收。该合同的品质条款规定：铸件表面应光洁；铸件不得有裂纹、气孔、砂眼、缩孔、夹渣及其他铸造缺陷。该合同还规定，买卖合同签订后10天内，卖方须向买方预付相当于第一批货物金额10%的保证金，约合人民币25万元，第一批500t货物交货后，卖方可在5天内收回保证金；货物装运前，卖方应通知买方前往产地抽样检验，并签署质量合格确认书；若卖方提供的货物质量不符合合同要求，买方有权拒收货物；不经双方一致同意，任何一方不可单方面终止买卖合同，否则由终止合同的一方承担全部经济损失。买卖合同签订后，卖方很快将25万元保证金汇交港商，然后按其提供的图样，投入了相当的人力、物力进行试生产。当生产出部分产品后，卖方电告买方按合同前来验货，一旦验收合格，立即进行大批量生产。但港商先借口工作繁忙，一拖再拖，迟迟不来验货，在卖方的再三催促下，买方又提出先请当地商检部门代为验货。为及时获得合格确认书，保证按期交货，卖方无奈之下，请求当地商检局检验货物。当商检局赶赴现场仔细审查合同和补充协议后，发现所谓"光洁"是一个十分含糊的概念，没有具体标准，存在着引起纠纷的可能。商检人员马上意识到，这极有可能是一起利用品质条款的欺诈案。于是商检人员立即对样品进行封存，并让卖方再次通知港商按合同规定由其前来验货，在没有得到品质合格结论之前，卖方决不可贸然进行大批量生产。但港商接到通知后，不仅不来验货，反而在回函中称，卖方不能在合同规定的期限内生产出符合合同规定的产品，属于单方面违约，并声称要通过法律程序来解决。至此为止，卖方已彻底醒悟，港商不仅利用合同诈骗了25万元，而且反咬一口。经多方查证，该港商采用上述手段已诈骗了内地好几家企业。但在商检部门的大力配合下，卖方停止履约避免了更大的损失，但被骗的25万元保证金却无法追回。留下惨痛的教训，请总结具体的教训。

8. 大连某出口公司向日本出口一批大米，在洽谈时，谈妥出口 2 000 公吨，每公吨 USD 280 FOB 大连口岸。但在签订合同时，在合同上只是笼统地写了 2 000t，我方当事人认为合同上的吨就是指公吨，而发货时日商要求按长吨供货。请问外商的要求是否合理，应该如何处理此项纠纷？

9. 某厂外销布匹 4 万米，合同上订明：红、白、黄、绿 4 种颜色各 1 万米，并附有允许卖方溢短装 10％的条件。该厂实际交货数量为红色 10 400m，白色 8 000m，黄色 9 100m，绿色 9 000m，共计 36 500m，白布虽超过 10％的溢短装限度，但就四种布的总量来说，仍未超过条件。在此情况下，进口商应如何处理？

10. 我国某出口公司与俄罗斯进行一笔黄豆出口交易，合同中的数量条款规定如下：每袋黄豆净重 100kg，共 1 000 袋，合计 100 公吨，但货物运抵俄罗斯后，经俄罗斯海关检查发现每袋黄豆净重 94kg，共 1 000 袋，合计 94 公吨。当时市场黄豆价格下跌，俄罗斯以单货不符为由，提出降价 5％的要求，否则拒收。请问俄罗斯的要求是否合理？我方应采取什么补救措施？

11. 中国某公司从国外进口某农产品，合同数量为 100 万吨，允许溢短装 5％，而外商装船时共装运了 120 万吨，对多装的 15 万吨，我方应怎样处理？

12. 某粮油食品进出口公司出口一批驴肉到日本。合同规定：该批货物共 25t，装 1 500 箱，每箱净重 16.6kg。如按规定装货，则总重量应为 24.9t，余下 100kg 可以不再补交。当货物运抵日本港口后，日本海关人员在抽查该批货物时，发现每箱净重不是 16.6kg 而是 20kg，即每箱多装了 3.4kg。因此该批货物实际装了 30t。但在所有单据上都注明了 24.9t。议付货款时也按 24.9t 计算，白送 5.1t 驴肉给客户。此外，由于货物单据上的净重与实际重量不符，日本海关还认为我方少报重量有帮助客户逃税的嫌疑，向我方提出意见。经我方解释，才未予深究。但多装 5.1t 驴肉，不再退还，也不补付货款。本案说明了什么问题？

第3章 国际货物运输

学习目标

知识目标	技能目标
掌握海洋运输方式的种类和特点	能够正确区别班轮运输和租船运输
理解海运提单与海运单的区别	能够正确理解海运提单的各项内容
熟练掌握装运时间和装运港、目的港的规定方法	能够掌握装运条款的规定方法
海运提单的性质、种类和作用，装运条款和运输单据，海运提单的性质、种类和作用	具备识别不同种类海运提单的能力
了解铁路运输、航空运输、集装箱运输、国际多式联运及其他运输方式	了解各种运输方式的优缺点

知识结构

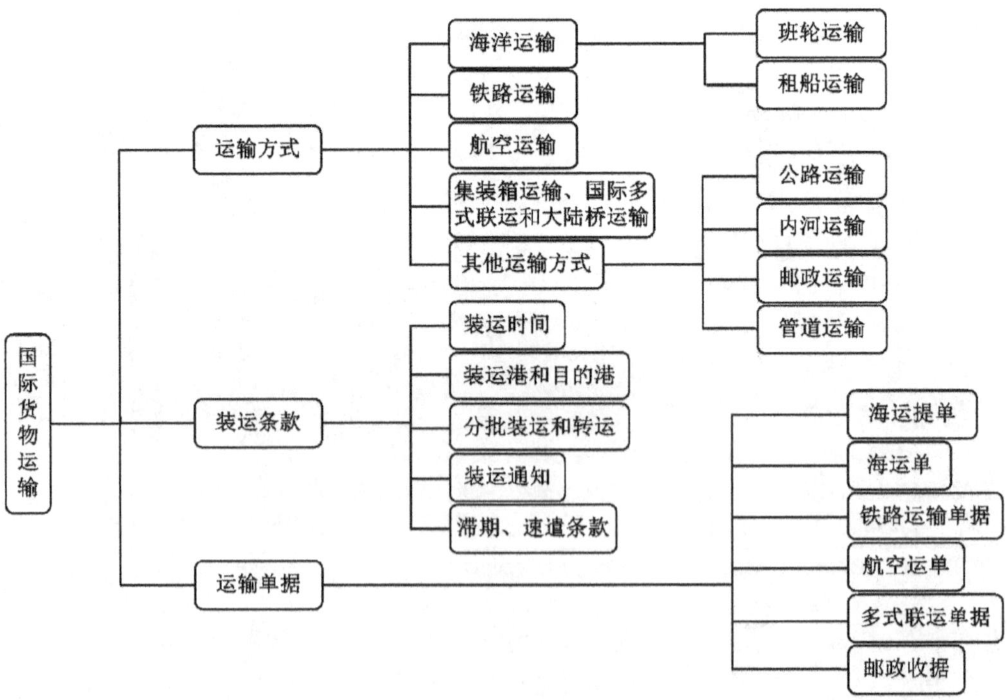

导入案例

如何理解多式联运提单

我国某出口企业同某国A商达成一笔交易，我方负责班轮运输。我方按期将货物装出，由B公司承运并出具转运提单。货物经日本改为其他轮船公司船舶运往目的港。货到目的港后，A公司已宣布破产倒闭。当地C公司竟伪造提单向第二程船公司在当地的代理人提走了货物。我方因收货人A公司倒闭，货款无着落，在获悉货物被冒领后与B轮船公司交涉，凭其签发的正式提单要求交出承运货物。B公司借口依照提单第13条规定"承运人只对第一程运输负责，对第二程不负运输责任"，拒不赔偿。对此案，你认为B公司是否应当承担责任？理由是什么？

点评：

(1) B公司应当承担责任。

(2) 该批货物由B公司承运并出具转运提单，提单作为货物收据，签发提单就表示承运人已按提单所载内容收到货物。

(3) B公司以提单第13条规定推脱责任不能成立。因为虽然规定第一承运人不对第二程负运输责任，但现在货物已经安全到达目的港，与第二程船公司无关。

讨论题： 国际货物运输有哪些方式？海运提单的性质是什么？种类有哪些？

3.1 运输方式

3.1.1 海洋运输

海洋运输的优点有以下3个。

(1) 运量大。海运船舶的运载能力远远大于铁路和公路运输车辆的运载能力。世界大型油船为50万吨级。

(2) 运费低。按照规模经济的观点，因为运量大、航程远，分摊于每吨货物的运输成本就少，因此运价相对低廉。

(3) 对货物的适应性强。远洋运输的船舶可适应多种运输的需要。现在许多船舶是专门根据货物需要设计的。如多用途船舶，专用化船舶的产生，为不同货物的运输提供了条件。

海洋运输的缺点有以下两个。

(1) 易受自然条件和气候等因素影响，风险较大。

(2) 普通商船的航运速度相对较慢，因而对不能经受长途长时间运输的货物和易受气候条件影响以及急需的货物，一般不宜采用海运。

1. 班轮运输(Liner Shipping)

班轮是指按照预定的航行时间表，沿着固定的航线，按照既定的港口顺序，收取相对固定的运费(即"四固定")，经常从事航线上各港口之间运输的船舶。班轮运输特点有以下4个。

(1) 有四固定的基本特点。

(2) 有船方负责配载装卸，装卸费包括在运费中，货方不再另付装卸费，船货双方也不计算滞期费和速遣费。

(3) 船、货双方的权利、义务与责任豁免，以船方签发的提单条款为依据。

(4) 班轮承运货物的品种、数量比较灵活，货运质量较有保证，且一般采取在码头仓库交接货物，故为货主提供了较便利的条件。

班轮运费包括基本运费和附加费两部分。前者是指货物从装运港到卸货港所应收取的基本运费，它是构成全程运费的主要部分；后者是指对一些需要特殊处理的货物，或者由于突然事件的发生或客观情况变化等原因而需另外加收的费用。

基本运费的计收标准如下所示。

(1) 重量吨，运价表内用“W”表示。

(2) 尺码吨，运价表中用“M”表示。

(3) 按毛重或体积计收，由船公司选择其中收费较高的作为计费吨，运价表中以“W/M”表示。

(4) 按商品价格计收，又称为从价运费，运价表中用“A. V”表示。

(5) 在货物重量、尺码或价值三者中选择最高的一种计收，价表中用“W/M or Ad Val.”表示。

(6) 按货物重量或尺码选择其高者，再加上从价运费计算，运价表中用“W/M plus Ad Val.”表示。

(7) 按每件货物作为一个计费单位收费。

(8) 临时议定价格。

上述计算运费的重量吨和尺码吨统称为运费吨，又称计费吨，现在国际上一般都采用公制。

附加费是指除基本运费外，另外加收的各种费用。附加费的计算办法：有的是在基本运费的基础上，加收一定百分比；有的是按每运费吨加收一个绝对数计算。常见附加运费有以下几种。

①超重附加费；②超长附加费；③选卸附加费；④直航附加费；⑤转船附加费；⑥港口附加费。

班轮运费的计算公式如下所示。

$$总运费=基本运费率\times(1+附加费率)\times货运量$$

2. 租船运输

租船运输又称不定期船运输，在租船运输业务中没有预定的船期表，船舶经由航线和停靠的港口也不固定，须按租船双方签订的租船合同来安排，有关船舶的航线和停靠的港口、运输货物的种类以及航行时间等，都按承租人的要求，由船舶所有人确认而定，运费或租金也由双方根据租船市场行市在租船合同中加以约定。

租船运输的方式包括以下几种。

(1) 定程租船，又称航次租船，是指由船舶所有人负责提供船舶，在指定港口之间进行一个航次或数个航次，承运指定货物的租船运输。定程租船就其租赁方式的不同分为：①单程租船，又称单航次租船；②来回航次租船；③连续航次租船；④包运合同。

(2) 定期租船，是指由船舶所有人将船舶出租给承租人，供其使用一定时间的租船运输。承租人也可将此期租船充作班轮或程租船使用。

二者不同之处表现在以下三个方面。

① 租船依据不同。定程租船是按航程租赁船舶，而定期租船则是按期限租赁船舶。关于船、租双方的责任和义务，前者以定程租船合同为准，后者以定期租船合同为准。

② 船方责任不同。定程租船的船方直接负责船舶的经营管理，除负责船舶航行、驾驶和管理外，还应对货物运输负责。但定期租船的船方仅对船舶的维护、修理、机器正常运转和船员工资与给养负责，而船舶的调度、货物运输、船舶在租期内的营运管理和日常开支，如船用燃料、港口费、税捐以及货物装卸、搬运、理舱、平舱等费用，均由租船方负责。

③ 计租依据不同。定程租船的租金或运费，一般按装运货物的数量计算，也有按航次包租总金额计算的。而定期租船的租金一般是按租期每月每吨若干金额计算的。同时，采用定程租船时要规定装卸期限和装卸率，凭以计算滞期费和速遣费；而采用定期租船时，则船、租双方不规定装卸率和滞期速遣费。

(3) 光船租船是指船舶所有人将船舶出租给承租人使用一个时期，但船舶所有人所提供的船舶是一艘空船，既无船长，又未配备船员，承租人要自己任命船长、船员，负责船只的给养和船舶营运管理所需的一切费用。实际上属于单纯的财产租赁。

(4) 定程租船的装卸费。具体做法有以下几种。

① 船方负担装货费和卸货费，又可称为“班轮条件”(Gross Terms；Liner Terms；或 Berth Terms)。

② 船方管装不管卸(Free Out，FO)。

③ 船方管卸不管装(Free In，FI)。

④ 船方装和卸均不管(Free In and Out，FIO)。

⑤ 船方不管装卸、理舱和平舱(Free In and Out，Stowed and Trimmed，FIOST)。

3.1.2 铁路运输

在国际货物运输中，铁路运输是一种仅次于海洋运输的主要运输方式，海洋运输的进出口货物也大多是靠铁路运输进行货物的集中和分散的。

铁路运输优点：一般不受气候条件的影响，可保障全年的正常运输，而且运量较大，速度较快，有高度的连续性，运输过程中可能遭受的风险也较小；办理铁路货运手续比海洋运输简单，而且发货人和收货人可在就近的始发站和目的站办理托运和提货手续。

铁路运输可分为国际铁路货物联运和国内铁路货物运输两种。

3.1.3 航空运输

航空运输是一种现代化的运输方式，它与海洋运输、铁路运输相比，具有运输速度快、货运质量高，且不受地面条件的限制等优点。因此，它最适宜运送急需物资、鲜活商品、精密仪器和贵重物品。

1. 国际空运货物的运输方式

(1) 班机运输(Scheduled Airline)指具有固定开航时间、航线和停靠航站的飞机。通常为客货混合型飞机，货舱容量较小，运价较贵，但由于航期固定，有利于客户安排鲜活商品或急需商品的运送。

(2) 包机运输(Chartered Carrier transport)是指航空公司按照约定的条件和费率，将整架飞机租给一个或若干个包机人(发货人或航空货运代理公司)，从一个或几个航空站装运货物至指定目的地的运输方式。包机运输适合于大宗货物运输，费率低于班机，但运送时间则比班机要长些。

(3) 集中托运指集中托运人(Consolidator)将若干批单独发运的货物组成一整批，向航空公司办理托运，采用一份航空总运单集中发运到同一目的站，由集中托运人在目的地指定的代理收货，再根据集中托运人签发的航空分运单分拨给各实际收货人的运输方式，也是航空货物运输中开展最为普遍的一种运输方式，是航空货运代理的主要业务之一。与货运代理人不同，集中托运人的地位类似多式联运中的多式联运经营人。他承担的责任不仅仅是在始发地将货物交给航空公司，在目的地提取货物并转交给不同的收货人，集中托运人承担的是货物的全程运输责任，而且在运输中具有双重角色。他对各个发货人负货物运输责任，地位相当于承运人；而在与航空公司的关系中，他又被视为集中托运的一整批货物的托运人。

(4) 航空快递(Air Express Service)是指航空快递企业利用航空运输，收取收件人托运的快件并按照向发件人承诺的时间将其送交指定地点或者收件人，掌握运送过程的全部情况并能将即时信息提供给有关人员查询的门对门速递服务。

2. 航空运输的承运人

(1) 航空运输公司。航空运输公司是航空货物运输业务中的实际承运人，负责办理从起运机场至到达机场的运输，并对全程运输负责。

(2) 航空货运代理公司。航空货运代理公司可以是货主的代理，负责办理航空货物运输的订舱，在始发机场和到达机场的交、接货与进出口报关等事宜；也可以是航空公司的代理，办理接货并以航空承运人身份签发航空运单，对运输过程负责。

3. 航空运输的运价

航空运输货物的运价是指从起运机场至目的机场的运价，不包括其他额外费用(如提货、仓储费等)。运价一般是按重量(kg)或体积重量(6 000cm^3 折合 1kg)计算的，而以两者中高者为准。空运货物是按一般货物、特种货物和货物的等级规定运价标准的。

3.1.4 集装箱运输、国际多式联运和大陆桥运输

1. 集装箱运输

集装箱运输优点有以下 5 种。

(1) 有利于提高装卸效率和加速船舶的周转。

(2) 有利于提高运输质量和减少货损货差。

(3) 有利于节省各项费用和降低货运成本。

(4) 有利于简化货运手续和便利货物运输。

(5) 将传统单一运输联为连贯的成组运输，从而促进了国际多式联运的发展。

2. 国际多式联运

国际多式联运是指按照多式联运合同，以至少两种不同的运输方式，由多式联运经营人将货物从一国境内接运货物的地点运至另一国境内指定交付货物的地点。构成多式联运应具备以下条件。

(1) 必须有一个多式联运合同，合同中明确规定多式联运经营人和托运人之间的权利、义务、责任和豁免。

(2) 必须是国际间两种或两种以上不同运输方式连贯运输。

(3) 必须使用一份包括全程的多式联运单据，并由多式联运经营人对全程运输负总的责任。

(4) 必须有一个多式联运经营人对全程运输负总的责任。

(5) 必须是全程单一运费费率，其中包括全程各段运费的总和、经营管理费用和合理利润。

3. 大陆桥运输

大陆桥运输是借助于不同的运输方式，跨越辽阔的大陆或狭窄的地峡，以沟通两个互不毗连的大洋或海域之间的运输形式，通常也是一种国际联合运输。目的在于缩短运输距离，减少运输时间和节约运输总费用支出。目前从太平洋东部的日本，通过海运到苏联远东沿海港口(纳霍德卡和东方港等)，后再经西伯利亚大铁路等陆上交通，横跨亚欧大陆直达欧洲各国或沿海港口，再利用海运到达大西洋沿岸各地，这类货物运输即为典型的大陆桥运输。

国际货物运输的其他方式还包括公路运输、内河运输、邮政运输、管道运输等。

3.2 装运条款

3.2.1 装运时间

装运时间又称装运期或交货时间、交货期，是指卖方履行交货的时间，它是合同中的一项重要条款。在合同签订后，卖方能否按规定的装运时间交货直接关系到买方能否及时取得货物，以满足其生产、消费或转售的需要。因此，《联合国国际货物销售合同公约》第33条规定，卖方必须按合同规定的时间交货。有些西方国家法律规定，如果卖方未按合同规定的时间交货，即构成卖方的违约行为，买方有权撤销合同，并要求卖方赔偿其损失。

1. 装运时间的规定方法

国际贸易合同中对装运期的规定方法一般有以下几种。

(1) 明确规定具体装运时间。这种规定的方法可以是在合同中订明某年某月装或某年跨月装、某年某季度装、跨年跨月装等。但装运时间一般不确定在某一个日期上，而只是确定在某一段时间内，如“2010 年 5 月份交货(装运)”、“2011 年 11 月 15 日前装运”。这种规定方法期限具体，含义明确，双方不至于因在交货时间的理解和解释上产生分歧，因此，在合同中采用较普遍。

提示

按有关惯例的解释，在合同中规定装运时间时，凡是出现“以前”字样的规定时，一般不包括那一个指定的日期。如，“shipment should be processed before Oct. 10，2010”，即不包括 2010 年 10 月 10 日这一天，也就是装运工作最晚要在 10 月 9 日完成。

(2) 规定在收到信用证后若干天或若干月内装运。例如在合同中订明：“收到信用证后 45 天内装运”、“收到信用证后 3 个月内装运”等。主要适用于下列情况。

① 按买方要求的花色、品种和规格或专为某一地区或某商号生产的商品，或一旦买方拒绝履约难以转售的商品，为防止遭受经济损失，则可采用此种规定方法。

② 在一些外汇管制较严的国家或地区，或实行进口许可证或进口配额的国家，合同签订后，买方因申请不到进口许可证或其国家不批准外汇迟迟不开信用证。卖方为避免因买方不开证而带来的损失，即可采用这种方法来约束买方。

③ 合同签订后，买方因市场货物价格下跌对其不利迟迟不开信用证，卖方为避免买方不及时开证而带来的损失，采用这一办法来约束买方。

④ 对某些信用较差的客户，为促使其按时开证，也可采用此方法。

2. 规定装运时间应注意的问题

(1) 应该考虑货源和船源的实际情况，使船货衔接。如对货源心中无数，盲目成交，就有可能出现到时交不了货，形成有船无货的情况，无法按时履约。在按 CIF 和 CFR 条件出口和 FOB 条件进口时，还应考虑船源的情况。如船源无把握而盲目成交，或没留出安排舱位的合理时间，规定在成交的当月交货或装运，则可能出现到时租不到船或订不到舱位而出现有货无船的情况，或要经过多次转船，造成多付运费，甚至倒贴运费的情况。

(2) 对装运期限的规定应适度。应视不同商品租船订舱的实际情况而定，装运期过短，势必给船货安排带来困难，过长也不合适，特别是采用收到信用证后若干天内装运的条件下，会造成买方挤压资金、影响资金周转，从而反过来影响卖方的售价。

(3) 要根据不同货物和不同市场需求规定交货期。如无妥善装载工具和设备，易腐烂、易潮、易融化的货物一般不宜在夏季、雨季装运。

3.2.2 装运港和目的港

装运港(Port of Shipment)又称装货港(Loading Port)，是指货物起始装运的港口。目的港(Port of Destination)，又称卸货港(Unloading Port)是指货物最终卸下的港口。

1. 装运港和目的港的规定方法

(1) 在一般情况下，装运港和目的港分别规定。例如：装运港——大连，目的港——鹿特丹。

(2) 有时按实际业务的需要，也可分别规定两个或两个以上的装运港或目的港。例如：装运港——大连/天津/青岛，目的港——伦敦/利物浦/鹿特丹。

(3) 在磋商交易时，如明确规定装运港或目的港有困难，可以采用选择港办法。一种是在两个或两个以上港口中选择一个，如CIF伦敦，选择港汉堡或鹿特丹；另一种是笼统规定某一航区为装运港或目的港，如“地中海主要港口”、“西欧主要港口”等。

2. 确定国内外装运港(地)和目的港(地)的注意事项

规定国外装运港和目的港应注意以下问题。

(1) 要根据我国对外政策的需要来考虑，不应选择我政府不允许往来的港口为装卸港。

(2) 对国外装卸港的规定应力求具体明确。在磋商交易时，对外商笼统地提出以“欧洲主要港口”或“非洲主要港口”为装运或目的港时，不宜轻易接受。因为国际上对此无统一解释，且各港距离远近不一，条件各异，基本运费和附加运费相差很大。

(3) 不能接受内陆城市为装卸港。因为接受这一条件，我方要承担从港口到内陆城市运费和风险。

(4) 必须注意装卸港口的具体条件，如有无直达班轮，港口装卸条件及运费和附加费水平等。租船运输时还应进一步考虑码头泊位的深度，有无冰封期、冰封具体时间以及对船舶国籍有无限制等港口制度。

(5) 应注意国外港口有无重名。世界各国港口重名很多，例如，维多利亚港世界上有12个之多，波特兰、波士顿、的黎波里等也有数个。为防止差错和引起纠纷，应在合同中订明港口所在的国家或地区。

3. 确定国内装运港和目的港时应注意的问题

(1) 在出口业务中，规定装运港时，一般以接近货源地的港口为宜，以方便运输和节省运费。对统一对外成交而分口岸交货的某些货物，由于在成交时还不能最后确定装运港，可以规定为“中国口岸”或两个以上具体港口为装运港，这样较灵活主动。按FOB术语成交的合同应考虑对方来船大小与我港口水深，以免船进不了港，引起争议。

(2) 在进口业务中，规定目的港时，一般应选择接近用货单位或消费地区的港口为好。但根据我国目前港口条件，为避免港口到船集中造成卸货困难，目的港有时也可规定为“中国口岸”并规定“买方应在装运期前××天内将港口名称通知卖方”。

阅读案例 3－1

买卖双方关于卸货港口意见不一致引发的贸易纠纷

【案情简介】

我国某出口公司按 CFR 条件向日本出口红豆 250t，合同规定卸货港为日本口岸，发货时，正好有一船驶往大阪，我公司打算租用该船，但在装运前，我方主动去电询问哪个口岸。卸货时值货价下跌，日方故意让我方在日本东北部的一个小港卸货，我方坚持要在神户、大阪。双方争执不下，日方就此撤销合同。试问我方做法是否合适？日本商人是否违约？

【案例点评】

不合适。选择港的使用：合同规定的卸货港为日本口岸，按照惯例，进口商在装运前应通知出口商，否则出口商可自行决定，可在日本的任何一个港口卸货：我方去电询问纯属多此一举，这种做法不妥当。日方撤销合同没有正常理由，违约的原因是价格下跌，属正常商业风险，不能作为撤约的理由。

3.2.3 分批装运和转运

1. 分批装运

分批装运(Partial Shipment)又称分期装运(Shipment by Instalments)，是指一个合同项下的货物分若干批或若干期装运。在大宗货物或成交数量较大的交易中，买卖双方根据交货数量、运输条件和市场销售等因素，可在合同中规定分批装运条款。

(1) 国际商会制定的《跟单信用证统一惯例》规定，除非信用证另有规定，允许分批装运。为了避免不必要的争议，争取早出口、早收汇，防止交货时发生困难，除非买方坚持不允许分批装运，原则上应明确在出口合同中订入“允许分批装运”。

(2)《跟单信用证统一惯例》规定：“运输单据表面上注明货物是使用同一运输工具装运并经同一路线运输的，即使每套运输单据注明的装运日期不同及(或)装运港、接受监管地不同，只要运输单据注明的目的地相同，也不视为分批装运。”该惯例对定期、定量分批装运还规定：“信用证规定在指定时期内分期支款及(或)装运，其中任何一期未按期支款及(或)装运，除非信用证另有规定，则信用证对该期及以后各期均告失效。”

2. 转运

《跟单信用证统一惯例 600》规定，除非信用证另有规定，可准许转运。为了明确责任和便于安排装运，买卖双方是否同意转运以及有关转运的办法和转运费的负担等问题，应在买卖合同中订明。

阅读案例 3－2

有关分批装运的案例

【案情简介】

我国对日本按 CFR 合同出口一批化工原料，合同规定 3～4 月份装运，国外来证也如此规定，没有其他限制。但我方在租船订舱时发生困难，因出口量大一时租不到足够的舱位，须分3次装运。问在这种情况下，是否需要修改信用证的装运条款？

【案例点评】

不需要。根据UCP600规定：信用证未做规定，则视为允许分批装运。只要3次装运是在规定的装运期内即3～4月份完成，装运方面不会出现单证不符的情况，可以正常收汇。但为避免合同纠纷，应在装运前取得买方认可。

3.2.4 装运通知

装运通知是装运条款的一项重要内容。买卖双方按CFR或CPT条件成交时，卖方交货后，及时向买方发出装运通知，具有更为重要的意义。

3.2.5 滞期、速遣条款

1. 装卸时间

主要规定有以下几个。

(1) 日或连续日。

(2) 累计24h好天气工作日。

(3) 连续24h好天气工作日(国际上运用最多)。

2. 滞期费和速遣费

滞期费是指在规定的装卸期限内，租船人未完成装卸作业，给船方造成经济损失，租船人对超过的时间应向船方支付的一定罚金。速遣费是指在规定的装卸期限内，租船人提前完成装卸作业，使船方节省了船舶在港的费用开支，船方应向租船人就可节省的时间支付一定的奖金。按惯例，速遣费一般为滞期费的一半。

3.2.6 其他装运条款

“OCP”是Overland Common Points的缩写，意为“内陆地区”。所谓“内陆地区”，是根据美国运费率规定，以美国西部9个州为界，也就是以落基山脉为界，其以东地区，均为内陆地区范围。

注意以下问题。

(1) 货物最终目的地必须属于OCP地区范围。

(2) 货物必须经由美国西海岸港口中转。因此，签订CFR和CIF出口合同时，目的港必须是美国西海岸港口。

(3) 提单上必须标明OCP字样，并且在提单目的港一栏中除填明美国西部海岸港口名称外，还要加注内陆地区的城市名称。

3.3 运输单据

3.3.1 海运提单

海运提单(Ocean Bill of Lading)是指承运人收到货物后出具的货物收据，也是承运人所签署的运输契约的证明，提单还代表所载货物的所有权，是一种具有物权特性的凭证。

1. 海运提单的性质和作用

(1) 货物收据。提单是承运人签发给托运人的收据，确认承运人已收到提单所列货物并已装船，或者承运人已接管了货物，并已代装船。

(2) 物权凭证。提单是货物所有权的凭证。谁持有提单，谁就有权要求承运人交付货物，并且享有占有和处理货物的权利，提单代表了其所载明的货物。

(3) 运输契约的证明。提单是托运人与承运人的运输契约证明。承运人之所以为托运人承运有关货物，是因为承运人和托运人之间存在一定的权利义务关系，双方权利义务关系以提单作为运输契约的凭证。

2. 海运提单的格式和内容

一般包括提单正面记载事项和提单背面印就的运输条款。

提单正面内容包括以下几个方面。

(1) 托运人。

(2) 收货人。

(3) 被通知人。

(4) 收货地或装运港。

(5) 目的地或卸货港。

(6) 船名及航次。

(7) 唛头及件号。

(8) 货名及件数。

(9) 重量和体积。

(10) 运费预付或运费到付。

(11) 正本提单的份数。

(12) 船公司或其代理人的签章。

(13) 签发提单的地点及日期。

提单背面的条款有以下 3 个。

(1) 1924 年签署的《关于统一提单的若干法律规则的国际公约》，简称《海牙规则》。

(2) 1968 年签署的《布鲁塞尔议定书》，简称《维斯比规则》。

(3) 1978 年签署的《联合国海上货物运输公约》，简称《汉堡规则》。

3. 海运提单的种类

(1) 已装船提单(Shipped on Board B/L)。已装船提单是指承运人在已将货物装上指定的船只后签发的提单。这种提单的特点是提单上面有载货船舶名称和装货日期，同时还应由船长或其代理人签字。

(2) 备运提单(Received for Shipment B/L)。备运提单是指承运人在收到托运的货物后准备装船期间签发给托运人的提单。这种提单上面没有装船日期，也无载货的具体船名，将来货物能否装运，何时装运，都很难预料，因此，买方一般都不愿意接收这种提单。在国际贸易中，一般都必须是已装船提单。《跟单信用证统一惯例600》规定，在信用证无特殊规定的情况下，要求卖方必须提供已装船提单，银行一般不接收备运提单。

(3) 直达提单(Direct B/L)。直达提单是指轮船装货后，中途不经过转船而直接驶往目的港，承运人签发的提单。这种提单不能出现"在某地转船"的字样。在国际贸易中，如果信用证规定不准转船，托运人就必须取得直达提单方能结汇。

(4) 转船提单(Transhipment B/L)。转船提单是指货物在装运港装船后，不直接驶往目的港，而需在中途其他港口换装另一船只运往目的港。有的甚至换船不止一次，而由第一承运人在装运港签发的提单。这种提单一般注明"在某港转船"的字样。

(5) 联运提单(Through B/L)。联运提单亦称全程提单，是指海陆、海空、海河等联运货物，由第一承运人或其代理人收取全程运费后并负责代办下程运输手续，在装运港签发的全程提单。转运提单和联运提单的区别在于前者仅限于转船，后者可在中途转换其他运输工具。

(6) 清洁提单或不清洁提单(Clean or Unclean B/L)。清洁提单是指货物装船时表面状况良好，承运人在签发提单时未加任何货损、包装不良或其他有碍结汇批注的提单。不清洁提单是指承运人收到货物之后，在提单上加注货物外表状况不良，货物存在缺陷和包装破损等批注的提单。

(7) 记名提单。记名提单又称收货人抬头提单，它是指在提单的收货人栏内具体写明收货人的名称。这种提单的特点是收货人已经确定，不得进行转让。

(8) 不记名提单。不记名提单又称空白提单，它是指在提单的收货人栏内不填明具体的收货人或指示人的名称，而留空白提单。这种提单可以转让，而且不需要任何背书手续，仅凭提单交付即可，提单持有人凭提单提货，由于这种提单不凭人，只凭单，谁持有提单，谁就可以提货。因此，采用这种提单风险大。

(9) 指示提单。指示提单是指在收获人栏内，只填写"凭指示"或者"凭某人指示"字样的提单。这种提单通过指示人的背书可以转让，所以又称为可转让提单。

指示提单又可分为记名指示提单和不记名指示提单两种：记名背书是指背书人除在提单背面签名外，还需列明被背书人名称。不记名指示又称空白背书，背书人在提单背面签名，而不注明被背书人名称。记名指示提单是指定该提单的指示人是谁。

(10) 全式提单和简式提单。全式提单(Long Form B/L)是指在大多数情况下使用的既有正面内容又有背面提单条款的提单。背面提单条款规定了承运人与托运人的权利与义务。简式提单(Short Form B/L)又称略式提单，是指省略了提单背面条款的提单。简式提单的背面无条款，只在提单正面列出必须记载的事项。

(11) 舱面提单(on Deck B/L)。舱面提单是指承运货物装在船舶甲板上所签发的提单，故又称为甲板货提单。由于货物装在甲板上风险较大，故托运人一般都向保险公司加保甲板险。承运人在签发提单时加批“货装甲板”字样。

(12) 过期提单(Stale B/L)。过期提单是指由于航线较短或银行转递提单较慢或卖方延迟交货，以致船舶到达目的港时，收货人尚未收到的提单。按照国际商会500号出版物第43条的规定，银行将拒绝接收迟于装运日期后21天提交的单据。过期提单对买方不利，影响收货人及时提货、转售，甚至可能造成费用损失。因此，除非信用证另有规定，银行不接收过期提单。

(13) 集装箱提单(Container B/L)。集装箱提单是指以集装箱装运货物所签发的提单。集装箱提单有两种形式：一种是在普通的海运提单上加注“用集装箱装运”字样；另一种是使用“多式联运提单”，这种提单的内容增加了集装箱号码和封号。

(14) 正本提单和副本提单。正本提单(Original B/L)是指提单上有承运人、船长或其代理人签字盖章，并注明签发日期的提单。这种提单在法律上和商业上都是公认有效的单证。提单上必须标有“正本”字样，以示与副本提单有别。副本提单(Copy B/L)是指提单上没有承运人、船长或其代理人签字盖章，仅供工作上参考使用的提单。

提示

正本提单一般签发一式两份或三份，凭其中的任何一份提货后，其余的即作废。根据《跟单信用证统一惯例》规定，银行接收仅有一份的正本提单，如签发一份以上正本提单时，应包括全套正本提单。

(15) 预借提单(Advanced B/L)。信用证规定的最迟装运期已届临，而此时货物因故尚未装船，为了取得与信用证规定相符的提单，托运人要求承运人在货物装船前先行签发已装船提单，这种提单称为预借提单。预借提单是一种违法的提单。

(16) 倒签提单(Anti-Dated B/L)。货物实际装船的日期晚于信用证规定的最迟装运日期，但仍在信用证的有效期内，若按实际装船日期签发提单，会造成单证不符，托运人无法结汇。为了使提单日期与信用证规定相符，承运人根据托运人的请求，按信用证规定的装运期签发提单，这种提单称为倒签提单。它是一种违法的提单。

阅读案例3-3

“自由转船条款”VS“禁止转船”

【案情简介】

一批由中国出口到美国旧金山的货物，信用证明确规定禁止转船。船方签发了直达提单，但后来船方援引海运提单背面的“自由转船条款”在中途转船。请分析船方是否应对上述情况承担责任？托运人能否顺利结汇？

【案例点评】

(1) 船方不应承担责任。因为提单背面订有“自由转船条款”，承运人在必要的情况下可自由转船，不需经托运人同意。

(2) 托运人凭取得的直达提单可顺利结汇。因为“自由转船条款”并不影响信用证中禁止转船，只要提单正面不明确表示“转船”字样，银行仍可接收。

3.3.2 (不可转让)海运单

不可转让海运单(Sea Waybill)是由船长或船公司代理人签发的证明已收到特定货物(已接管或已装船)并保证将货物运至目的地交付给指定收货人的一种凭证。

不可转让海运单与海运提单同样也是船方出具的货物收据，也是海上货物运输契约的证明。但它不是货物所有权的凭证，收货人提货时无需出示海运单，承运人仅凭收货人提交的证明为海运单上指定收货人的凭条交付货物。因此，使用不可转让海运单有利于进口商及时提货、简化手续、节省费用，并有助于减少欺诈现象。它是近十几年来欧洲、斯堪的纳维亚半岛、北美和某些远东、中东地区开始通行的一种不可流通转让的海运单据。由于EDI在国际贸易中的广泛运用，更适合使用不可转让海运单。1990年6月在国际海事委员会制定了《1990年国际海事委员会海运单统一规则》，该规则明确了适用范围，并对运输合同、收货人、支配权等许多术语作了定义。此外，在国际商会修订的《跟单信用证统一惯例》(《UCP500》)中，对银行接收不可转让海运单的基本条件也作了具体规定。

3.3.3 铁路运输单据

1. 国际铁路联运运单

国际铁路联运运单(Rail Waybill)是国际铁路联运的主要运输单据，它是参加联运的发送铁路与发货人之间订立的运输契约，其中规定了参加联运的各国铁路和收、发货人的权利和义务，对收、发货人和铁路都具有法律约束力。该运单从始发站随同货物附送至终点站并交给收货人，它不仅是铁路承运货物出具的凭证，也是铁路同货主交接货物、核收运杂费用和处理索赔与理赔的依据。国际铁路联运运单副本在铁路加盖承运日期戳记后发还给发货人，它是卖方凭以向银行结算货款的主要单据之一。

2. 承运货物收据

承运货物收据(Cargo Receipt)既是承运人出具的货物收据，也是承运人与托运人签订的运输契约的证明。内地通过铁路运往港澳地区的出口货物，一般委托贸易运输公司承办。当出口货物装车发运后，对外贸易运输公司即签发承运货物收据交给托运人，作为对外办理结汇的凭证。承运货物收据只有第一联为正本，反面印有“承运简章”，载明承运人的责任范围。

3.3.4 航空运单

航空运单(Air Waybill)是承运人与托运人之间签订的运输契约，也是承运人或其代理人签发的货物收据。航空运单还可作为核收运费的依据和海关查验放行的基本单据。但航空运单不是代表航空公司的提货通知单。在航空运单的收货人栏内必须详细填写收货人的全称和地址，而不能做成指示性抬头。

3.3.5 多式联运单据

多式联运单据(MTD)是指证明国际多式联运合同成立及证明多式联运经营人接管货物，并负责按照多式联运合同条款支付货物的单据。

3.3.6 邮政收据

邮政收据(Parcel Post Receipt)是邮政运输的主要单据，它既是邮局收到寄件人的邮包后所签发的凭证，也是收件人凭以提取邮件的凭证，当邮包发生损坏或丢失时，它还可以作为索赔和理赔的依据，但邮包收据不是物权凭证。

阅读案例 3-4

日商运费转嫁案

【案情简介】

我国某外贸公司以FOB中国口岸与日本M公司成交矿砂一批，日商即转手以CFR悉尼价售给澳大利亚的G公司，日商来证价格为FOB中国口岸，目的悉尼港，并且在提单上表明运费已付。请分析日商为何这样做？我方如何处理才使我们的利益不受损害？

【案例点评】

日商这样做的目的是想将运费转嫁由我方承担。我方可采取以下两种做法确保我方的利益不受损害：一是要求日方修改信用证，将“运费已付”改为“运费到付”；二是要求日方在装船前将中国口岸到悉尼的运费付给我方，在此基础上同意在提单上表明“运费已付”字样。

本章小结

本章首先介绍了国际货物运输的运输方式，其中最主要的运输方式为海洋运输，并依此列举了海洋运输方式的种类和特点。其次，对装运条款中的装运时间、装运港和目的港的规定方法进行了详细说明。海运提单的性质、种类和作用是本章内容的重点和难点。最后，简介了铁路运输、航空运输、集装箱运输、国际多式联运以及其他运输方式。

习　题

一、填空题

1. 在我们制作出口商品运输包装时，应适应____________的特性，考虑____________的要求，便于__________的操作。

2. 海运的特点是运力强、运量大、____________、速度慢、____________。

3. 提单收货人栏内填写“To Order”或“To Order of…Bank”时，两者均属于＿＿＿＿＿＿。
4. 铁路运输具有运量较大、＿＿＿＿＿＿、不受气候条件的影响、货运手续简便的特点。
5. 数量较少或＿＿＿＿＿＿的货物通常使用班轮运输。
6. 我国办理国际铁路联运的承运人和总代理是＿＿＿＿＿＿。
7. 凡信用证未明确是否允许分批装运和转运的，均视为＿＿＿＿＿＿。
8. 小件急需品和贵重货物，其有利的运输方式是＿＿＿＿＿＿。
9. 仅次于海洋运输的一种主要运输方式是＿＿＿＿＿＿。
10. 我国内地经由铁路供应港澳地区的货物，向银行输收汇的凭证是＿＿＿＿＿＿。

二、单项选择题

1. 班轮运输的运费应该(　　)。
   A. 包括装卸费，但不计滞期、速遣费　　B. 包括装卸费，但应计滞期、速遣费
   C. 包括装卸费和滞期费，但不计速遣费　　D. 包括装卸费和速遣费，但不计滞期费
2. 海运提单之所以能够向银行办理抵押贷款，是因为(　　)。
   A. 海运提单是承运人签发的货物收据　　B. 海运提单可以转让
   C. 海运提单是运输契约的证明　　D. 海运提单具有物权凭证的性质
3. 承运人收到托运货物，但尚未装船时向托运人签发的提单为(　　)。
   A. 已装船提单　　B. 备运提单　　C. 指示提单　　D. 舱面提单
4. 按照国际惯例，如果合同中没有相关规定，则运输标志一般由(　　)提供。
   A. 开证行　　B. 卖方　　C. 买方　　D. 承运人
5. 条码标志主要用于商品的(　　)上。
   A. 销售包装　　B. 运输包装
   C. 销售包装和运输包装　　D. 任何包装
6. 在班轮运价表中用字母“M”表示的计收标准为(　　)。
   A. 按货物毛重计收　　B. 按货物体积计收
   C. 按商品价格计收　　D. 按货物件数计收
7. 下列装运港和目的港的规定方法中，叙述不正确的是(　　)。
   A. 一般只规定一个装运港和目的港　　B. 无需列明港口名称
   C. 可规定选择港　　D. 可酌情规定两个或两个以上的装运港和目的港
8. 下列不属于装运期的规定方法的是(　　)。
   A. 明确规定具体装运期限　　B. 规定在收到信用证后若干天装运
   C. 笼统规定近期装运　　D. 规定在交货期若干天前装运
9. 在定程租船方式下，对装卸费收取较为普遍采用的办法是(　　)。
   A. 船方不负担装卸费　　B. 船方负担装卸费
   C. 船方只负担装货费，而不负担卸货费　　D. 船方只负担卸货费，而不负担装货费
10. 国际贸易中最主要的运输方式是(　　)。
   A. 航空运输　　B. 铁路运输　　C. 海洋运输　　D. 公路运输

三、多项选择题

1. 运输包装标志主要有(　　)。
   A. 运输标志　　B. 指示性标志　　C. 警告性标志
   D. 重量尺码标志　　E. 产地标志
2. 按照国际标准化组织的运输标志标准，“唛头”的4项必不可少的内容是(　　)。

A. 收货人或买方简称或代码　　B. 目的地标志
C. 件号标志　　D. 参考号标志　　E. 产地标志

3. 海洋运输的优点是(　　)。
A. 通过能力大　　B. 载运量大　　C. 运输成本低
D. 风险大　　E. 速度快

4. 规定国内装运港和目的港时，应注意(　　)。
A. 不能接受内陆城市作为装运港或目的港的条件
B. 应考虑货物的合理流向并贯彻就近装卸的原则
C. 对港口的规定应明确具体，不宜过于笼统
D. 应考虑港口的设施、装卸条件等实际情况
E. 应注意国外港口有无重名的问题

5. 对使用最普遍的装卸时间的规定的方法，描述正确的有(　　)。
A. 不应扣除中间有几小时坏天气　　B. 星期日和节假日除外
C. 它用于昼夜作业的港口　　D. 适用于装卸效率高的港口
E. 它是指在好天气条件下，昼夜连续作业 24h 算作一个工作日的表示装卸时间的办法

6. 对分批装运的正确性叙述有(　　)。
A. 一笔成交的货物分若干批次装运
B. 4 月份装 200 箱，隔过 5 月、6 月、7 月再各装 200 箱
C. 一笔货物一次性装完
D. 交易双方在合同中应订明是否允许分批装运
E. 一笔成交的货物，在不同时间和地点分别装在同一航次、同一条船上

7. 买方一般不愿接受的提单有(　　)。
A. 已装船提单　　B. 备货提单　　C. 清洁提单
D. 不清洁提单　　E. 指示提单

8. 下列关于转运的叙述，正确的有(　　)。
A. 货物中途转运会延误时间和增加费用开支
B. 卖方一般不愿转运
C. 卖方在商定合同时，可提出订立“限制转运”的条款
D. 买卖合同中不使用“允许转运”条款
E.《跟单信用证统一惯例》规定，除非信用证有相反规定，可允许转运

9. 按照提单收货人抬头分类，提单有(　　)。
A. 清洁提单　　B. 不清洁提单　　C. 记名提单
D. 不记名提单　　E. 指示提单

10. 下列对航空运输的描述，不正确的有(　　)。
A. 运费通常是按重量或体积计算　　B. 空运比海运计算运费的起点高
C. 空运能节省包装费　　D. 便于货物抢行应市和卖上好价

四、判断题

1. 班轮运费计收标准中的“W/M Plus Ad Val”是指计收运费时，应选三者中较高者计收。(　　)

2. 国际邮包运输具有国际多式联运和“门到门”运输的性质。(　　)

3. 国外开来信用证规定的装运期限为“after 12th May 2011”，应理解为 2011 年 5 月 12 日或以后装运。(　　)

4. 所有运输单据都是承运人签发给托运人的货物收据，故都是物权凭证，都可凭以向目的地承运人提货。 ( )

5. 不清洁提单是指船公司或其代理在签发提单时，在提单上对货物的品质加注不良批注的提单。 ( )

6. 属于第一级的商品，其班轮运输的计收标准是最高的。 ( )

7. 重量吨和尺码吨统称为运费吨。 ( )

8. 在规定装运期条文时，如使用了"迅速"、"立即"、"尽速"或类似词句，按《UCP》规定，银行将不予置理。 ( )

9. 同一票货物如包装不同，其计费标准和等级也不同，如托运人未按不同包装分别列明毛重和体积，则全票货物均按收费较高者计收运费。 ( )

10. 目前，我国供港铁路货物联运方式的特点是一票运输，其结汇单据是承运货物收据。 ( )

五、名词解释

1. 班轮运输　2. 滞期费　3. 空白背书　4. 海运提单　5. OCP
6. 过期提单　7. W/M　8. 清洁已装船提单　9. 国际多式联合运输
10. FIOST　11. 大陆桥运输

六、计算题

1. 上海运往肯尼亚蒙巴萨港口"门锁"一批计100箱，每箱体积为20cm×30cm×40cm，毛重为25kg。当时燃油附加费为30%，蒙巴萨港口拥挤附加费为10%。门锁属于小五金类，计收标准是W/M，等级为10级，基本运费为每运费吨443.00港元，计算应付运费多少？

2. 某公司出口商品1 000件，纸箱装，该批商品总毛重为22 260kg，每箱尺码为42cm×28cm×25cm。该批货物出口外销价为每件370美元CFR科威特，海运运费按W/M计收，已知基本运费70美元，加港口附加费20%，问：该商品出口时FOB上海价为多少？

七、简答题

1. 买卖合同中的装运期有哪些规定办法？
2. 运输的特点是什么？
3. 在我国内地经由铁路供应港澳地区货物是怎样办理的？
4. 什么叫清洁提单？什么叫不清洁提单？为什么买方要求卖方提供清洁提单？
5. 班轮运输的计收标准有哪些？
6. 买卖合同中规定装运时间应注意哪些问题？
7. 为什么在买卖合同中要规定装运通知款？
8. 在选择进出口货物的运输方式时，应考虑哪些因素？
9. 什么叫记名提单？什么叫不记名提单？这两种提单的使用情况如何？
10. 采用定期租船时，船、租双方各有什么权利义务？

八、案例分析

1. 我某公司向非洲出口某商品15 000箱，合同规定1～6月按月等量装运，每月2 500箱，凭不可撤销信用证付款，客户按时开来信用证，信用证上总金额与总数量均与合同相符，但装运条款规定为"装运期6月30日，分数批装运"。我方1月份装出3 000箱，2月份装出4 000箱，3月份装出8 000箱。客户发现后向我方提出异议。你认为我方这样做是否可以？为什么？

2. 我国某公司对新加坡出口货物300公吨，对方开来的信用证规定：2009年11～12月份装运，不许分批装运。该公司11月20日在大连将其中的100公吨货物装上"长江2号，288航次"，又于12月5

日在青岛将剩余的200公吨货物装上该轮船。提单也注明了不同的装运地和装运时间。试分析该公司是否构成违约？银行是否应议付？

3. 某公司向美国出口茶叶600箱。合同与信用证上均规定："Each month shipment 200/S Commence from January." 问如果该公司于1月装200箱，2月不装，3月装200箱，4月装200箱，是否可行？为什么？

4. 我某外贸公司于2009年12月与荷兰某外贸公司订立一份CIF合同。合同规定，我方向外方销售200t货物，不可分批转运，装运期不晚于2010年3月1日，以信用证方式付款。买方随后及时开出了信用证。由于我方工厂需对库存货物进行重新挑选，又适逢新年和中国的春节，货物在3月1日之前没有及时运出。为了和信用证相符，卖方向货代出具保函，要求将提单上3月7日的装船日期改为3月1日。3月10日银行支付了全部货款。3月15日，买方接收了银行转来的全部单据。买方从报关代理人那里得知，提单日期倒签7日。货物到达后，买方从船上接收了货物，并向银行划转了全部货款。货到后此货物在欧洲市场的价格急剧下跌，货物一直存放在库房没有销售，买方遭到很大损失。2010年4月，买方以卖方伪造提单为由，要求卖方承担责任，赔偿损失。卖方没有正面答复。在此情况下，买方也没有采取进一步措施，同时库存货物开始发霉变质。于是买方于2011年5月提出了对卖方的诉讼。原告买方要求卖方返还货款，主张提供真实、准确的提单是合同的基础，伪造提单无效，同时要求卖方赔偿违约所造成的损失和利润损失。被告卖方拒绝买方的要求，并指出原告通过实际接收货物，对卖方的违约已放弃了权利，并且原告一直保留货物而未在合理期限内拒绝，买方已失去了宣告合同无效的权利。

法院经过审理作出如下判决：①卖方被证实有欺诈行为，但买方在发现欺诈和要求解除合同之间间隔的时间太长，也就是可以认为买方已做出了选择，确认了该合同，因而无权要求返还货物价款；②倒签提单，尽管是实质性的改变，但由于不涉及提单的要件，提单的主要目的并不是使提单无效，因为提单的主要目的是运输合同的证明，使买方能够从船上提到货物；③买方的损失应该是卖方延误装船，货价下跌而引起的价差损失及利息。请总结此案例的教训。

第4章 国际货物运输保险

学习目标

知识目标	技能目标
掌握国际货物运输风险的种类，海运货物保险承保的范围和保险原则	初步具备辨别国际货物运输风险的种类的能力
熟练掌握我国国际货物运输保险的险别与承保范围	能够比较各种险别的异同
理解伦敦保险协会海运货物保险条款的险别和承保范围，我国陆运、空运货物与邮包运输保险的险别与承保范围	掌握正确选用保险险别的技巧
理解一般附加险和特殊附加险的区别，基本险和附加险的区别	能够正确区分各种基本险和附加险

知识结构

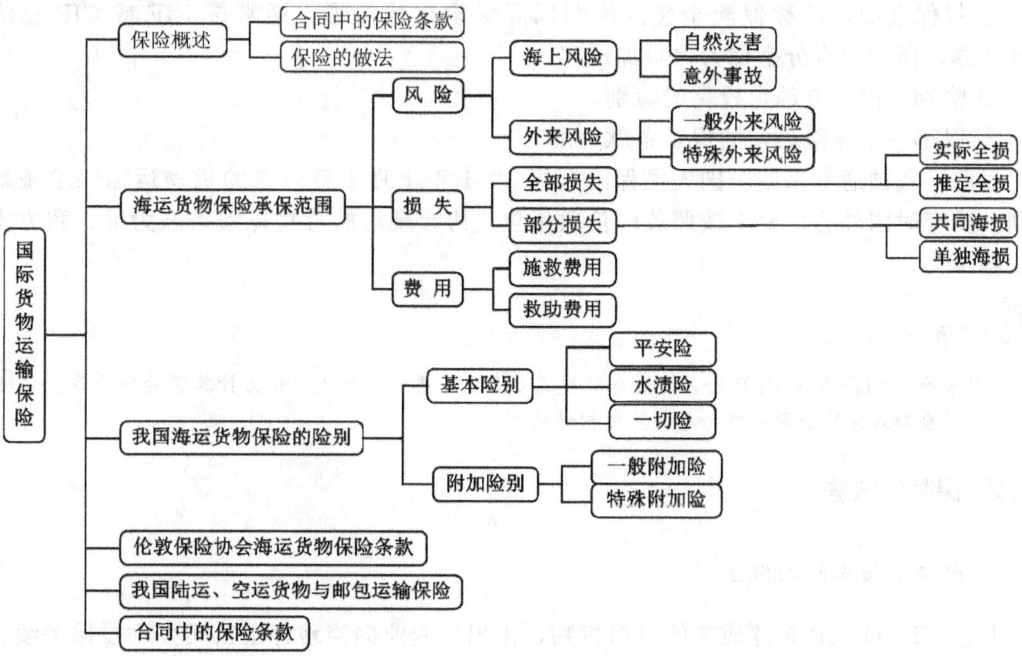

导入案例

某公司经公证处公证自A港装散装冷冻鱼50t，经公证处公证船运到B港卸货48t。问投保什么险别可从保险公司获赔丢失的2t冷冻鱼？船方对于丢失的20t冷冻鱼是否负赔偿责任？

点评：一般情况下，海运中的货物短量的风险可以从投保一切险或者投保平安险或水渍险再加保短量险中得到补偿。但根据CIC条款对于由于下列原因所引起的损失，保险公司不予赔偿：①被保险人的故意行为或过失所造成的损失；②属于发货责任所引起的损失；③在保险责任开始前，被保险货物已存在的品质不良或数量短差所造成的损失；④被保险货物的自然损耗、本质缺陷、特性以及市价跌落、运输延误引起的损失或费用；⑤战争险和罢工险所规定的责任范围和除外责任。因此本案例中，货物系冷冻货且又是散装货，故保险公司很难受理这种货物的失重保险，至于班轮公司的损失赔偿责任，在《海牙规则》中有详细的规定。一般船公司所签发的提单上均由散装货物条款的说明，即承运人对散装货物的短载不负责任。

讨论题：海运货物保险承保范围有哪些？我国海运货物保险的险别有哪些？含义分别是什么？

4.1 保险概述

4.1.1 合同中的保险条款

采用不同的贸易术语，办理投保的人就不同。凡采用FOB或CFR条件成交时，在买卖合同中应订明由买方投保。凡以CIF条件成交的出口合同，均须向中国人民保险公司按保险金额、险别和适用的条款投保，并订明由卖方负责办理保险。例如，在合同保险条款中订明以1981年1月1日的有关海洋运输货物保险条款为准。

(1) CIF出口合同中，必须订明下列内容。

① 投保金额，或称保险金额。按照国际保险市场习惯，通常按CIF或CIP总值加10%计算，所加的百分率称为保险加成率。

② 险别，由双方约定投保的险别。

③ 以哪一个保险公司的保险条款为准。

目前，我国通常采用中国人民保险公司1981年1月1日生效的货物运输保险条款为依据。但有时国外客户要求按照英国伦敦保险业协会规定的货物保险条款为准，我方也可以通融接受。

提示

如果报价为FOB价或CFR价，需要先转换成CIF价，再进行加成，作为计算保险费的依据。注意：不要将投保金额或保险金额的概念与保险费相混淆。

4.1.2 保险的做法

1. 出口货物保险的做法

凡按CIF和CIP条件成交的出口货物，由出口企业向当地保险公司办理投保手续。在办理时，应根据出口合同或信用证规定，在备妥货物，并确定装运日期和运输工具后，按规定格式逐笔填制保险单，具体列明被保险人名称，保险货物项目、数量、包装及标志，保险金额、起止地点、运输工具名称，起止日期和投保险别，送保险公司投保，缴纳保险费，并向保险公司领取保险单证。

保险费＝保险金额×保险费率

2. 进口货物保险的做法

按 FOB、CFR 和 CIP 条件成交的进口货物，均由买方办理保险。为了简化投保手续和防止出现漏保或来不及办理投保等情况，我国进口货物一般采取预约保险做法。按照预约保险合同的规定，各外贸公司对每批进口货物，无需填制投保单，而仅以国外的装运通知代替投保单，作为办理保险手续，保险公司则对该批货物负自动承保责任。

3. 保险单证

常见保险单证有以下几种。

(1) 保险单又称大保单。

(2) 保险凭证又称小保单，它是一种简化的保险合同，除其背面没有列入详细保险条款外，其余内容与保险单相同，保险凭证也具有与保险单同样的法律效力。

(3) 预约保险单，为简化内部手续，保证进口货物及时投保，外经贸系统的外贸公司与中国人民保险公司签订了预约保险合同，对不带保险成交的进口货物，保险公司负有自动承保责任。

4. 免赔率

免赔率是指有的易碎、易腐等商品发生保险责任范围内的损失时，保险公司要扣除一定数量或金额后赔付。可分为“绝对免赔率”和“相对免赔率”两种。两者的相同点是，如果损失数额不超过免赔率，均不予赔偿；两者的不同点是，如果损失数额超过免赔率，前者扣除免赔率，只赔偿超过部分，后者则不扣除免赔率，全部予以赔偿。中国人民保险公司采取的是“绝对免赔率”。

4.2 海运货物保险承保范围

海上货物保险承保的范围，包括海上风险、海上损失与费用以及外来原因所引起的风险损失。

4.2.1 海上风险和损失

1. 海上风险

海上风险包括自然灾害和意外事故。

(1) 自然灾害(Natural Calamity)：是仅指恶劣气候、雷电、洪水、流冰、地震、海啸以及其他人力不可抗力的灾害。

(2) 意外事故(Fortuitous Accidents)：指的主要是船舶搁浅、触礁、碰撞、爆炸、火灾、沉没、船舶失踪或其他类似事故。

2. 海上损失

海上损失是指被保险货物在海运过程中，由于海上风险所造成的损坏或损失。

(1) 就货物损失程度来分可分为以下几类。

① 全部损失(Total Loss)：是指货物全部灭失、全部变质、不可能归还被保险人。它分为：实际全损和推定全损。

• 实际全损(Actual Total Loss)有 4 种情况。

a. 被保险货物在保险事故发生后，已完全损失或损坏。

b. 被保险货物遭受严重损害，已丧失形体、用途和价值。

c. 被保险人对其货物所有权已无可挽回地被完全剥夺。

d. 载货船舶失踪达到一定时期仍无音信。

• 推定全损(Constructive Total Loss)：是指货物发生事故后，认为实际全损已不可避免，或者认为避免实际全损所需的费用与继续将货物运抵目的地的费用之和超过保险价值。归纳有两种情况。

a. 被保险货物受损后，整理、修理或施救的费用估计要超过复修后货物的价值。

b. 被保险货物受损后，被保险人失去对货物的所有权，而要夺回这一所有权所花的费用将超过收回该批货物后的价值。

委付(Abandonment)手续。要办理委付的成立条件：发生推定全损；被保险人提出委付申请；将货物处置权交给保险公司。

② 部分损失(Partial Loss)：是指被保险货物的一部分毁损或损失，没有达到全部损失的程度。

(2) 就货物损失的性质可分为以下两类。

① 共同海损(General Average)：在海运途中，船舶、货物或其他财产遭遇共同危险，为了解除共同危险，采取合理的救难措施，所直接造成的特殊牺牲和支付的特殊费用。

• 构成共同海损的条件有以下 4 个。

a. 其危险是共同的，采取的措施是合理的。

b. 其危险必须是真实存在的而不是臆测的或者是不可避免发生的。

c. 其牺牲必须是自动的和有意采取的行为，其费用必须是额外的。

d. 必须是属于非常情况下的损失。

常见的共同海损案件一般有以下几种类型或范围：为了船货的共同安全，减轻船重，防止船舶沉没，将部分货物或船舶设备抛入海中；为急于抛弃货物，在船边或舱面开凿洞口，使船身、甲板等遭受损失；为扑灭船上火灾，灌浇海水、淡水或化学灭火剂造成船或货的损失；采取紧急的人为搁浅措施造成船或货的损失；为使船舶搁浅后能重新起浮，过度开动船上机器造成机器损坏；船舶遇到意外事故后支付其他船的救助报酬。

② 单独海损(Particular Average)：指仅涉及船舶或货物所有人单方面利益的损失。

共同海损和单独海损的费用承担的不同点：共同海损费用由获救后各方利益大小按比例分摊；单独海损的费用由受损方自己(或保险公司)承担。

• 共同海损与单独海损的区别有以下几个。

a. 造成海损的原因不同。单独海损是由所承保的风险直接导致的船、货的损失，而共同海损是为解除或减轻风险，人为地有意识地采取合理措施造成的损失。

b. 损失的承担者不同。单独海损的损失由受损者自己承担，而共同海损的损失则由受益各方根据获救利益的大小按比例分摊。

c. 损失的内容不同。单独海损仅指损失本身，而共同海损则包括损失及由此产生的费用。

d. 涉及的利益方不一样。单独海损只涉及损失方个人的利益，而共同海损为船货各方的共同利益所受的损失。

3. 费用

费用包括施救费用和救助费用。

施救费用(Sue and Labor Charges)：当被保险货物遇到保险责任范围内的灾害事故时，被保险人、其代理人、保险单上受让人等为防止损失的进一步扩大，而采取措施所付出的费用。

救助费用(Salvage Charges)：当被保险货物遇到保险责任范围内的灾害事故时，由无契约关系的第三者采取救助行动，获得成功，而向其支付的报酬。

阅读案例 4-1

如何划分共同海损和单独海损

【案情简介】

金刚轮号2000年从伊朗阿巴丹港开出驶向中国，船上装有轮胎、钢铁、棉花、木材，当船航至上海海面时突然着火，经救助造成以下损失。

(1) 抛弃全部轮胎USD9 000，其中20%已着火。

(2) 扔掉未着火的木材及其他易燃物质价值USD3 000。

(3) 烧掉棉花USD5 000。

(4) 船甲板被烧$100cm^2$，修理费用USD100。

(5) 检查费用USD100。

问：共同海损与单独海损各为多少？

【案例点评】

(1) 共同海损是指载运货物的船舶在航运途中遇到自然灾害或者意外事故，危及船、货的共同安全时，船方为了保护船与货物的共同安全或者为了使航程得以继续完成，而有意识地合理地采取挽救措施所做出的某些特殊牺牲和支出的额外费用。本案例中，抛弃未着火的80%轮胎、木材和其他易燃物质是为了船、货安全而作出的特殊牺牲，属于共同海损。修理船甲板和检查船舶是为使航程得以继续完成而支出的额外费用，也属于共同海损。

(2) 单独海损是指被保险货物受损后，尚未达到全部损失程度，仅为部分损失，而这部分损失不属于共同海损，它只涉及船舶或货物所有人单方面的利益损失，并不涉及其他方；同时仅指保险标的本身的损失，不包括由此而引起的费用损失。因此，本案中的单独海损仅包括被烧着的20%轮胎和价值5 000美元的棉花。

(3) GA(共同海损)＝9 000×(1－20%)＋3 000＋100＋100＝10 400(美元)

PA(单独海损)＝9 000×20%＋5 000＝6 800(美元)

4.2.2 外来风险和损失

(1) 含义：指海上风险以外由于其他各种外来的原因所造成的风险和损失。

(2) 类型：①一般的外来原因所造成的风险和损失，这类风险损失，通常是指偷窃、短量、破碎、雨淋、受潮、受热、发霉、串味、沾污、渗漏、钩损和锈损等；②特殊的外来原因造成的风险和损失，主要指由于军事、政治、国家政策法令和行政措施等原因所致的风险损失。

4.3 我国海运货物保险的险别

中国人民保险公司为适应我国对外经贸发展的需要，根据我国保险业务的实际情况，参照国际保险市场做法，制定了《中国保险条款》(China Insurance Clauses，CIC)。其中包括海洋货物运输保险条款等内容，中国人民保险公司1981年1月1日修订了海洋货物运输保险条款、海洋货物运输战争险条款等内容。

保险人承保责任范围的大小，取决于不同保险险别。

4.3.1 基本险别

主要包括平安险、水渍险和一切险。

1. 平安险(Free from Particular Average，F. P. A)

承保责任范围包括以下几种。

(1) 被保险货物在运途中遭受自然灾害造成的全损。

(2) 运输工具遭意外事故造成货物的全部或部分损失。

(3) 运输工具遭意外事故情况下，货物在此前后又遭自然灾害造成的部分损失。

(4) 在装卸或转船时，一件或数件货物落海造成的全损或部分损失。

(5) 被保险人对遭风险的货物采取抢救，以防止或减少损失所支付的合理费用，但以不超过保险金额为限。

(6) 运输工具遭海难后，在避难港产生的特别费用(卸、存、运)。

(7) 共同海损的牺牲、分摊和救助费用。

(8) “船舶互撞条款”中规定由货方偿还船方的损失。

2. 水渍险(With Particular Average, W. A 或 W. P. A)

承保责任范围包括：平安险和自然灾害下的部分损失。

3. 一切险(All Risks, A. R)

承保责任范围包括：水渍险和一般附加险的内容

4.3.2 附加险别

1. 一般附加险(General Additional Risks)

主要包括：偷窃提货不着险、淡水雨淋险、渗漏险、短量险、钩损险、污染险、破碎险、碰损险、生锈险、串味险和受潮、受热险等。

2. 特殊附加险 (Special Additional Risks)

(1) 战争险和罢工险。

(2) 其他特殊附加险：交货不到险、舱面险、拒收险、黄曲霉素险。

在海运保险中保险责任的起讫主要采用以下条款。

“仓至仓”条款(Warehouse to Warehouse Clauses, W/W)。根据国际保险市场的习惯做法，中国人民财产保险公司的海洋运输货物保险条款规定的基本险保险责任起讫期限为“仓至仓”条款，即：保险责任自被保险货物运离保险单所载明的起运地仓库或处所开始(包括海、陆、河运)直至该货物运离保险单所载明的目的地收获人最后仓库、储存地或其他储存地为止。如在上述60天内(若货物不卸保60天为限)被保险货物需要转运至非保险单所载明的目的地时，则于该项货物开始运转时终止。罢工险的保险责任期间是“仓至仓”；已投保战争险又加保罢工险时，一般不另行收费。

战争险的责任起讫与“平安险”、“水渍险”及“一切险”的责任起讫不同，它不采用“仓至仓”条款。战争险的责任期限仅限于水上危险或运输工具上的危险。例如，海运战争险规定自保险单所载明的起运港装上海轮或驳船时开始，直到保险单所载明的目的港卸离海轮或驳船时为止，如果货物不卸离海轮或驳船，则保险责任最长延至货物到目的港之当日午夜起算15天为止。如在中途港转船，则不论货物在当地卸载与否，保险责任以海轮到达该港或卸货地点的当日午夜起算满15天为止，待再装上续运的海轮时，保险人仍继续负责。此外，保险人可以要求扩展保险期，例如，对某些内陆国家出口货物，如在港口卸货转运内陆，无法按保险条款规定的保险期限内到达目的地，即可申请扩展。经保险公司出具凭证予以延长，每日加收一定保险费。

战争险的保险责任起讫：只付水面风险(若货物不卸保15天为限)。

阅读案例 4-2

货物短量引发船货双方纠纷案

【案情简介】

广州某厂从英国进口货物一批，英商应我方的要求，将货物交给指定运送人经荷兰船运到广州。但在卸货时发生短缺，据船公司回答，所有短卸货物已卸在香港，将安排运往广州，约过了20天，又发现所短货物未全部运来，而且又无法查清货物究竟在什么地方，致使该厂的生产计划拖延，生产受到损失。

问：①船公司应负何责任？②该厂是否可就由于生产计划拖延而造成的估计损失要求赔偿？③买方为避免此损失发生应该选择投保什么险别？

【案例点评】

(1) 船公司的责任期限是从接收货物时起直至交付货物时止。船公司有根据提单所列货物的数量、质量等规格交货的责任。在目的港发生货物的短损，船公司应负赔偿责任。

(2) 鉴于海上风险无法预料，船方无法保证在确定时间内将托运货物运抵目的港，因此《1978年联合国海上运输公约》中规定，只要无故意跨绕情形，船方不负此项延期交货所引起的损失。本案中船方若有无理拖延交货致使本可以防止的损失扩大或增加，该厂可要求船方赔偿因其行为所衍生的损失，即该厂可对由于生产计划拖延造成的估计损失要求船方赔偿。

(3) 根据《中国人民保险公司海运货物保险条款》的有关规定，由于被保险人无法控制的原因造成被保险货物中途转船，无论次数，如被保险人发现或一经获悉即通知保险公司，则在转船过程中所发生的损害如符合承保范围则可获赔偿。但这种赔偿是针对标的物的赔偿，保险公司对延滞所致的损失不负赔偿责任。买方为避免这种情况发生，可投保一切险或在投保平安险或水渍险的基础上加保短量险。

4.4 伦敦保险协会海运货物保险条款

目前，在国际保险市场上，具有较大影响的是英国伦敦保险协会所制定的《协会货物保险条款》(Institute Cargo Clauses，ICC)。

伦敦保险协会修订的海运货物保险条款规定了A险、B险、C险、战争险、罢工险和恶意损害险6种险别，前3者是主险，可单独投保，后3者是附加险，一般不能单独投保。在需要时，战争险、罢工险可独立投保。6种新的险别条款中，除恶意损害险之外，其他都按条文性质统一划分为8个部分，即承保范围、除外责任、保险期限、索赔期限、保险利益、减少损失、防止延迟和法律惯例。

4.4.1 协会货物保险险别的承保风险与除外责任

1. ICC(A)险的承保风险与除外责任

(1) ICC(A)险的承保风险，类似于我国的一切险，采用“一切风险减除外责任”的规定方法，即除了“除外责任”项下所列风险保险人不予负责外，其他风险均予负责。

(2) ICC(A)险的除外责任包括以下几种。

① 一般除外责任。如归因于被保险人故意的不法行为造成的损失或费用、自然渗漏、自然损耗、自然磨损、包装不足或不当所造成的损失或费用；保险标的物内在缺陷或特性所造成的损失或费用；直接由于延迟所引起的损失或费用；由于船舶所有人、租船人经营破产或不履行债务所造成的损失或费用；由于使用任何原子或核武器所造成的损失或费用。

② 不适航、不适货除外责任。所谓不适航、不适货除外责任是指保险标的物在装船时，如被保险人或其受雇人已经知道船舶不适航，以及船舶、装运工具、集装箱等不适货，保险人不负赔偿责任。

③ 战争除外责任。如由于战争、内战、敌对行为等造成的损失或费用；由于捕获、拘留、扣留等(海盗除外)所造成的损失或费用；由于漂流水雷、鱼雷等造成的损失或费用。

④ 罢工除外责任。罢工者、被迫停工工人造成的损失或费用以及由于罢工、被迫停工所造成的损失或费用等。

2. ICC(B)险的承保风险和除外责任

类似于我国的水渍险，采用承保“除外责任”之外列明风险的办法。

(1) ICC(B)险的承保风险。根据伦敦保险协会对ICC(B)险和ICC(C)险的规定，其承保风险的做法是采用“列明风险”的方法，即在条款的首部开宗明义地把保险人所承保的风险一一列出。

(2) ICC(B)险的除外责任，与ICC(A)险的除外责任基本相同，但有下列两点区别。

① ICC(A)险只对被保险人的不法行为所造成的损失、费用不负赔偿责任外，对于被保险人之外的任何个人或集体故意损害和破坏标的物或其他任何部分的损害要负赔偿责任。但在ICC(B)险下，保险人对此不负赔偿责任。

② ICC(A)险把海盗行为列入保险范围，而ICC(B)险不对海盗行为负保险责任。

3. ICC(C)险的承保风险与除外责任

ICC(C)险类似于我国的平安险，仅承保“重大意外事故”的风险。

(1) ICC(C)险承保风险比ICC(A)险和ICC(B)险要小得多，它只承保“重大意外事故”，而不承保“自然灾害及非重大意外事故”。

(2) ICC(C)险的除外责任。其除外责任与ICC(B)险完全相同。

4.4.2 协会海运货物保险的保险期限

保险期限也称保险有效期，是指保险人承担保险责任的起止期限。英国伦敦保险协会海运货物条款(A)、(B)、(C)条款与上节所述我国海运货物保险期限的规定大体相同，也是“仓至仓”，但比我国条款规定更为详细。

在我国进出口业务中，特别是以CIF条件出口时，有些国外商人如要求我国出口公司按伦敦保险协会货物条款投保，我国出口企业和中国人民财产保险公司也可通融接受。

4.5 我国陆运、空运货物与邮包运输保险

4.5.1 陆运货物保险

陆运货物保险的基本险别有：陆运险(类似于海运水渍险)、陆运一切险和陆运战争险，其承保的责任范围如下。

1. 陆运险的责任范围

本保险负责赔偿的范围有以下两种。

(1) 被保险货物在运输途中遭受暴风、雷电、洪水、地震等自然灾害，由于运输工具遭受碰撞、倾覆、出轨，在驳运过程中因驳运工具遭受搁浅、触礁、沉没、碰撞，由于遭受隧道坍塌、崖崩，失火、爆炸等意外事故所造成的全部或部分损失。

(2) 被保险人对遭受承保责任内危险的货物采取抢救，防止或减少货损的措施而支付的合理费用，以不超过该批被救货物的保险金额为限。

2. 陆运一切险的责任范围

除包括上述陆运险的责任外，保险公司对被保险货物在运输途中由于一般外来原因造成的短少、短量、偷窃、渗漏、碰损、破碎、钩损、雨淋、生锈、受潮、受热、发霉、串味、玷污等全部或部分损失，均负赔偿责任。

3. 陆上运输货物保险的除外责任

(1) 被保险人的故意行为或过失所造成的损失。

(2) 属于发货人责任所引起的损失。

(3) 在保险责任开始前，被保险货物已存在的品质不良或数量短差所造成的损失。

(4) 被保险货物的自然损耗、本质缺陷、特性以及市价跌落、运输延迟所引起的损失或费用。

(5) 陆上运输货物战争险条款和货物运输罢工险条款规定的责任范围和除外责任。

4. 保险责任的起讫期限

陆运“仓至仓”条款保险责任的起讫期限与海洋运输货物保险的“仓至仓”条款基本相同，是从被保险货物运离保险单所载明的起运地发货人的仓库或储存处所时开始运输时生效。包括正常陆运和有关水上驳运在内，直到该项货物送交保险单所载明的目的地收货人仓库或储存处所，或被保险人用作分配、分派或非正常运输的其他储存处所为止。但如未运抵上述仓库或储存处所，则以被保险货物到达最后卸载的车站后为标准，保险责任以60天为限。

5. 陆运战争险

陆运战争险与海运战争险，就战争险的共同责任范围来说，基本上是一致的。即对直接由于战争、类似战争行为以及武装冲突所导致的损失，如货物由于捕获、扣留、拘留、禁制和扣押等行为引起的损失应负责赔偿。陆运战争险与海运战争险由于运输工具有其本身的特点，具体责任有一些差别。

4.5.2 空运货物险

空运货物险包括航空运输险、航空运输一切险和航空运输战争险三种。

1. 航空运输险

被保险货物在运输途中遭受雷电、火灾、爆炸，由于飞机遭受恶劣气候或其他危难事故而被抛弃，由于飞机遭受碰损、倾覆、坠落或失踪等意外事故所造成的全部或部分损失。包括为此采取的抢救、防止或减少货损的措施而支付的合理费用均负责赔偿，以不超过被救货物的保险金额为限。与海运险中的“水渍险”大致相同。

2. 航空运输一切险

除航空险的责任范围外，还对被保险货物在运输途中由于外来原因造成的，包括被窃、缺损等全部或部分损失，负赔偿责任。

3. 航空运输战争险

属于附加险，包括运输途中由于战争、类似战争行为、敌对行为或武装冲突以及各种常规武器和炸弹所造成的货物损失。原子武器或热核武器造成的损失除外。

4. 空运货物险的责任起讫

采用“仓至仓”条款。如保险货物未到达上述仓库或储存处所，则以被保险货物在最后卸货地卸离飞机后满30天为止。

航空运输货物战争险的起讫责任，是自货物装上飞机时开始，到卸离飞机为止，最长以飞机到达目的地当天午夜起满15天为限。

4.5.3 邮包运输险

邮包运输险承保通过邮政局邮包邮递的货物在邮递过程中发生保险事故所致的损失。不论邮包采用何种运输工具，保险公司对海陆空的邮包均负责，3种联运也负责。邮包运输险按其保险责任分为邮包险(Parcel Post Risks)和邮包一切险(Parcel Post all Risks)两种。前者与海洋运输货物保险水渍险的责任相似，后者与海洋运输货物保险一切险的责任基本相同。在投保这两种基本险别之一的基础上，还可酌情加保一种或若干种附加险。

1. 邮包险

责任范围有以下两种。

(1) 包括被保险邮包在运输途中由于恶劣气候、雷电、海啸、地震、洪水自然灾害或由于运输工具遭受搁浅、触礁、沉没、碰撞、倾覆、出轨、坠落、失踪，或由于失火、爆炸意外事故所造成的全部或部分损失。

(2) 被保险人对遭受承保责任内危险的货物采取抢救、防止或减少货损的措施而支付的合理费用，但以不超过该批被救货物的保险金额为限。

2. 邮包一切险

责任范围：除包括上述邮包险的范围外，还负责赔偿被保险邮包在运输途中由于外来原因造成的(包括被窃、缺损在内)的全部或部分损失。

3. 邮包战争险

它是一种附加险，承保邮运途中由于发生战争等行为造成货物的损失。

4. 邮包运输险的责任起讫

邮包险和邮包一切险的保险责任，是自被保险邮包离开保险单所载的起运地点、寄件人的处所运往邮局时开始生效，直至该项邮包运达保险单所载明的目的地邮局，自邮局发出到货通知给收件人的当日午夜起算，满 15 天为止。但在此期限内，邮包一经递交至收件人处所，保险责任即告终止。

4.6 合同中的保险条款

保险条款所涉及的内容有保险金额、投保险别、保险费、保险单证和保险适用条款等。因为保险条款与价格条款有着必然的联系，所以采用不同的价格条款，投保人不同，保险条款的订立方法也不相同，以哪一个保险公司的保险条款为准也不同。目前，我国通常采用中国人民财产保险公司 1981 年 1 月 1 日生效的货物运输保险条款。但有时国外客户要求按照英国伦敦保险业协会规定的货物保险条款为准，我方也可以通融接受。

保险条款的表示形式："由卖方按发票金额的 110%投保××险、××险，按 PICC 1981 年 1 月 1 日的有关海洋运输保险条款为准。"

采用 FOB、CFR、FCA、CPT 贸易术语成交的合同，买方办理投保、支付保险费，合同中只需规定"To be effected by the buyers"。

采用 CIF 或 CIP 成交的合同保险条款可订为："to be covered by the seller for××% of total invoice value against ××and ×× as per ocean marine cargo clauses of the people's insurance company of China dated 1/1/1981."

1. 保险投保人的规定

在国际货物买卖过程中，由哪一方负责办理投保，应根据买卖双方商订的价格条件来确定。

(1) 在以 EXW、FAS、FOB、FCA、CFR、CPT 贸易术语签订合同时，保险条款可作如下规定："保险由买方办理(insurance is to be covered by the buyer)"

(2) 在以 CIF 或 CIP 贸易术语签订合同时，保险条款须明确规定投保人、投保险别以及确定保险金额的方法和保险适用条款，并注明该条款的生效时间。

2. 保险公司的规定

在 CIF 和 CIP 条件成交时，保险公司信誉的好坏与卖方关系不大，但与买方却有着重大的利害关系，因为货物运输途中的风险由买方承担。所以，买方一般要求在合同中规定保险公司，将保险公司的名称及其所使用的保险条款具体订明，以便日后的索赔工作顺利进行。在保险公司的规定中，可按中国人民财产保险公司的条款办理，也可按伦敦保险协会的协会货物保险条款办理，并在合同中订明。

3. 保险险别和保险费的约定

1）投保险别的选择

在投保时，进出口公司首先要对自己所面临的风险作出评估，甄别哪种风险最大、最可能发生，并结合不同险种的保险费率来加以权衡。通常对以下几个因素进行综合考虑。

（1）货物的种类、性质和特点。

（2）货物的包装情况。

（3）货物的运输情况(包括运输方式、运输工具、运输路线)。

（4）发生在港口和装卸过程中的损耗情况等。

（5）目的地的政治局势。

按CIF和CIP条件成交时，运输途中的风险本应由买方承担，但保险费却约定由卖方承担。买卖双方约定的保险险别通常为：平安险、水渍险和一切险(或规定为A险、B险、C险)3种基本险别中的一种，但有时也可以根据货物特性和实际需要加保一种或若干种附加险。鉴于买卖双方在保险方面的利害关系不一，因此，按CIF和CIP条件成交时，买卖双方应在合同中具体订明保险险别。由于CIF和CIP货价中，一般不包括保战争险等特殊附加险的费用，因此，如买方要求加保战争险等特殊附加险时，其费用应由买方负担。

2）保险费

投保人交付保险费是保险合同生效的前提条件。保险费是保险公司经营保险业务的基本收入，也是保险公司所掌握的保险基金，即损失赔偿基金的主要来源。计收保险费的公式是：

$$\text{保险费}=\text{保险金额}\times\text{保险费率}$$

如按CIF或CIP价加成投保，则上述公式应改为：

$$\text{保险费}=\text{CIF(或 CIP)价}\times(1+\text{投保加成率})\times\text{保险费率}$$

保险费率为计算保险费的依据，是保险公司在货物损失率和赔付率基础上制定的。保险费率是按照不同货物、不同目的地、不同运输工具和投保险别，由保险公司根据货物损失率和赔付率，参照国际保险费水平，结合我国国情而制定的。

我国出口货物保险费率分为“一般货物费率”和“指明货物加费费率”两大类。凡是未列入后者列表的货物，统属于前者的范围。凡属后者列表中的货物，如果投保一切险，计算保险费时，应先查出“一般货物费率”，然后再加上“指明货物加费费率”。

4. 保险金额

保险金额(Amount Insured)是指保险公司可能赔偿的最高金额，习惯上按发票金额加10%预期利润和业务费用。也可根据国外客户要求提高加成数。各国市场情况不尽相同，对进出口贸易的管理办法也各有异。向中国人民财产保险公司办理进出口货物运输保险，可按两种办法进行：一种是逐笔投保，另一种是按签订的预约保险总合同办理。

保险金额的加成、保险险别的选择和适用的保险条款，都需在合同中作相应规定。在CIF、CIP合同中，保险条款可作如下规定。“由卖方按发票金额的110%投保一切险和战争险，按 1981 年 1 月 1 日中国人民财产保险公司海洋运输货物保险条款投保。”(Insurance is to be covered by the Seller for 110% of the invoice value against All Risks and War Risk as per Ocean Marine Cargo Clauses of the People's Insurance Company of China dated Jan. 1，1981))

保险金额计算公式是：

保险金额＝CIF 价×(1＋投保加成率)

＝FOB 价×(1＋平均运费率)/(1－平均保费率)

＝CFR 价/(1－平均保费率)

【例 4－1】我国出口一批货物 CIF 发票总金额为 USD12 000，设加一成投保一切险和战争险，费率分别为 0.6%、0.4%，问该笔货物的投保金额和保险费各为多少？

解： 保险金额＝12 000×110%＝13 200(美元)

保险费＝13 200×(0.6%＋0.4%)＝132(美元)

【例 4－2】某商品出口报价 CFR 1 200 美元，保险费率 0.63%，客户要求加一成保险，求 CIF 价、保险金额、保险费。

解： CIF 价＝CFR 价÷[1－保险费率×(1＋投保加成率)]

＝1 200÷(1－0.63%×110%)＝1 208.37(美元)

保险金额＝1 208.37×(1＋10%)＝1 329.21(美元)

保险费＝1 329.21×0.63%＝8.37(美元)

阅读案例 4－3

保险利益争议案

【案情简介】

某年 9 月，我国某技术进出口公司以 FOB 加拿大渥太华为价格条件进口一套设备，合同总价为 85 万元。合同签订后，技术进出口公司在安排货物运输事宜后，于当年 11 月份与某保险公司签署了一份《国际运输预约保险起运通知书》。技术进出口公司向保险公司支付了保险费，并收到保险公司出具的收据。但不幸的是，被保险货物在渥太华承运人仓库被盗。12 月，技术进出口公司将出险情况告知了保险公司，同时向保险公司提出索赔，保险公司以技术进出口公司不具有保险利益而主张合同无效并拒赔，技术进出口公司遂向法院起诉。问：我技术进出口公司是否具有保险利益？从本案中可以得到哪些启示？

【案例点评】

(1) 本案的焦点问题是保险利益的认定问题。本案中技术进出口公司是否具有保险利益取决于买卖合同约定的价格条件。本案买卖合同约定的价格条件是 FOB 加拿大渥太华，货物在渥太华装船后，货物的风险才发生转移。在此之前，货物的风险仍由卖方承担。因此，本案技术进出口公司购买的货物在海外运输公司仓库被盗时，技术进出口公司不具有保险利益，即保险公司与技术进出口公司的保险合同因投保人对保险标的物不具有保险利益而无效。

(2) 在国际货物运输保险中，投保人(被保险人)对投保货物是否具有保险利益，取决于货物风险是否转移，而货物风险的转移又与买卖双方采取的价格条件密切相关。在 FOB 价格条件下，货物风险自货物装上船之时即由卖方转移给买方，因此，只有在货物越过船舷之后，买方(投保人、被保险人)才能对货物享有保险利益。

本章小结

本章首先介绍了海运货物保险的承保范围，其次详述了我国海运货物保险的险别和承保范围，主要分为基本险别和附加险别，最后简介了伦敦保险协会海运货物保险条款的险别和承保范围，以及我国陆运、空运货物与邮包运输保险的险别与承保范围。

习题

一、填空题

1. 国际贸易货物在运输途中，往往因遭遇各种风险导致货物受损，为了在货物受损后取得经济补偿，通常都要投保__________。

2. 被保险人向保险人索赔的主要依据是__________。

3. 在保险人所承保的海上风险中，搁浅、触礁属于__________。

4. 某贸易公司出口茶叶5公吨，在海运途中遭受暴风雨，海水涌入仓内，致使一部分茶叶发霉变质，这种损失属于__________。

5. 根据有关规定的解释，向船方索赔的时效，规定为自货物卸船之日起__________年内。

6. 目前仅适用于香港地区一些中资银行由华商开来的信用证的凭证为__________。

7. 在保险人所承保的海上风险中，恶劣气候、地震属于__________。

8. 根据我国《海洋货物运输保险条款》的规定，承保范围最小的基本险别是__________。

9. 航空运输途中，如被保险货物未到达保险单所载仓库或储存处所，则以被保险货物在最后卸货地卸离飞机起，索赔期限为__________天。

10. 只承保“重大意外事故”，而不承保“自然灾害及非重大意外事故”的险别条款是__________。

二、单项选择题

1. 某批出口货物投保了中国人民保险公司的W. P. A，在运输过程中由于雨淋致使货物遭受部分损失，这样的损失保险公司将(　　)。

   A. 负责赔偿整批货物
   B. 负责赔偿被雨淋湿的部分
   C. 不给予赔偿
   D. 在被保险人同意的情况下，保险公司负责赔偿被雨淋湿的部分

2. 若按CIF条件出口，最妥当的保险条款为(　　)。

   A. 一切险、淡水雨淋险　　B. 水渍险、受潮受热险
   C. 偷窃险、战争险、罢工险　　D. 平安险、一切险、战争险

3. 施救费用与救助费用的不同在于(　　)。

   A. 遭受损失的范围不同　　B. 被施救的标的物不同
   C. 获救方不同　　D. 援救方不同

4. 陆运一切险的责任范围不包括(　　)。

   A. 载货火车倾覆或出轨造成的损失

B. 载货汽车由于遭受隧道坍塌、爆炸造成的损失

C. 茶叶在运输途中由于外来原因全部受潮

D. 运输延迟所造成的损失

5. 战争、罢工风险属于(　　)。

A. 自然灾害　B. 意外事故　C. 一般外来风险　D. 特殊外来风险

6. 为使搁浅或触礁的船舶脱离险境，而求救于第三方，由此支付额外费用的损失属(　　)。

A. 实际全损　B. 推定全损　C. 共同海损　D. 单独海损

7. 由于漂流水雷、鱼雷等造成的损失或费用属于ICC(A)险的除外责任中的(　　)。

A. 一般除外责任　B. 不适航、不适货除外责任

C. 战争除外责任　D. 罢工除外责任

8. 运输工具遭受海难后在避难港卸货所引起的损失和费用称(　　)。

A. 特别费用　B. 额外费用　C. 施救费用　D. 救助费用

9. 陆运战争险承保责任范围仅限于(　　)。

A. 公路运输　B. 铁路运输　C. 航空运输　D. 水上驳运

10. 在海运过程中，被保险物茶叶经水浸已不能饮用，这种海上损失属于(　　)。

A. 实际全损　B. 推定全损　C. 共同海损　D. 单独海损

三、多项选择题

1. 在海上保险业务中，属于自然灾害风险的有(　　)。

A. 恶劣气候　B. 雷电　C. 海啸

D. 地震　E. 洪水

2. 当前，在进出口业务实践中所应用的海上保险单据有(　　)。

A. 保险单　B. 保险凭证　C. 联合凭证

D. 保险通知书　E. 批单

3. 主险包括(　　)。

A. 平安险　B. 水渍险　C. 一切险

D. 一般附加险　E. 特殊附加险

4. 承保范围大致相当于海运险中的水渍险的是(　　)。

A. 陆运险　B. 陆运一切险　C. 航空运输险

D. 航空运输一切险　E. 航空运输货物战争险

5. 我国保险业务中的特殊附加险主要有(　　)。

A. 渗漏险　B. 舱面险　C. 混杂玷污险

D. 黄曲霉素险　E. 进口关税险

6. 海上保险业务中的意外事故包括(　　)。

A. 货物的自然损耗或变质　B. 运输工具的搁浅、触礁

C. 载货轮船沉没　D. 载货物轮船与冰山相撞

E. 载货轮船失火

7. 下列属于一般外来风险的是(　　)。

A. 茶叶在运输途中串味　B. 化肥在运输途中包装破损

C. 战争、罢工等风险　D. 棉花在运输途中被雨淋

E. 货物在运输途中发生破损

8. 我国《货物运输保险条款》包括(　　)。

A.《海洋运输散装简油保险条款》 B.《邮包保险条款》

C.《恶意损害险条款》 D.《陆上运输保险条款》

E.《罢工险条款》

9. 实际全损包括的情况有(　　)。

A. 船只遭遇海难后沉没 B. 船舶被海盗劫走

C. 茶叶遭水浸泡后不能饮用 D. 船舶失踪半年后仍无消息

E. 船舶受损后，修理费用已超过货物修复后的价值

10. 根据我国现行的《海洋货物运输保险条款》的规定，能够独立投保的险别有(　　)。

A. 战争险 B. 平安险 C. 舱面险

D. 水渍险 E. 偷窃提货不着险

11. 在海运保险业务中，构成共同海损的条件是(　　)。

A. 共同海损的危险必须是实际存在的

B. 消除船货共同危险而采取的措施是合理的

C. 必须属于非常性质的损失

D. 费用支出是额外的

E. 必须是承保风险直接导致的船、货损失

12. 平安险所承保的责任范围包括(　　)。

A. 被保险货物由于恶劣气候造成的部分损失

B. 由于轮船爆炸造成货物的部分损失

C. 在装卸时数件货物落海

D. 共同海损的救助费用

E. 货物在运输途中部分被偷窃

13. 根据英国伦敦保险协会制定的“协会货物条款”，ICC(A)险的除外责任包括(　　)。

A. 一般除外责任 B. 不适航、不适货除外责任

C. 战争除外责任 D. 罢工除外责任

E. 自然灾害除外责任

14. 在海上保险业务中，构成被保险货物“实际全损”的情况有(　　)。

A. 保险标的物完全丧失 B. 保险标的物丧失已无法挽回

C. 保险标的物发生变质，失去原有使用价值 D. 船舶失踪达到一定时期

E. 收回保险标的物所有权花费的费用将超过收回后的标的物价值

15.《海洋运输货物保险条款》的主要内容有(　　)。

A. 除外责任 B. 责任起讫 C. 索赔期限

D. 保险人承保责任范围 E. 保险人的义务

四、判断题

1. 在保险单出具后，如需要补充或变更保险内容，保险公司可根据投保人的请求出具修改保险内容的凭证，该项凭证称为批单。(　　)

2. 保险公司对陆运战争险的承保责任起讫与海运战争险的承保责任起讫都是“仓至仓”。(　　)

3. 按国际市场保险惯例，大保单与小保单具有同等法律效力。(　　)

4. 如果被保险货物运达保险单所载明的目的地，收货人提货后即将货物转运，则保险公司的保险责任于转运到达目的地仓库时终止。(　　)

5. 海运提单的签发日期应早于保险单的签发日期。 ( )

6. 按 CFR 术语进口时，我方在国内投保了一切险，我方承担的风险起讫应为“仓至仓”。 ( )

7. 在国际贸易中，向保险公司投保了一切险后，货物运输途中由于任何外来原因造成的一切货损，均可向保险公司索赔。 ( )

8. 按照中国人民保险公司现行的保险条款规定，凡已投保了战争险，若再加保罢工险，保险公司不另行增收保险费。 ( )

9. 根据 CIC 条款，平安险是指保险公司对单独海损不负赔偿责任。 ( )

10. 伦敦保险协会制定的“协会货物条款”中的 A 险、B 险和 C 险，其保险公司承保的范围与我国海运货物保险的 F. P. A、W. A 和 A. R 3 种险别的承保范围大体相当。 ( )

五、名词解释

1. 代位权　　2. 保险金额　　3. IOP

4. 共同海损　　5. 推定全损　　6. “仓至仓”条款(W/W)

7. 单独海损　　8. 投保加成

六、简答题

1. 什么叫推定全损？构成推定全损有哪几种情况？
2. 基本险的除外责任有哪些？
3. 什么叫自然灾害？其包括哪些风险？
4. 什么叫实际全损？构成实际全损有哪几种情况？
5. 共同海损与单独海损的区别主要表现在哪儿？
6. 简述 ICC(B)险与 ICC(A)险的除外责任的区别。
7. 简述航空运输险的承保责任范围。
8. 简述陆上运输货物保险的除外责任。
9. 简述陆运险的责任范围。
10. 海上运输货物保险的保障的费用有哪些？其各自含义是什么？

七、案例分析

1. 北京某外贸公司按 CFR 马尼拉价格出口一批仪器，投保的险别为一切险“仓至仓”条款。我方将货物用卡车由北京运到天津港发货，但在运送途中，一辆货车翻车，致使车上所载部分仪表损坏。问对该项损失应由哪方负责？保险公司是否应给予赔偿？

2. 有一批已购买保险的货物，装载该批货物的货轮在航运中发生了火灾，经船长下令施救后，火被扑灭。事后查明该批货物的损失如下：①500 箱受严重水渍损失，无其他损失。②500 箱既受热烤、火熏损失，又受水渍损失，但未发现火烧的痕迹。③200 箱过火但已被扑灭，有严重的水渍损失。④300 箱已烧毁。试分析上述 4 种情况下海损的性质。

3. 某厂预向国外出口一批日光灯。由于日光灯体积细长又容易破损，问：应投保什么险较好？其费率为多少？包装方面有什么规定？

4. G 公司用 CIF 价格引进一套英国产检测仪器，因合同金额不大，合同采用简式标准格式，保险条款一项只简单规定“保险由卖方负责”。到货后，G 公司发现一部件变形影响其正常使用。G 公司向外商索赔，外商答复仪器出厂经严格检查，有质量合格证书，非他们责任。后经商检局检验认定是运输途中部件受到振动、挤压造成的。G 公司于是向保险代理索赔，保险公司认为此情况属“碰损、破碎险”承保范围，但 G 公司提供的保单上只保了“协会货物条款”(C)险，没保“碰损、破碎险”，因此无法索赔。G 公司无奈只好重新购买此部件。既浪费了金钱，又耽误了时间。请分析该案例。

5. 2010年我国福建省某进出口公司与法国某有限公司签订合同，约定由卖方提供20 000箱芦笋罐头，每箱15.5美元，FOB厦门，合同总值为310 000美元，收到信用证后15天内发货。买方致电卖方，要求代其以发票金额110%将货物投保至法国马赛的一切险。卖方收到买方开来的信用证及派船通知后，按买方要求代其向A保险公司投保，保险单的被保险方是买方，保险单上所载明的起运地为供货厂商所在地龙岩市，目的港为法国马赛。但是，三天后货物自龙岩市运往厦门港所在途中，由于发生了意外，致使10%的货物受损。事后卖方以保险单中含有“仓至仓”条款为由，向A保险公司提出索赔要求，但遭到拒绝。后卖方又请买方以买方的名义凭保险单向A保险公司提出索赔，同样遭到拒绝。请问保险公司的做法是否合理?

6. 2009年9月，被保险人向A国B公司出口52 000美元的货物，支付方式为D/P即期。当年10月，B公司要求该支付方式为D/A30天，否则拒收货物。被保险人随即向保险人通报了相关情况。保险人重新抽调B公司的资信报告，结果显示，在短短6个月内B公司的经营状况发生了很大变化：信用评级由4B降为4D；风险指标由Low Risk降为Above Normal Risk；资产负债表的现金由16 000美元变为零；短期资产只是由短期应收账款与存货构成，而短期应付账款由171 000美元增加到399 000美元，短期银行存款由零激增到121 000美元。因此，保险人认为B公司的还款能力存在很大的问题，拒绝同意更改支付方式并要求被保险人积极联系其他买方。2009年10底，被保险人联系到新卖方C公司，其付款方式为D/A30天，并且该买方要求降价20%，保险人立即调取C公司的资料，结果显示，C公司是于2007年注册的员工人数仅为7人，无任何财产信息。保险人仍不同意被保险人的货物转卖，要求被保险人继续要求其他买方转卖货物。2009年11月12日，被保险人向保险人通报该公司的出口货物的国际价格上涨，保险人随即指使被保险人抓住机会，积极处理货物，尽量减少损失。2009年11月15日，被保险人通报，E国D公司最终同意按照被保险人与A国B公司的合同价格购买货物，付款方式是预付50%，剩余的50%货款以D/A30天支付，并承担从A国运往E国的运费，但是要求由被保险人承担A国港口费用1 500美元。保险人立即收集有关D公司的财务信息。得知，D公司是F公司在E国的独立子公司，F公司是在加拿大多伦多证券交易所和美国纳斯达克上市的公司。在最近的三个月内，F公司在两地市场的股价相当平稳。从F公司发布的年中财务报表与第三季度财务报表得知，F公司的财务经营状况良好。最终保险人同意了被保险人的货物处理方案。在D公司付清货款后，保险人就被保险人1 500美元的损失按照保单规定的80%的赔付比率赔付了1 200美元。请对此作出评析。

7. 2010年9月27日，某技术进出口公司代理某通信公司与阿尔卡特网络（亚洲）有限公司签订了一份数字数据网络设备国际货物买卖合同，约定的总价款为851 108美元，以FOB加拿大渥太华离岸价为价格条件。合同签订后，技术进出口公司与某运输公司联系运输事宜，某运输公司委托海外运输商Secure公司负责海外运输。2010年11月15日，技术进出口公司与某保险公司签署了一份《国际运输预约保险启运通知书》，载明：被保险人是技术进出口公司；保险货物项目是一套数字数据网络设备，包装及数量是纸箱48件；价格条件是EX Works；货价(原币)851108美元；运输路线自加拿大渥太华至中国湖北武汉；投保险种为一切险；保险金额为978 774美元；保险费为3 915美元；落款栏中盖有某保险公司业务专用章和技术进出口公司发票专用章。备注栏载明：卡纳塔(Kanata，阿尔卡特公司工厂所在地)—渥太华机场(公路运输)；渥太华机场—北京机场—天河机场(货物离开机场及武汉市内通知保险公司)(空运)。2010年11月15日，技术进出口公司向保险公司支付了保险费人民币32 417元，并收到保险公司出具的收据。渥太华时间2010年11月15日19时即北京时间2010年11月16日8时，被保险货物在渥太华Secure公司仓库被盗。2010年12月7日，技术进出口公司将出险情况告知了保险公司。同年12月21日，技术进出口公司向保险公司提出索赔，保险公司以技术进出口公司不具有保险利益而主张合同无效并拒赔，技术进出口公司遂向法院起诉。法院经审理后认为，本案的焦点问题是保险利益的认定问题。本案中技术进出口公司是否具有保险利益取决于其对买卖合同项下货物承担的风险，而对货物承担的风险及其起始时间又取决于买卖合同约定的价格条件。本案买卖合同约定的价格条件是FOB加拿大渥太华，意为货物在渥太华越过船舷或装机后，货物的风险才发生转移。在此之前，货物的风险仍由卖方承担。因此，本案技术进出口公司购买的货物在海外运输公司 Secure 公司仓库被盗时，技术进出口公司不具有保险利益。同时，法院还认定，保险合同载明的工厂交货对确定投保人对保险标的物是否具有保险利益没有法律意义，技术进出口公司以保险合同为据主张以工厂交货并移转风险的观点不能成立。法院最终判定保险公司与技术进出口公司的保险合同因投保人对保险标的物不具有保险利益而无效。技术进出口公司无权要求保险公司承担赔偿责任，而保险公司也应退还保险费。

【操作训练】

实训项目：海运货物保险险别的选择。

实训目的：学会填写海运保险单，合理选择保险险别。

实训内容：学习 PICC 货物运输保险单的各项内容以及填写方法。

实训要求：将参加实训的学生分成若干小组，每个小组设计一次海运货物投保交易。小组成员可分成两方，分别代表保险方和被保险方，根据设计的投保货物性质选择保险险别，并参照样本填写保险单。

PICC

中国人民保险公司
The People's Insurance Company of China
总公司设于北京 Head Office Beijing
一九四九年创立 Established in 1949

货物运输保险单
CARGO TRANSPORTATION INSURANCE POLICY

发票号(INVOICE NO.) CA-060805
合同号(CONTRACT NO.) CA2006015
信用证号(L/C NO.) 1541322
保单号次 POLICY NO. 06390823
被保险人：UNTO ORDER
INSURED: TO THE ORDER OF ARAB NATIONAL BANK

中国人民保险公司(以下简称本公司)根据被保险人的要求，由被保险人向本公司缴付约定的保险费，按照本保险单承保险别和背面所载条款与下列特款承保下述货物运输保险，特立本保险单。

THIS POLICY OF INSURANCE WITNESSES THAT THE PEOPLE'S INSURANCE COMPANY OF CHINA (HEREINAFTER CALLED "THE COMPANY") AT THE REQUEST OF THE INSURED AND IN CONSIDERATION OF THE AGREED PREMIUM PAID TO THE COMPANY BY THE INSURED, UNDERTAKES TO INSURE THE UNDERMENTIONED GOODS IN TRANSPORTATION SUBJECT TO THE CONDITIONS OF THIS POLICY AS PER THE CLAUSES PRINTED OVERLE - AF AND OTHER SPECIAL CLAUSES ATTACHED HEREON.

标记 MARKS&NOS.	包装及数量 QUANTITY	保险货物项目 DESCRIPTION OF GOODS	保险金额 AMOUNT INSURED
RAINBOW L/C 1541322 EDMONTON MADE IN CHINA C/NO.1-260	260CTNS	COVERALLS AND DENIM SHIRTS	USD59,103.00

总保险金额：
TOTAL AMOUNT INSURED: SAY U.S. DOLLARS FIFTY NINE THOUSAND ONE HUNDRED AND THREE ONLY

保费：PERMIUM: AS ARRANGED　起运日期：DATE OF COMMENCEMENT: SEPT. 10, 20××　装载运输工具：PER CONVEYANCE: HANJIN V.100

自 FROM SHANGHAI　经 VIA VANCOUVER　至 TO EDMONTON

承保险别：

COVERING INSTITUTE CARGO CLAUSE A, INSTITUTE WAR CLAUSE CARGO AND INSTITUTE STRIKE CLAUSE CARGO, WAREHOUSE TO WAREHOUSE CLAUSE WITH CLAIMS PAYABLE IN CANADA TRANSHIPMENT RISKS HAS BEEN COVERED. INSURANCE HAS BEEN COVERED FROM SUPPLIERS WAREHOUSE IN CHINA TO VANCOUVER PORT AND THEN UP TO APPLICANT'S WAREHOUSE ANYWHERE IN CANADA.

所保货物，如发生保险单项下可能引起索赔的损失或损坏，应立即通知本公司下述代理人查勘。如有索赔，应向本公司提交保单正本(本保险单共有　份正本)及有关文件。如一份正本已用于索赔，其余正本自动失效。

IN THE EVENT OF LOSS OR DAMAGE WHICH MAY RESULT IN A CLAIM UNDER THIS POLICY, IMMEDIATE NOTICE MUST BE GIVEN TO THE COMPANY'S AGENT AS MENTIONED HEREUNDER. CLAIMS, IF ANY, ONE OF THE ORIGINAL POLICY WHICH HAS BEEN ISSUED INTOGETHER WITH THE RELEVANT DOCUMENTS SHALL BE SURRENDERED TO THE COMPANY. IF ONE OF THE ORIGINAL POLICY HAS BEEN ACCOMPLISHED, THE OTHERS TO BE VOID.

中国人民保险公司
The People's Insurance Company of China

赔款偿付地点
CLAIM PAYABLE AT VANCOUVER
出单日期
ISSUING DATE SEPT. 6, 20××

STAMP AND SIGNATURE
Authorized Signature

第5章 国际贸易货款收付

学习目标

知识目标	技能目标
掌握汇票、本票和支票的含义与种类 掌握汇付的使用方法，保函的含义及其性质	初步具备辨别不同种类支付工具的能力
掌握各种支付方式的选用方法	能够比较各支付方式的异同
熟练掌握托收和信用证的性质、特点与作用，托收和信用证的使用方法，各种信用证的含义和作用	初步掌握正确使用托收和信用证的技巧

知识结构

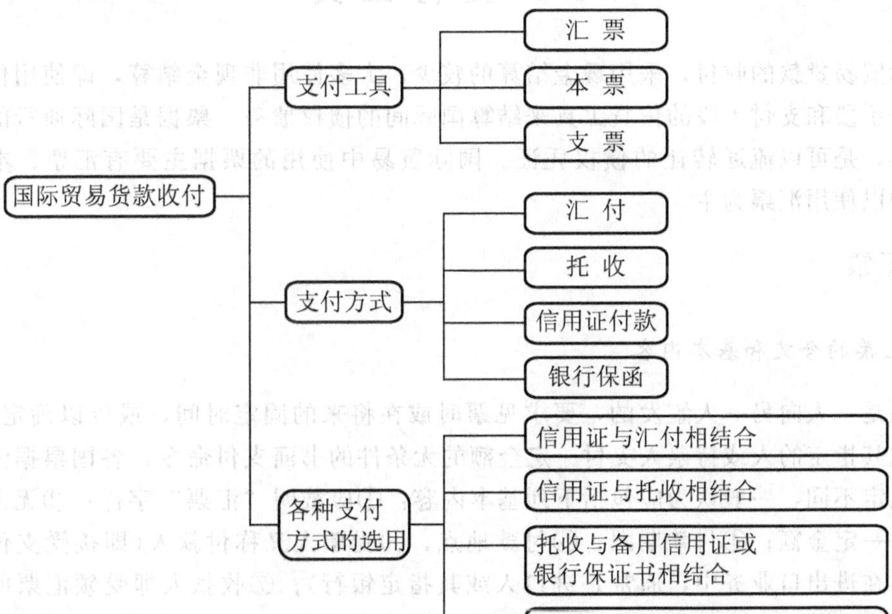

导入案例

信用证支付方式下货物品质与合同不符案

我方某公司向英国出口一批货物，双方约定按信用证方式结算货款。开证行(汇丰银行)按时向我方开出信用证，我方受益人审证无误，按期履行合同，并在信用证有效期内向议付行(中国银行)交单议付，中国银行对单据予以审查，认为单据合格，即向我方受益人议付了货款，随后顺利向开证行(汇丰银行)寄单索赔，英方进口商审单无误并正常付款赎单。但是英方进口商收到货物后发现货物品质与合同规定不符，便要求开证行(汇丰银行)退款，请问英方进口商的要求是否合理？并说明理由。

点评：英方进口商要求不合理。因为在信用证付款方式下，开证行承担首要的即第一性的付款责任，信用证是一项自足文件，一经开出就成为独立于合同以外的约定，所以信用证方式是一种纯单据业务，银行处理的是单据，不问货物，只审查受益人所交单据是否与信用证条款相符，以决定是否履行付款责任。本案例中，我方受益人在信用证有效期内提交了信用证规定的合格单据，英方进口商不能要求开证行(汇丰银行)退款，但可根据有关证据向有关责任方提出索赔。

本章主要介绍汇票、本票和支票的含义与种类；汇付的使用方法；保函的含义及其性质；各种支付方式的选用方法；托收和信用证的性质、特点与作用；托收和信用证的使用方法；各种信用证的含义和作用。

5.1 支付工具

国际贸易货款的收付，采用现金结算的较少，大多使用非现金结算，即使用代替现金作为流通手段和支付手段的信贷工具来结算国际间的债权债务。票据是国际通行的结算和信贷工具，是可以流通转让的债权凭证。国际贸易中使用的票据主要有汇票、本票和支票，其中以使用汇票为主。

5.1.1 汇票

1. 汇票的含义和基本内容

汇票是一人向另一人签发的，要求见票时或在将来的固定时间，或可以确定的时间，对某人或其指定的人或持票人支付一定金额的无条件的书面支付命令，各国票据法对汇票内容的规定不同，一般认为应包括下列基本内容：①应载明“汇票”字样；②无条件支付命令；③一定金额；④付款期限；⑤付款地点；⑥受票人又称付款人(即接受支付命令付款的人。在进出口业务中，通常是进口人或其指定银行)；⑦收款人即受领汇票所规定金额的人(在进出口业务中，通常是出口人或其指定的银行)；⑧出票日期；⑨出票地点；⑩出票人签字。

上述基本内容，一般为汇票的要项，但并不是汇票的全部内容。按照各国票据法的规定，汇票的要项必须齐全，否则受票人有权拒付。

2. 汇票的种类

汇票从不同的角度可分为以下几种。

(1) 按照出票人的不同，汇票可分为银行汇票和商业汇票。

① 银行汇票是指出票人是银行，受票人也是银行的汇票。

② 商业汇票是指出票人是商号或个人，付款人可以是商号、个人，也可以是银行的汇票。

(2) 按照有无随附商业单据，汇票可分为光票和跟单汇票。

① 光票是指不附带商业单据的汇票。银行汇票多是光票。

② 跟单汇票是指附带有商业单据的汇票。商业汇票一般为跟单汇票。

(3) 按照付款时间不同，汇票可分为即期汇票和远期汇票。

① 即期汇票是指在提示或见票时立即付款的汇票。

② 远期汇票是指在一定期限或特定日期付款的汇票。

远期汇票的付款时间，有以下几种规定办法。

a. 见票后若干天付款。此类汇票规定了一个见票后若干天付款的期限，持票人向付款人提示汇票后，付款人承兑并将以承兑日后第二天为起点计算到期日。如 at 30 days after sight，承兑日为 3 月 1 日，则从 3 月 2 日起算 30 天，付款到期日是 3 月 31 日。

b. 出票或若干天付款。此类汇票规定了一个出票后若干天付款的期限，持票人向付款人提示汇票后，付款人承兑并将以汇票载明的出票日期后第二天为起点计算到期日。如 at 30 days after date，出票日为 3 月 1 日，则付款到期日是 3 月 31 日。

c. 提单签发日后若干天付款。如 at 30 days after B/L date，若提单上的装船日期是 2012 年 3 月 1 日，则到期日为 2012 年 3 月 31 日。

d. 指定日期付款。汇票载明了一个固定的付款日期，所有当事人无需计算即可确定到期日。如 on fixed Jun. 14th, 2012，即付款到期日为 2012 年 6 月 14 日。

(4) 按承兑人的不同，分为商业承兑汇票和银行承兑汇票。

商业承兑汇票是企业或个人承兑的远期汇票，托收中使用的远期汇票即属于此种汇票；银行承兑汇票是银行承兑的远期汇票，信用证中使用的远期汇票即属于此种汇票。

一张汇票往往可以同时具备几种性质。例如，一张商业汇票同时又可以是即期的跟单汇票；一张远期的商业跟单汇票，同时又是银行承兑汇票。

3. 汇票的使用

汇票的使用有出票、提示、承兑、付款等，如需转让，通常经过背书行为转让，汇票遭到拒付时，还要涉及作成拒绝证书和行使追索等法律权利。

(1) 出票是指出票人在汇票上填写付款人、付款金额、付款日期和地点以及收款人等项目，经签字交给受票人的行为。在出票时，对收款人通常有 3 种写法。

① 限制性抬头。例如，“仅付 A 公司(pay A Co. only)”或“付 B 公司，不准流通(pay B Co. not negotiable)”。这种抬头的汇票不能流通转让，只限某某公司收取货款。

② 指示性抬头。例如，“付 A 公司或指定人(pay A Co. or order 或 pay to the order of

A Co.)”。这种抬头的汇票，除某某公司可以收取票款外，也可以经过背书转让给第三方。

③ 持票人或来人抬头。例如，“付给来人(pay bearer)”。这种抬头的汇票，无需由持票人背书，仅凭交付汇票即可转让。

(2) 提示是持票人将汇票提交付款人要求承兑或付款的行为。付款人见到汇票叫做见票。提示可以分为两种。

① 付款提示。即指持票人向付款人提交汇票，要求付款的行为。

② 承兑提示。即指持票人向付款人提交远期汇票，付款人见票后办理承兑手续，承诺到期时付款的行为。

(3) 承兑指付款人对远期汇票表示承担到期付款责任行为。付款人在汇票上写明“承兑”字样，注明承兑日期，并由付款人签字，交还持票人。付款人对汇票作出承兑，即成为承兑人。承兑人有在远期汇票到期时付款的责任。

(4) 付款对即期汇票，在持票人提供汇票时，付款人即应付款，对远期汇票，付款人经承兑后，在汇票到期日付款。付款后，汇票上的一切债务即告终止。

(5) 背书，在国际市场上，汇票又是一种流通工具，可以在票据市场上流通转让。背书是转让汇票权利的一种法定手续，就是由汇票持有人在汇票背面签上自己的名字，或再加上受让人的名字，并把汇票交给受让人的行为。经背书后，汇票的收款权力便转移给受让人。汇票可以经过背书不断转让下去。对于受让人来说，所有在他以前的背书人以及原出票人都是他的前手；而对于出让人来说，所有在他让与以后的受让人都是他的“后手”。前手对后手负有担保汇票必然会被承兑或付款的责任。背书的方式主要有 3 种。

① 限制性背书：不可转让背书。

② 空白背书：也称不记名背书，票据背面只有背书人名称而无受让人签名。此类背书只凭交付即可转让。

③ 记名背书：汇票背面既有背书人签名，又有被背书人签名。这种背书受让人可继续背书将汇票转让。

在国际市场上，一张远期汇票的持有人如想在付款人付款前，取得票款，可以经过背书转让汇票，即将汇票进行贴现。贴现是指远期汇票承兑后，尚未到期，由银行或贴现公司从票面金额中扣减按一定贴现率计算的贴现息后，将余款付给持票人的行为。

(6) 拒付，持票人提示汇票要求承兑时，遭到拒绝承兑，或持票人提示汇票要求付款时，遭到拒绝，均称为拒付，也称退票。

除了拒绝承兑和拒绝付款外，付款人要求拒不见票、死亡或宣告破产，以致付款事实上已不可能时，也称拒付。

如汇票在合理时间内提示，遭到拒绝承兑，或在到期日提示，遭到拒绝付款，收款人对持票人立即产生追索权，他有权向背书人和出票人追索要款。按照有些国家的法律，持票人为了行使追索权需及时作出拒付证书。所谓追索权是指汇票遭到拒付，持票人对其前手有请求其偿还汇票金额及费用的权利。拒付证书是由付款地的法定公证人或其他依法有权出具证书的机构如法院、银行、公会、邮局等，出具的证明拒付事实的文件，是持票人凭此向前手进行追索的法律依据。如拒付的汇票已经承兑，出票人可凭此向法院起诉，要求承兑汇票的承兑人付款。此外，汇票的出票人或背书人为了避免承担被追索的责任，可在出票时或背书时加注“不受追索”字样。凡加注“不受追索”字样的汇票，在市场上难于贴现。

提示

为了避免邮寄途中遗失，汇票可以做成一式两份分开邮寄。两张汇票效力一样，但其代表的债权只有一笔，因此当付款人支付第一张汇票后，第二张汇票自行失效；如付款人付了第二张汇票，第一张汇票自行失效。因此，被称为“付一不付二，付二不付一[pay this First/Second exchange (Second/First of the same tenor and date being unpaid)]”。

阅读案例 5－1

远期承兑汇票追索案

【案情简介】

A交给B一张经付款银行承兑的远期汇票，作为向B订货的预付款，B在票据背书后转给C以偿还原先C的借款，C于到期日向承兑银行提示取款，恰遇当地法院公告该行于当天起进行破产清理，因而被退票，C随即向A追索，A以B所交货物质量较差为由予以拒绝，并称10天前通知银行止付，止付通知及止付理由也同时通知了B。在此情况下C再向B追索，B以汇票系A开立为由推诿不理。C遂向法院起诉，被告为A、B与银行三方所承担的责任，你认为法院将怎样依法判决？

【案例点评】

法院应判A向C清偿被拒付的汇票票款、自到期日或提示日期至清偿日止的利息，以及C进行追索所支付的相关费用。A与B的纠纷则另案处理。理由：①由于票据具有流通性、无因性、文义性、要式性，因此只要C是票据的合法持有人，就有权要求票据债务人交付票款，并且此项权利并不受其前手B的权利缺陷的影响。②C在遭到主债务人退票后，即有权向其前手A、B进行追索。同样由于票据特性，A不能以抗辩B的理由抗辩C。

5.1.2 支票和本票

国际贸易货款的收付，除了使用汇票外，有时也使用本票和支票。

1. 本票

本票是一个人向另一个人签发的，保证于见票时或定期或在可以确定的将来时间，对某人或其指定人或持票人支付一定金额的无条件的书面承诺。简言之，本票是出票人对收款人承诺无条件支付一定金额的票据。

本票可分为商业本票和银行本票。由工商企业或个人签发的称为商业本票或一般本票。由银行签发的称为银行本票。商业本票有即期和远期之分，银行本票则都是即期的。在国际贸易结算中使用的本票，大都是银行本票。有的银行分行见票即付，不记载收款人的本票或是来人抬头的本票，它的流通性与纸币相似。

汇票与本票的区别有以下5条。

(1) 本票的票面有两个当事人，即出票人和收款人；而汇票则有3个当事人，即出票人、付款人和收款人。

(2) 本票的出票人即是付款人，远期本票无需办理承兑手续；而远期汇票则要办理承兑手续。

(3) 本票在任何情况下，出票人都是绝对的主债务人，一旦拒付，持票人可以立即要求法院裁定，命令出票人付款；而汇票的出票人在承兑前是主债务人，在承兑后，承兑人是主债务人，出票人则处于从债务人的地位。

(4) 本票只能开出一张，而汇票可以开出一套，多为一式两份，甚至数份。

(5)《英国票据法》规定外国本票退票时，不需作成拒绝证书，而外国汇票退票时，必须作成拒绝证书。

2. 支票

支票是以银行为付款人的即期汇票，即存款人对银行签发的无条件支付一定金额的委托或命令。出票人在支票上签发一定的金额，要求受票的银行于见票时立即支付一定金额给特定人或持票人。出票人在签发支票后，应付票据上的责任和法律上的责任。前者是指出票人对收款人担保支票的付款；后者是指出票人签发支票时，应在付款银行存有不低于票面金额的存款。如有存款不足，支票持有人在向付款银行提示支票要求付款时，就会遭到拒付，这种支票叫做空头支票。开出空头支票的出票人要负法律上的责任。

5.2 汇付与托收

汇付和托收这两种支付方式都是由买卖双方根据贸易合同互相提供信用的，故属于商业信用。支付方式从资金的流向与支付工具的传递方向，可以分为顺汇和逆汇两种方法。顺汇是指资金的流动方向与支付工具的传递方向相同。汇付方式采用的是顺汇方法。逆汇是指资金的流动方向与支付工具的传递方向相反。托收方式收取货款采用的是逆汇方法。

5.2.1 汇付

1. 汇付方式的当事人

汇付又称汇款，指付款人主动通过银行或其他途径将款项汇交收款人，对外贸易的货款如采用汇付，一般是由买方按合同约定的条件和时间，将货款通过银行，汇交给卖方。

在汇付业务中，通常有4个关系人。

(1) 汇款人即汇出款项的人，在进出口交易中，汇款人通常是进口人。

(2) 收款人即收取款项的人，在进出口交易中，通常是出口人。

(3) 汇出行即受汇款人的委托，汇出款项的银行，通常是在进口地的银行。

(4) 汇入行即受汇出行委托解付汇款的银行。因此，又称解付行，在对外贸易中，通常是出口地的银行。

汇款人在委托汇出行办理汇款时，要出具汇款申请书。此项申请书在资本主义国家被称作是汇款人和汇出行之间的一种契约。汇出行一经接受申请就有义务按照汇款申请书的指示通知汇入行。汇出行与汇入行之间，事先订有代理合同，在代理合同规定的范围内，汇入行对汇出行承担解付汇款的义务。

2. 汇付的种类

汇付方式可分为信汇、电汇和票汇3种。

(1) 信汇是汇出行应汇款人的申请，将信汇委托书寄给汇入行，授权解付一定金额给收款人的一种汇款方式。信汇方式的优点是费用较为低廉，但收款人收到汇款的时间较迟。

(2) 电汇是汇出行应汇款人的申请，拍发加压电报或电传给在另一个国家的分行或代理行指示解付一定金额给收款人的一种汇款方式。电汇方式的优点是收款人可迅速收到汇款，但费用较高。

(3) 票汇是汇出行应汇款人的申请，代汇款人开立以其分行或代理行为解付行的银行即期汇票，支付一定金额给收款人的一种汇款方式。

票汇与电汇、信汇的不同在于票汇的汇入行无需通知收款人取款，而由收款人持票登门取款；这种汇票除有限制转让和流通的规定外，经收款人背书，可以转让流通，而电、信汇的收款人则不能将收款权转让。

3. 汇付方式在国际贸易中的使用

在国际贸易中，汇付方式通常用于预付货款、随订单付款和赊销等业务，采用预付货款和订货付现，对卖方来说，就是先收款，后交货，资金不受积压，对卖方最为有利。反之，采用赊销贸易时，对卖方来说，就是先交货，后收款，卖方不仅要占压资金而且还要承担买方不付款的风险。因此，它对卖方不利，而对买方有利。此外，汇付方式运用于支付订金，分期付款，代付货款尾数以及佣金等费用。

阅读案例 5-2

涉及T/T方式支付的贸易纠纷案

【案情简介】

我国某公司与一韩商初次谈判出口一批货物，双方同意以T/T方式支付，款到后空运发货。货物备齐且品质也经韩商确认后，我公司收到该客户通过某银行电汇货款的传真，为配合客户，我公司立即安排空运将货物发出。但凭传真向我方银行查询始终没有收到该笔货款。正本空运单托运人一联仍在我公司手中，但查询告知货物早已被收货人提走，问我公司应吸取什么教训？

【案例点评】

我公司应吸取的主要教训有：T/T支付方式在收款人收到货款之前，汇款人可以随时取消汇款，航空运输方式中，提取获取的凭证并非正本航空运单，而且航空运单不是物权凭证，所以控制着航空运单并不能控制货物。因此在使用航空运输方式时，最好是选择L/C付款，或者是T/T预付。

5.2.2 托收

托收(Collection)是指债权人出具汇票委托银行向债务人收取货款的一种支付方式。托收方式一般都通过银行办理，因此，又叫银行托收。银行托收的基本做法是：由出口人根据发票金额开出以进口人为付款人的汇票，向出口地银行提出托收申请，委托出口地银行通过它在进口地的代理行或往来银行代向进口人收取货款。

1. 托收方式的当事人

托收方式的当事人主要有以下几种。

(1) 委托人是指委托银行办理托收业务的客户，通常是出口人。

(2) 托收银行是指接受委托人的委托，办理托收业务的银行。

(3) 代收银行是指接受托收行的委托向付款人收取票款的进口地银行。代收银行通常是托收银行的国外分行或代理行。

(4) 提示行是指向付款人作出提示汇票和单据的银行。提示银行可以是代收银行委托与付款人有往来账户关系的银行，也可以由代收银行自己兼任提示银行。

(5) 除上述托收业务4个基本当事人外，还要涉及受票人即指根据托收指示，向其作出提示的人。如使用汇票，即为汇票的受票人，也就是付款人，通常为进口人。

按照一般国家的银行做法，委托人在委托银行办理托收时，须附具一份托收委托书，在委托书中明确提出各种指示。银行接受委托后，则按照委托书的指示内容办理托收。

2. 托收的种类

托收可根据所使用的汇票不同，分为光票托收和跟单托收，国际贸易中货款的收取大多采用跟单托收。在跟单托收情况下，根据交单情况不同，又可分为付款交单和承兑交单两种：

(1) 付款交单：是指出口人的交单以进口人的付款为条件。即出口人发货后，取得装运单据，委托银行办理托收，并在托收委托书中指示银行，只有在进口人付清货款后，才能把装运单据交给进口人。

按付款时间的不同，付款交单又可分为即期付款交单和远期付款交单两种。

① 即期付款交单(D/P at Sight)，是指出口人发货后开具即期汇票连同货运单据，通过银行向进口人提示，进口人见票后立即付款，进口人在付清货款后向银行领取货运单据。

② 远期付款交单(D/P after Sight)，是指出口人发货后开具远期汇票连同货运单据，通过银行向进口人提示，进口人审核无误后即在汇票上进行承兑，于汇票到期日付清货款后再领取货运单据。

以上说明，不论是即期付款交单还是远期付款交单，进口商必须在付清货款以后，才能取得单据，提取或转售货物。在远期付款交单条件下，如果付款日期和实际到货日期基本一致，仍不失为对买方的一种资金融通，进口人可以不必在到货之前，提前付款。但如果付款日期晚于到货日期，买方为了抓住有利行市，不失时机地转售货物，可以采取两种做法：一是在付款到期日之前提前付款赎单，扣除提前付款日至原付款到期日之间的利息，作为买方享受的一种提前付款的现金折扣；另一种做法，也是资本主义国家银行的通常业务，即代收行对于资信较好的进口人，允许进口人凭信托收据借取货运单据，先行提货。所谓信托收据，就是进口人借单时提供一种书面信用担保文件，用来表示愿意以代收行的受托人身份代为提货、报关、存仓、保险、出售并承认货物所有权仍属银行。货物售出后所得的货款，应于汇票到期时交银行。这是代收行自己向进口人提供的信用便利，而与出口人无关。因此，如代收行借出单据后，汇票到期不能收到货款，则代收行应对委托人负全部责任。但如系出口人指示代收行借单，就由出口人主动授权代收行借单，就由出口人主动授权银行凭信托收据借单给进口人，即所谓付款交单凭信托收据借单，那么进口人在承兑汇票后可以凭信托收据先行借单提货。日后如果进口人在汇票到期时拒付，则与银行无关，应由出口人自己承担风险。这种做法的性质与承兑交单差不多，因此，使用时必须从严掌握。

(2) 承兑交单(D/A)：是指出口人的交单以进口人在汇票上承兑为条件，即出口人在装运货物后开具远期汇票连同装运单据，通过银行向进口人提示，进口人承兑汇票后，代收行即将货运单据交给进口人，在汇票到期时，方可履行付款义务。承兑交单方式只适用于远期汇票的托收。承兑交单是进口人只要在汇票上承兑之后，即可取的货运单据，凭此提取货物。也就是说，出口人已交出了物权凭证，其收款的保障依赖进口人的信用，一旦进口人到期不付款，出口人便会遭受货物与货款全部落空的损失。因此，出口人对接受这种方式，一般采取慎重的态度。

3. 托收方式特点

(1) 托收的性质为商业信用。银行办理托收业务时，只是按委托人的指示办事，并无承担付款人必然付款的义务。

(2) 在进口人拒不付款赎单后，除非事先约定，银行没有义务代为保管货物。

(3) 在承兑交单条件下，进口人只要在汇票上办理承兑手续，即可取得货运单据，凭此提取货物。

4. 托收的国际惯例

国际商会为调和各有关当事人之间的矛盾，以利国际贸易和金融活动的开展，早在1958年即草拟了《商业单据托收统一规则》，并建议各国银行采用该规则。后几经修订，于1995年公布了新的《托收统一规则》，简称URC522，并于1996年1月1日生效。

5. 使用托收方式应注意的问题

(1) 认真考察进口人的资信情况和经营作风，并根据进口人的具体情况妥善掌握成交金额，不宜超过其信用程度。

(2) 对于贸易管理和外汇管制较严的进口国家和地区不宜使用托收方式，以免货到目的地后，由于不准进口或收不到外汇而造成损失。

(3) 要了解进口国家的商业惯例，以免由于当地习惯做法，影响安全迅速收汇。

(4) 出口合同应争取按CIF或CIP条件成交，由出口人办理货运保险；在不采用CIF或CIP条件时，也可投保出口信用保险，应投保卖方利益险。

(5) 采用托收方式收款时，要建立健全管理制度，定期检查。及时催收清理发现问题应迅速采取措施，以避免或减少可能发生的损失。

6. 合同中的托收条款

(1) 即期付款交单。在合同中应规定“买方凭卖方开具的即期跟单汇票，于第一次见票时立即付款，付款后交单。”

(2) 远期付款交单。在合同中应规定“买方对卖方开具的见票后某某天付款的跟单汇票，于第一次提示时即予承兑，并应于汇票到期日即予付款，付款后交单。”

(3) 承兑交单。在合同中应规定“买方对卖方开具的见票后某某天付款的跟单汇票，于第一次提示时即予承兑，并于汇票到期日即予付款，承兑后交单。”

阅读案例 5-3

付款交单改为承兑交单致损案

【案情简介】

某外贸公司与某美籍华人客商做了几笔顺利的小额交易后，付款方式为预付，后来客人称销路已经打开，要求增加数量，可是，由于数量太多，资金一时周转不开，提出最好将付款方式改为 D/P At Sight。当时我方提出采用 D/P At Sight。未对客户的资信进行调查就发出了一个 40 英尺货柜的货物，金额为 3 万美元。货物到达目的港后，客户借口资金紧张，迟迟不去赎单。10 天后，各种费用相继发生。考虑到这批货物的花色品种为客户特别指定，拉回来也是库存，便被迫改为 D/A30 天。可是，客户将货提出之后，就再也没有音信。到涉外法律服务处与讨债公司一问才知道，到美国打官司费用极高，于是只好作罢。出口公司应从中吸取哪些教训？

【案例点评】

出口公司要从中吸取教训：①客户在开始时付款及时，后来突然增加数量，要求出口方给予优惠的付款条件如 D/P 远期、D/A 或 O/A，如果出口公司未经调查就答应客户的条件，则会为以后的纠纷埋下隐患。②出口公司在接受客户 D/P 条件后，客户没有付款赎单，反而提出 D/A30 天。出口公司应引起警觉，要考虑到 D/A 的风险与后果。

5.3 信用证付款

信用证支付方式是随着国际贸易的发展，在银行与金融机构参与国际贸易结算的过程中逐步形成的。信用证支付方式把由进口人履行付款责任，转为由银行履行付款，保证出口人安全迅速地收到货款，买方按时收到货运单据。在一定程度上解决了进出口人之间互不信任的矛盾；同时，也为进出口双方提供资金融通的便利。因此，自出现信用证付款以来，这种支付方式发展很快，并在国际贸易中被广泛应用。当今，信用证付款已成为国际贸易中普遍采用的一种主要的支付方式。

5.3.1 信用证的含义

根据国际商会《跟单信用证统一惯例》的解释，信用证是指由银行依照客户的要求和指示或自己主动在符合信用证条款的条件下，凭规定单据可以有以下行为。

(1) 向第三者或其指定的人进行付款或承兑和支付受益人开立的汇票。

(2) 授权另一银行进行该项付款，或承兑和支付汇票。

(3) 授权另一银行议付。

简而言之，信用证是进口商委托银行开立的一种有条件的承诺付款的书面文件。

1. 信用证的特点

(1) 信用证付款是一种银行信用。

(2) 信用证是独立于合同之外的一种自足的文件。

(3) 信用证付款是一种单据的买卖。

2. 信用证的作用

(1) 对出口商的作用：①保证出口商凭单取得货款；②使出口商得到外汇保证；③可以取得资金融通。

(2) 对进口商的作用：①可保证取得代表货物的单据；②保证按时、按质、按量收到货物；③提供资金融通。

5.3.2 信用证方式的当事人

(1) 开证申请人：是指向银行申请开立信用证的人，即进口人或实际买主，在信用证中又称开证人。如银行自己主动开立信用证，此种信用证所涉及的当事人，则没有开证申请人。

(2) 开证银行：是指接受开证申请人的委托，开立信用证的银行，它承担保证付款的责任。开证行一般是进口人所在地银行。

(3) 通知行：是指受开证行的委托，将信用证转交出口人的银行。它只证明信用证的真实性，并不承担其他义务。通知银行是出口人所在地的银行。

(4) 受益人：是指信用证上所指定的有权使用该证的人，即出口人或实际供货人。

(5) 议付银行：是指愿意买入受益人交来的跟单汇票的银行。议付银行可以是指定的银行，也可以是非指定的银行，由信用证的条款来规定。

(6) 付款银行：是指信用证上指定的付款银行。它一般是开证行，也可以是其他指定的另一家银行，根据信用证的规定来决定。

5.3.3 信用证的主要内容及其开立的形式

1. 信用证的主要内容

(1) 对信用证本身的说明。对信用证的说明包括信用证的种类、性质、信用证号码、开证日期、有效期和到期交接地点、交单期限等。

(2) 对汇票的说明。在信用证项下，如使用汇票，要明确汇票的出票人、受票人、收款人、汇票金额、汇票期限、主要条款等内容。

(3) 对装运货物的说明 。在信用证中，应列明货物名称、规格、数量、单价等，且这些内容应与买卖合同规定相一致。

(4) 对运输事项的说明。在信用证中，应列明装运港(地)、目的港(地)、装运期限以及可否分批、转运等项内容。

(5) 对货运单据的说明。在信用证中，应列明所需的各种货运单据，如商业发票、运输单据、保险单及其他单据。

(6) 其他事项。开证行对议付行的指示条款；开证行保证付款的文句；开证行的名称及地址；其他特殊条款，例如限制由某某银行议付、限制船舶国籍和船舶年龄、限制航线和港口等。这些特殊条款根据进口国政治经济情况的变动有所不同。

2. 信用证的开立形式

(1) 信开本。信开本是指开证银行采用印就的信函格式的信用证，开证后以空邮寄送通知行。这种形式现已很少使用。

(2) 电开本。电开本是指开证行使用电报、电传、传真、SWIFT 等各种电讯方法将信用证条款传达给通知行。电开本又可分为以下几种：①简电本；②全电本；③SWIFT 信用证。SWIFT 是“全球银行金融电讯协会”(Society for Worldwide Interbank Financial Telecommunication)的简称。于 1973 年在比利时布鲁塞尔成立，该组织设有自动化的国际金融电讯网，该协定的成员银行可以通过该电讯网办理信用证业务以及外汇买卖、证券交易、托收等。

5.3.4 信用证的种类

信用证根据其性质、期限、流通方式等特点，可以从不同的角度分为以下几种。

1. 跟单信用证和光票信用证

(1) 跟单信用证是指开证行凭跟单汇票或仅凭单据付款的信用证。国际贸易所使用的信用证，绝大部分是跟单信用证。

(2) 光票信用证是指仅凭不附单据的汇票付款的信用证。在采用信用证方式预付货款时，通常是用光票信用证。

2. 不可撤销信用证和可撤销信用证

(1) 不可撤销信用证是指信用证一经开出，在有效期内，未经受益人及有关当事人同意，开证行不得片面修改和撤销，只要受益人提供的单据符合信用证规定，开证行必须履行付款义务。这种信用证对受益人较有保障，在国际贸易中，使用最为广泛。凡是不可撤销信用证，在信用证中应注明“不可撤销”字样，并载有“开证行保证付款”的文句。

(2) 可撤销信用证是指开证行对所开信用证不必征得受益人或有关当事人的同意，有权随时撤销的信用证。凡是可撤销信用证，应在信用证上注明“可撤销”字样，以资识别。这种信用证对出口人极为不利。因此，出口人一般不接受这种信用证。需要指出的是，只要可撤销信用证已被受益人利用，则开证银行的撤销或修改通知，即不发生效力。

鉴于国际上开立的信用证，绝大部分都是不可撤销的，因此，UCP600规定，如信用证中无表明“不可撤销”或“可撤销”的信用证，应视为不可撤销信用证。

3. 保兑信用证和不保兑信用证

(1) 保兑信用证是指开证行开出的信用证，由另一家银行保证对符合信用证条款规定的单据履行付款义务。

信用证的“不可撤销”是指开证行对信用证的付款责任。“保兑”则是指开证行以外的银行保证对信用证承担付款责任。不可撤销的保兑的信用证，则意味着该信用证不但有开证行不可撤销的付款保证，而且又有保兑行的兑付保证。两者都付第一性的付款责任。因此这种有双重保证的信用证对出口人最为有利。

(2) 不保兑信用证是指开证银行开出的信用证没有经另一家银行保兑。当开证银行资信好和成交金额不大时，一般都是用这种不保兑的信用证。

4. 即期付款信用证和延期付款信用证

(1) 即期付款信用证。注明“即期付款兑现”的信用证称为即期付款信用证。此种信用证一般不需要汇票，也不需要领款收据，付款行或开证行只凭货运单据付款。证中一般列有“当受益人提交规定单据时，即行付款”的保证文句。即期付款信用证的付款行通常由指定通知行兼任。其到期日，一般也是以受益人向付款行交单，要求付款的日期。

(2) 延期付款信用证。此种信用证不要求受益人出具远期汇票，因此，必须在证中明确付款时间。由于此种信用证不适用远期汇票，故出口商不能利用贴现市场资金，而只能自行垫款或向银行借款。

5. 承兑信用证

承兑信用证是指由某一银行承兑的信用证，即当受益人向指定银行开具远期汇票并提示时，指定银行即行承兑，并于汇票到期日履行付款。

6. 议付信用证

(1) 公开议付信用证是指开证行对愿意办理议付的任何银行做公开议付邀请和普通付款承诺的信用证，即任何银行均可按信用证条款自由议付的信用证。

(2) 限制议付信用证是指开证行指定某一银行或开证行本身自己进行议付的信用证。

公开议付信用证和限制议付信用证的到期地点都在议付行所在地。这种信用证经议付后，如因故不能向开证行索得票款，议付行有权对受益人行使追索权。

7. 可转让信用证和不可转让信用证

(1) 可转让信用证指信用证的受益人可以要求授权付款、承担延期付款责任、承兑或议付的银行，当信用证是自由议付时，可以要求信用证中特别授权的转让银行，将信用证全部或部分转让给一个或数个受益人合用的信用证。

（2）不可转让信用证是指受益人不能将信用证的权利转让给他人的信用证。凡信用证中未注明“可转让”的，就是不可转让信用证。

8. 循环信用证

循环信用证是指信用证按全部或部分使用后，其金额又恢复到原金额，可再次使用，直至达到规定的次数或规定的总金额为止。

（1）按时间循环信用证。它是指受益人在一定的时间内可多次支取信用证规定的金额。

（2）按金额循环信用证。它是指在信用证金额议付后，仍恢复到原金额，可再使用，直至用完规定的总额为止，包括：①自动式循环使用；②非自动式循环使用；③半自动式循环使用。

9. 对开信用证

对开信用证是指两张信用证的开证申请人互以对方为受益人而开立的信用证。多用于易货交易或来料加工和补偿贸易业务。

10. 对背信用证

对背信用证是指受益人要求原证的通知行或其他银行以原证为基础，另开一张内容相似的新信用证。

11. 预支信用证

预支信用证是指允许受益人在货物装运交单前预支货款的信用证，有全部预支和部分预支两种。

12. 备用信用证

备用信用证是指开证行根据开证申请人的请求对受益人开立的承诺承担某项义务的凭证。开证行保证在开证申请人并未履行其应履行的义务时，受益人只要凭备用信用证的规定向开证行开具汇票(或不开汇票)，并提交开证申请人未履行义务的声明或证明文件，即可取得开证行的偿付。

5.3.5 国际商会《跟单信用证统一惯例》

《跟单信用证统一惯例(Uniform Customs and Practice for Documentary Credits, UCP)》，是国际银行界、律师界、学术界自觉遵守的“法律”，是全世界公认的、到目前为止最为成功的一套非官方规定。70 多年来，160 多个国家、地区的 ICC 和不断扩充的 ICC 委员会持续为 UCP 的完善而努力工作着。

大家熟悉并使用了 13 年的 UCP500 已经退出历史舞台。取而代之的是顺应时代变迁、顺应科技发展的 UCP600。UCP600 于 2007 年 7 月 1 日正式实施生效，这是 UCP 自 1933 年问世后的第六次修订版。

阅读案例 5-4

不可撤销信用证支付方式下单证不符案

【案情简介】

美国某客户向我国进口一批机电产品，美国花旗银行应该客户的要求开立了一份不可撤销自由议付信用证，出口地为上海，议付银行为中国银行上海分行，信用证规定单证相符后，议付行可向美国花旗银行纽约分行索偿。中国银行上海分行议付了该笔单据，并在信用证有效期内将单据交开证行，即时向其纽约分行索汇，5 天后议付行收回款项。第二天开证行来电提出单据有不符点，要求退款。议付行经研究核实，确定本行无误，该不符点成立，但又从受益人得知开证人未用提单将货物取走，且受益人持有该批货物通关的证明。试问：议付行是否可以持受益人提交的货物通关单据回复开证行，拒绝退款？并说明理由。

【案例点评】

议付行不能持受益人提交的通关证据回复开证行拒绝退款。因为：①信用证业务处理的是单据，单据不符，开证行有权拒付货款；②开证人未用提单将货物提走，开证行没有过错，因此议付行应向受益人追索货款，并退款给开证行。至于受益人，可以通过其他法律途径，向开证行及有关的责任方追索货款；③偿付行是信用证指定的代开证行向议付行或付款行清偿垫款的银行，它的偿付不视作开证行终结性付款，因为偿付行并不审核单据，不负单证不符的责任，因此开证行在见单后发现单证不符时，可以向议付行追回已经付讫的款项。

阅读案例 5-5

进口商未开信用证欺诈案

【案情简介】

中国某公司在广州交易会期间，曾按信用证付款方式及 CFRC5 Tripoli 价格条件出售一批纺织品给利比亚某商人。合同签订后，因卖方未能按时装船，致使来证过期，卖方即要求买方将该证展期。买方复电称："证展期已办。"卖方在未收到修改通知书情况下，即将货物发至香港候转二程船，同时再次催促对方速办改证手续，买方复电："证展期 12 月 31 日，请查。"卖方信以为真，便一边通知香港船公司继续中转，一边向银行查找展期修改书。由于买方声称展期纯属谎言，故展证修改书始终未到，致使货运单据寄往开证行时被拒付。当时，卖方为收回这批货款，便轻易同意更改托收方式，凭信托收据提货。于是开证行据此通知便将单据放给买方提货。买方提货后，却仍不付款，后经反复交涉竟长达 3 年之久，毫无结果。最后，买方逃之夭夭，开证行也不负追查责任，致使卖方遭受钱、货两空的损失。试问：通过本案我们应该吸取哪些教训？

【案例点评】

通过本案我们应当吸取下列教训。

(1) 对外交往时，要注意对方的资信情况，防止盲目从事。本案合同项下的买方，经营作风不好，签约前，对其缺乏了解，履约当中又失去警惕。货到目的港后，当买方的展证谎言被戳穿时，卖方应当识破其嘴脸，不应当再继续上当受骗，使其诈骗活动终于得逞。

(2) 卖方经办人员的专业水平与处理实际问题的能力有待提高。本案合同项下的交易是采用信用证付款方式，信用证付款的性质是银行信用，其特点是凭单付款和凭单提货。当货运单据遭到开证行拒付时，卖方应指示银行控制单据，并指定可靠的代理人处理到货事宜，而不应当轻易改变付款方式。

(3) 卖方经办人员风险意识应当加强。众所周知，托收的性质为商业信用，其风险较大，特别是托收项下凭信托收据借单提货的风险很大。托收项下凭信托收据借单提货，一般是代收行应买方的要求向其融通资金的一种方式，如事后收不回货款，其风险由银行承担。如果是卖方授权代收行接收 T/R 运单，事后收不回货款的风险，则全由卖方承担，而与银行无关。

可见，本案卖方由于缺乏风险意识，其承担的风险实际上与按 D/A 成交无异。

5.4 银行保函

5.4.1 银行保函的含义及其性质

保函(L/G)又称保证书，是指银行、保险公司、担保公司或个人应申请人的请求，向第三方开立的一种书面信用担保凭证。通常可分为两种：从属性保函和独立性保函(见索即付保函)。前者是基础合同的附属性契约，其法律效力随合同的存在而存在，银行承担第二性的付款责任。后者根据基础合同开出，但一经开出即与基础合同分离，银行承担第一性的付款责任，凭受益人提交的书面索赔要求赔付。国际结算中的银行保函通常使用见索即付保函，适用的国际惯例是国际商会制定的《见索即付保函统一规则》(Uniform Rules for Demand Guarantee Publication 758，URDG758)。

5.4.2 银行保函的当事人

1. 主要当事人

(1) 申请人。申请人又称委托人，即向银行提出申请，要求银行开立保函的一方。其主要责任是履行合同的有关义务，并在担保人履行担保责任后向担保人补偿其所作的任何支付。

(2) 受益人。受益人即收到保函并有权按保函规定的条款凭此向银行提出索赔的一方。受益人的责任是履行其有关合同的义务。

(3) 担保人。担保人又称保证人，即开立保函的银行。担保人的责任是在收到索赔书和保函中规定的其他文件后，认为这些文件表面上与保函条件一致时，即支付保函中规定数额的经济赔偿。

2. 其他当事人

(1) 通知行，又称转递行，即根据开立保函的银行的要求和委托，将保函通知给受益人的银行。通常为受益人所在地的银行。

(2) 保兑行，又称第二担保人，即根据担保人的要求在保函上加以保兑的银行。保兑行通常为受益人所在地信誉良好的银行。

(3) 转开行，即指接受担保银行的要求，凭担保人的反担保向受益人开出保函的银行。转开行通常是受益人所在地银行。

（4）反担保人，即为申请人向担保银行开出书面反担保函的人。

5.4.3 银行保函的主要内容

1. 有关当事人

保函中应详列主要当事人，即申请人、受益人、担保人的名称和地址。保函如涉及通知行或转开行，还应列明通知行或转开行的名称和地址。

2. 开立保函的依据

开立保函的依据是基础合同，应列明合同或标书等协议的号码、日期。

3. 担保金额和金额递减条款

担保金额是保函内容的核心，每份保函都必须明确规定一个明确的金额。担保人仅依据保函所规定的金额向受益人负责，其责任不超过保函所规定的金额。

4. 要求付款的条件

担保人在收到索赔书或保函中规定的其他文件后，认为这些文件表面上与保函条款一致时，即支付保函中规定的款项，如果这些文件表面上不符合保函条款要求，或文件之间表面上不一致时，担保人可以拒收这些文件。

保函项下的任何付款要求均应以书面作出，保函规定的其他文件也应是书面的。

5. 保函失效日期或失效时间

在保函中应规定保函失效日期。如未规定，当保函退还担保人，或受益人书面声明解除担保人的责任，则认为该保函已被取消。

6. 保函所适用的法律条款

保函的适用法律是担保人营业所在地的法律，如果担保人有数处营业场所，其适用法律为出具保函的分支机构所在地的法律。

在我国担保业务中，对外保函的法律适用问题有两种情况：①如果申请人是境内机构，而受益人是外国或中国港澳地区的银行、企业等，境内担保人所提供的保函一般应适用中国的法律；②如果申请人是境外机构，而受益人是外国或中国港澳地区的银行、企业或其他经济组织，境内担保人所提供的外汇担保就不一定非适用中国的法律不可，也可酌情选择他国法律。

5.4.4 银行保函的种类

1. 履约保函(Performance Guarantee)

在一般货物进出口交易中，履约保函又可分为进口履约保函和出口履约保函。

(1) 进口履约保函是指担保人应申请人(进口人)的申请开给受益人(出口人)的保证承诺。保函规定，如出口人按期交货后，进口人未按合同规定付款，则由担保人负责偿还。这种履约保函对出口人来说，是一种简便、及时和确定的保障。

(2) 出口履约保函是指担保人应申请人(出口人)的申请开给受益人(进口人)的保证承诺。保函规定，如出口人未能按合同规定交货，担保人负责赔偿进口人的损失。这种履约保函对进口人有一定的保障。

2. 还款保函(Repayment Guarantee)

还款保函又称预付款保函或定金保函。是指担保人应合同一方当事人的申请，向合同另一方当事人开立的保函。保函规定，如申请人不履行他与受益人定立的合同中的义务，不将受益人预付或支付的款项退还或还款给受益人，担保人向受益人退还或支付款项。

例如，在成套设备及大型交通工具(飞机、轮船)的交易中，通常采用带有预付定金性质的分期付款或延期付款。在这种交易中，出口人为了确保进口人一定购买货物，以免在其备货后借故不要该货物而使其遭受损失，故在交货前要求进口人支付一定比例的合同金额货款作为定金。与其相反，进口人为确保支付了定金后，能收到符合合同规定的货物，也要求出口人提供一份由银行出具的退款保函，保证如出口人不履行合同或未能按合同规定发货，出口人或担保银行将及时偿还进口人已预付款项的本金及所产生的利息。

除上述两种保函外，还可根据其他功能和用途的不同，分为其他种类的保函，如：投标保函、补偿贸易保函、来料加工保函、技术引进保函、维修保函、融资租赁保函、借款保函等。

5.5 各种支付方式的选用

为保证安全、迅速收取外汇，加速资金周转，促进贸易的发展，进、出口双方可以选择对自己有利的支付方式。在实际业务中，除采用某一种支付方式外，有时，也可以将各种不同的支付方式结合起来使用，如将信用证与汇付、托收以及备用信用证、银行保证书等结合使用。在成交金额大、交货时间长的成套设备、飞机、船舶等运输工具的交易中，还可以结合使用分期付款、延期付款的支付做法。

5.5.1 信用证与汇付相结合

这是指部分货款用信用证支付，余数用汇付方式结算。例如，对于矿砂等初级产品的交易，双方约定：信用证规定凭装运单据先付发票金额若干成，余数待货到目的地后，根据检验的结果，按实际品质或重量计算出确切的金额，另用汇付方式支付。

5.5.2 信用证与托收相结合

这是指部分货款用信用证支付，余数用托收方式结算。一般做法是信用证规定出口人开立两张汇票，属于信用证部分的货款凭光票付款，而全套单据附在托收部分汇票项下，按即期或远期付款交单方式托收。这种做法，对进口人来说，可减少开证金额，少付开证押金，少垫资金；对出口人来说，因有部分信用证的保证，且信用证规定货运单据跟随托收汇票，开证银行须将全部货款付清后才能向进口人交单，因此，收汇比较安全。在实践中，为了防止开证银行在未收妥全部货款前即将货运单据交给进口人，要求信用证必须注明“在全部付清发票金额后方可交单”的条款。在出口合同中也应规定相应的支付条款，以明确进口人的开证和付款责任。出口合同如使用部分信用证、部分托收的做法，合同中通常要订明支付条款，如：“买方须在装运月份前××天送达卖方不可撤销信用证，规定××%发票金额凭即期光票支付，其余××%金额用即期跟单托收方式付款交单。全套货运单据附于托收项下，在买方付清发票的全部金额后交单。如买方不能付清全部发票金额，则货运单据须由开证行掌握，凭卖方指示处理。”

5.5.3 托收与备用信用证或银行保证书相结合

跟单托收对出口人来说，有一定风险。如在使用跟单托收时，结合使用备用信用证或银行保证书，由开证银行进行保证，则出口人的收款就能基本得到保障。具体做法是，出口人在收到符合合同规定的备用信用证或银行保证书后，就可凭光票与声明书向银行收回货款。

采用这种方式时，通常应在出口合同中订入相应的支付条款。举例如下。

(1)“凭即期付款交单方式支付全部发票价值。代收银行须无迟延地用电传向托收银行发出付款通知。装船前，需由一家信誉卓著的银行开立一份金额为×××美元以卖方为受益人的不可撤销备用信用证，规定凭光票和随附的一份书面声明付款；在该声明中注明买方在代收银行提出跟单汇票后5天内按20××年×月×日第××号合同履行付款义务。”

(2)“即期付款交单付款，并以卖方为受益人的总金额为×××的银行保证书担保。银行保证书应载有以下条款：如×××号合同项下跟单托收的汇票付款人不能在预定日期付款，受益人有权在本银行保证书项下凭其汇票连同一份列明×××号合同的款项与被拒付的声明书支款。”

在使用这种结算方式时，备用信用证和银行保证书的有效期必须晚于托收付款期限后一定时间，以便被拒付后能有足够时间办理追偿手续。出口人在办理托收手续时，还应在托收申请书中明确规定，在发生拒付时，要求托收银行请代收银行立即用电报或电传通知，以免耽误，造成备用信用证或银行保证书失效，以致失去追索权利。

5.5.4 汇付、托收、信用证三者相结合

在成套设备、大型机械产品和交通工具的交易中，因为成交金额较大，产品生产周期较长，一般采取按工程进度和交货进度分若干期付清货款，即分期付款和延期付款的方法，一般采用汇付、托收和信用证相结合的方式。

(1) 分期付款(Pay by Instalments)。买卖双方在合同中规定，在产品投产前，买方可采用汇付方式，先交部分货款作为订金，在买方付出订金前，卖方应向买方提供出口许可证影印本和银行开具的保函。除订金外，其余货款，可按不同阶段分期支付，买方开立不可撤销的信用证，即期付款，但最后一笔货款一般是在交货或卖方承担质量保证期满时付清。货物所有权则在付清最后一笔货款时转移。在分期付款的条件下，货款在交货时付清

或基本付清。因此，按分期付款条件所签订的合同是一种即期合同。

(2) 延期付款(Deferred Payment)。在成套设备和大宗交易的情况下，由于成交金额较大，买方一时难以付清全部货款，可采用延期付款的办法。其做法是，买卖双方签订合同后，买方一般要预付一小部分货款作为订金。有的合同还规定，按工程进度和交货进度分期支付部分货款，但大部分货款是在交货后若干年内分期摊付，即采用远期信用证支付。延期支付的那部分货款，实际上是一种赊销，等于是卖方给买方提供的商业信贷，因此，买方应承担延期付款的利息。在延期付款的条件下，货物所有权一般在交货时转移。

(3) 分期付款与延期付款的区别。采用延期付款，其做法虽与分期付款类似，但两者有所不同，主要区别有以下几个。

① 货款清偿程度不同。采用分期付款，其货款是在交货时付清或基本付清；而采用延期付款时，大部分货款是在交货后一个相当长的时间内分期摊付。

② 所有权转移时间不同。采用分期付款时，只要付清最后一笔货款，货物所有权即行转移；而采用延期付款时，货物所有权一般在交货时转移。

③ 支付利息费用不同。采用分期付款时，买方没有利用卖方的资金，因而不存在利息问题；而采用延期付款时，由于买方利用卖方的资金，所以买方需向卖方支付利息。

延期付款是买方利用外资的一种形式，一般货价较高。因此，在按延期付款条件签订合同时，应结合利息、费用和价格等因素进行考虑，权衡得失，然后作出适当抉择。

阅读案例 5-6

错误认可反担保单位致损案

【案情简介】

某年，中国甲公司拟向国外B银行借款774亿日元用于支付进口设备款项。国外银行的贷款条件是，必须由金融机构出具借款担保。为此，甲公司找到了A银行，并向其提供了当地省建委出具的反担保。A银行经审查无误后，便对外出了不可撤销的借款保函。在贷款期内，企业因经营不善，出现亏损，支付了第一期本金和利息，余下的几期无力偿还。国外银行便根据保函向担保银行索赔。担保银行找到反担保单位要求索赔，可省建委是政府机关，本身不具备经济实力。经过再三交涉仍无法解决，为了维护银行的信誉，A银行不得已向贷款行B银行垫付了到期应付的本息。可是剩余的还款仍无着落。为了避免遭受更大的损失，A银行要求甲公司与其签订设备抵押合同，并要求甲公司把全部设备抵押给银行，但尽管如此，受汇率变化等因素的影响，抵押物的价值也弥补不了银行对外所承担的债务。从本案例中我们应该吸取什么教训？

【案例点评】

本案例的担保行之所以处于如此被动的局面，关键是没有抓住适当的反担保，根据最高人民法院规定，政府部门出具的担保不具有法律效力。再说，政府部门也没有经济实力来承担这样的负债。另外，银行对企业的生产能力与经营风险没有作好科学的预测，致使企业亏损后，无力偿还国外借款。还有一个问题就是汇率的风险。企业向国外银行借的是日元，而在国内银行进行业务结算用的是美元。这样，美元贬值、日元升值都会给企业带来汇率上的风险，甚至是双重的汇率风险。

今后在处理保函业务过程中应注意：①银行在开立保函时，应切实对企业的各方面情况进行全面审查，并调查市场行情，严格落实反担保。②财产抵押协议应该在出具担保以前签订，而不应该在项目出现问题时才想到补签，否则，银行将承担更大的风险。③在办理多种货币的担保义务时，应考虑到国际市场行情，考虑到汇率风险，并采取相应的补偿措施。④银行应加强担保项目的后期管理，特别是对金额较大的项目，更应时常了解进展情况，及时发现问题并予以解决，不要等到出了问题再补救。

阅读资料

西联汇款、MoneyGram、PayPal 及银行卡收付款通道

西联汇款和 MoneyGram 是全球最快的两种汇款方式，手续简单，方便快捷，几分钟内收款人即可如数收到汇款，在以个人为单位的小额交易上得以广泛应用。

1. 西联汇款

西联汇款是西联国际汇款公司(Western Union)的简称，是世界上领先的特快汇款公司，迄今已有150 年的历史，是美国财富五百强之一的第一数据公司(FDC)的子公司。西联公司拥有全球最大最先进的电子汇兑金融网络，代理网点遍布全球近 200 个国家和地区，拥有超过 382 000 个合作网点，代理点包括银行、邮局、外币兑换点、火车站和机场。2001 年 8 月底，西联汇款与中国邮政、中国农业银行达成协议，成为除银行外另一种跨境汇款的途径。

西联汇款中国网址为 www. westernunion. cn。

(1) 汇款手续有以下几个。

① 汇款人前往附近的西联汇款代理网点，填写发汇单。

② 将填妥的表格及款项递交网点柜台办理。

③ 汇款办理完毕，收妥发汇单，并将汇款信息及汇款监控号码(Money Transfer Control No.)告知收款人。若汇款人预留收款人的验证身份问题(验证身份问题视同取款密码)，应一并告知收款人。

(2) 收款手续有以下几个。

① 收款人接到汇款人通知后，认明西联汇款标识，前往附近的西联汇款代理网点办理领汇手续，取款时，填写收汇单，出示本人有效身份证件，交网点柜台办理。

② 收款人领取西联汇款，必须本人亲收，不得委托他人代领。

西联汇款有额度限制，发汇限额根据双方所在国家或地区中的外汇管理政策兑付限额的规定执行，详情须咨询当地银行。

2. MoneyGram

MoneyGram 中文称为速汇金，是速汇金公司推出的个人环球快速汇兑业务。速汇金公司是全球最大的汇款服务公司之一，是由美国速汇金支付系统公司与通济隆集团于 1997 年成立的合营企业，在全球超过 150 个国家拥有多达 50 000 个网点，在 165 个国家拥有 60 000 个代理商，其设在美国丹佛市的业务交易清算中心负责提供 24h 的客户服务，确保款项安全、准确，个人至个人之间的环球汇款大约 10min 能完成。其优点主要是可靠的汇款系统，无须银行账户及免费信息，竞争对手包括西联汇款和 Xoom。MoneyGram 在中国已经有 10 年的历史，合作伙伴有工商银行、交通银行、中信银行、兴业银行、中国银行等金融机构。

MoneyGram(速汇金)网址为 www. moneygram. com 或 www. suhuijin. cn。

(1) 使用 MoneyGram(速汇金)向国内商家付款的手续有以下几个。

① 客户所在地有 MoneyGram(速汇金)代理点。

② 速汇金业务的网点业务人员，按客户提出的汇款取款地，查询当地是否有速汇金代理网点，确认该笔汇款在取款地区有业务代理机构方可受理。

③ 客户提交身份证明材料，填写速汇金汇款表格，汇款表格内容应完整。

④ 代理点对汇款表格及相关身份证件进行审核。

⑤ 代理点工作人员收妥汇款款项和汇款手续费后，进行交易处理，交易完成后，将系统自动生成的交易参考号码和相关信息填入汇款表格，在复核后将表格第二联及收费凭证等交客户作为收据。

⑥ 国外客户可以将汇款表格传真给收款人(国内商家)或将其中的交易号码等要素电话通知收款人，以便收款人在当地办理取款手续。

西联汇款和 MoneyGram 方快捷，使用时应注意以下问题。

(1) 我国是外汇管制国家，国外公司给国内公司汇款需要有汇款的理由，不能随便汇款。MoneyGram 更限定为个人之间的汇款业务。

(2) 收付双方只需提供姓名、汇款密码、地址、电话，不需要提供银行信息。提供姓名注意名字(First Name)和姓(Last Name)要分别写清楚，不能颠倒，否则不能取款。譬如张磊的名字(First Name)是“Lei”，姓(Last Name)是“Zhang”。

(3) 双方在通知过程中应注意汇款信息的保密，如验证身份问题、汇款监控号码(MTCN)等。

(4) 需慎防贸易诈骗行为。由于资金是瞬间到达，西联汇款和 MoneyGram 被一些国际欺诈人所利用，买方付款后无法取得货物的事件时有发生，也难以顺利追讨。为从制度上杜绝贸易诈骗情况发生，以 eBay 为首的电子商务平台不允许使用西联汇款。

3. PayPal

PayPal 是国际上最主要的网络支付方式，由 PayPal 公司于 1998 年开发，让个人或企业通过电子邮件，安全、简单、便捷地实现在线支付和接收款项，避免了传统的邮寄支票或者汇款的方法。PayPal 公司和一些电子商务网站合作，成为它们的货款支付方式之一，并收取一定数额的手续费。PayPal 于 2000 年起在其他国家扩充业务，计价货币也扩增美元以外的其他币种。2002 年 10 月，全球最大拍卖网站 eBay 以 15 亿美元收购 PayPal 公司，PayPal 账户便成了 eBay 的主要付款途径之一。

PayPal 以安全的网络电子账户著称，账户具有集成的高级管理功能，商户掌控每一笔交易详情，有效降低网络欺诈案件的产生。在 eBay 跨国贸易中，PayPal 提供一站式支付方案，集国际流行的信用卡、借记卡、电子支票等支付方式于一身。

PayPal 官方中文注册网址为 www.paypal.com。

(1) PayPal 的优势。

具体来说，PayPal 的优势主要体现在以下几方面。

① 全球用户广。在全球有超过 141 000 000 个用户，目前已实现在 23 种币种间进行交易。

② 品牌效应强。在欧美普及率极高，是全球在线支付的代名词，拥有强大的品牌优势。

③ 资金周转快。独有的即时支付、即时到账的特点，将账户内款项转账至国内的银行账户最短需 3 天。

④ 安全保障高。完善的安全保障体系，丰富的防欺诈经验，风险损失率仅为 0.27%，不到使用传统交易方式的 1/6。

⑤ 使用成本低。申请无需付月费，发生交易转账时收取手续费，费率较传统方式低 50%。

(2) PayPal 有 3 种不同类型的账户，分别是：个人账户(Personal Account)；高级账户(Premier Account)和企业账户(Business Account)，见表 5-1。

表 5-1 个人账户、高级账户和企业账户的用途及说明

账户类型	账户用途	账户说明
个人账户	适合买家，用于个人用途的小额交易	a. 完全免费 b. 不能接收来自信用卡的付款

续表

账户类型	账户用途	账户说明
高级账户	适合卖家，用于个人商品交易收款	a. 可以接收来自信用卡的付款 b. 进行跨国交易的卖家使用最广泛的账户
企业账户	适合商家，便于账户管理	a. 具备高级账户的所有功能 b. 支持多用户权限分配功能，方便账户管理和维护

(3) 使用PayPal需注意以下的问题。

① 买卖双方均需注册有PayPal账户才能交易，交易需付手续费。

② 在中国提现不方便，每次提取现金需付费35美元。

③ PayPal对买家进行有力的保护，也就是对卖家的要求十分严格，如有买家投诉，卖家的账号很可能被冻结。美国的买家喜欢用PayPal则有另外的原因，因为PayPal的信用体系是相对独立的，PayPal账号与信用卡虽然相关联，但交易中发生的拒付却与信用卡无关，不会影响到银行信用记录，这就增加了买家投诉拒付，令卖家账户被冻结的风险。

④ PayPal在中国的网络支付服务品牌为PayPal贝宝，由PayPal公司与上海网付易信息技术有限公司合作，为中国市场定做。PayPal和PayPal贝宝实际上是两个相互独立的系统，PayPal贝宝使用人民币作为唯一的支付货币，由于外汇管制等原因，PayPal贝宝只跟中国国内的银行系统接轨，并不能用作国际支付，从事跨国交易仍需使用PayPal。

4. 银行卡收付款通道

银行卡收付款一般用于1 000美元以下的小额外贸业务，多见于网店零售。银行卡中尤以国际信用卡的使用占优。根据奥列马咨询公司(Auriemma Consulting Group)发布的2010年6月用户调查数据显示，信用卡、eBay、借记卡的用户使用率依次分别为70%、39%和37%，其中信用卡成为欧美第一大网上购物支付方式。

银行卡收付款通道就是为独立的外贸电子商务网店安装的一个收款网关接口。国外的买家使用银行卡进行消费付款，卖家可以通过国际信用卡收款通道即时查询自己的收款情况，再进行下一个交易步骤。这就需要银行卡收单服务公司提供的第三方支付平台，一种类似于网银的支付网关对支付网关的模式，国内有名的国际信用卡收款通道有上海ECPSS公司的e汇通和广州双乾支付公司的95epay等。

(1) 近年来银行卡收付款通道在我国的发展十分迅速，主要是受到以下因素影响。

① 收付款通道网关接口安装简单，技术普及性强。第三方支付平台开发了多种程序接口，如zen-cart. oscommerce. magento. ecs} lop. JSP、ASP、PHP、NET等。资金安全，有风险控制系统，与银行及国际卡组织进行实时交易数据安全对比。

② 买卖双方无须像PayPal一样注册账号，使用简单。支付流程中系统自动生成支付信息抛送，持卡人在支付页面只需填写卡号等简单信息即可支付。卖家发货方便快捷，系统能提供发货信息、物品信息。

③ 手续费低，提现方便且无费用，直接结算人民币无外汇管制，规避汇率风险，支持部分退款。

④ 潜在使用者多，在国外，信用卡持有者比PayPal拥有者多，国外买家习惯使用信用卡进行现场或网络消费，使用信用卡收付款通道形成一种趋势。

(2) 使用银行卡收付款通道需要注意以下问题。

① 了解对方的支付习惯，熟悉当地主要信用卡的使用情况。

② 区分非3D卡和3D卡(需验证)的使用。

③ 选好银行卡收付款通道平台，提高支付成功的比例。

本章小结

本章首先介绍了汇票、本票和支票的含义与种类，在此基础上引出各种支付方式，即汇付、托收和信用证等以及，各种支付方式的选用方法，重点是托收和信用证的性质、特点与作用以及各种信用证的含义。最后介绍了银行保函的含义及其性质。

习题

一、填空题

1. 进出口业务中，M/T表示____________。
2. 循环信用证通常在__________情况下采用。
3. 国际货物买卖中，将票据权利转让给他人的行为是__________。
4. 由开证银行保证在开证申请人未履行其义务时向受益人偿付的信用证是__________。
5. 持票人将汇票提交付款人的行为是____________。
6. 受益人开立远期汇票，但可通过贴现即期足额收款的信用证是____________。
7. 国际货物买卖中，商业发票的抬头是__________。
8. 通过汇出行开立的银行汇票的转移实现货款支付的汇付方式是__________。
9. 我国中国银行签发的汇票有效期大都规定为__________年。
10. 信用证方式下，愿意买入受益人交来的跟单汇票的银行是____________。

二、单项选择题

1. 信用证支付方式实际上把进口人履行的付款责任转移给(　　)。

A. 出口人　　B. 银行　　C. 供货商　　D. 最终用户

2. 在合同规定的有效期，负有开立信用证义务的交易方为(　　)。

A. 卖方　　B. 买方　　C. 开证行　　D. 议付行

3. 我国某公司与外商签订一份CIF出口合同，以L/C为支付方式。国外银行开来的信用证中规定："Latest shipment 31st，May，L/C validity till 10th，June。"我方加紧备货出运，于5月21日取得副收据，并换回正本已装船清洁提单，我方应不迟于(　　)向银行提交单据。

A. 5月21日　　B. 5月31日　　C. 6月10日　　D. 6月11日

4. 信用证规定到期日为2011年5月31日，而未规定最迟装运期，则可理解为(　　)。

A. 最迟装运期为2011年5月10日　　B. 最迟装运期为2011年5月16日

C. 最迟装运期为2011年5月31日　　D. 该信用证无效

5. 采用L/C，D/P，D/A三种支付方式结算货款，就卖方的收汇风险而言，从小到大依次排序为(　　)。

A. D/P，D/A，L/C　　B. D/A，D/P，L/C

C. L/C，D/P，D/A　　D. D/P，L/C，D/A

6. 汇票根据(　　)不同，分为银行汇票和商业汇票。

A. 出票人　　B. 付款人　　C. 收款人　　D. 承兑人

7. 某公司签发一张汇票，上面注明“at 90 Days After Sight”这张汇票为(　　)。

A. 即期汇票　　B. 光票　　C. 远期汇票　　D. 跟单汇票

8. 若信用证未规定汇票付款人名称，则可理解为付款人是(　　)。

A. 开证行　　B. 议付行　　C. 偿付行　　D. 开证申请人

9. 在其他条件相同的前提下，(　　)的远期汇票对收款人最有利。

A. 出票后30天付款　　B. 提单签发后30天付款

C. 见票后30天付款　　D. 货到目的港后30天付款

10. 出口人开具的汇票，如遭付款人拒付时(　　)。

A. 开证行有权行使追索权　　B. 保兑行有权行使追索权

C. 议付行有权行使追索权　　D. 付款行有权行使追索权

11. 国外开来的可撤销信用证规定，汇票的付款人为开证行。货物装船完毕，开证行没有撤销信用证，但出口人闻悉申请人已破产倒闭，则(　　)。

A. 由于付款人破产，货款将落空

B. 开证行闻悉申请人破产后，即使货已装船，仍可撤销信用证，受益人未能取得货款

C. 只要单证相符，受益人仍可从开证行取得货款

D. 待付款人财产清算后方可收回货款

12. 中国香港某公司出售一批商品给美国ABC公司，美国银行开来一份不可撤销信用证，中国香港某银行按该公司委托，将信用证转让给中国内地某进出口公司，如信用证内未对转让费用作明确规定，按惯例应由(　　)。

A. 中国内地某进出口公司负担　　B. 中国香港某公司负担

C. 美国ABC公司负担　　D. 中国香港某银行负担

三、多项选择题

1. 对出口单据，要求做到两个一致，即(　　)。

A. 单单一致　　B. 单证一致

C. 证证一致　　D. 出口单据与出口合同一致

2. 对汇票的收款人承担保证汇票被承兑和付款的责任的汇款当事人是(　　)。

A. 出票人　　B. 受票人　　C. 背书人

D. 受让人　　E. 前手

3. 出口商必须在付清货款后才能取得货运单据，这种结算方式是(　　)。

A. 光票托收　　B. 即期付款交单　　C. 远期付款交单

D. 付款交单凭信托收据借单　　E. 承兑交单

4. 一份信用证的基本内容，其中要在受益人提供的单据中表示出来的项目有(　　)。

A. 对信用证本身的说明　　B. 对货物的要求

C. 对运输的要求　　D. 对单据的要求

E. 特殊要求

5. 进出口业务中，退票行为主要有(　　)。

A. 拒绝承兑　　B. 拒绝付款　　C. 付款人不见汇票

D. 付款人死亡　　E. 付款人宣告破产

6. 在信用证项下，如使用汇票应明确(　　)。

A. 出票人　　B. 受票人　　C. 汇票金额

D. 汇票期限　　E. 主要条款

7. 进出口业务中，托收申请书的主要内容包括(　　)。
   A. 委托具体事项　B. 委托人责任范围　C. 各当事人之间关系
   D. 提示行责任范围　E. 托收银行责任范围
8. 一张汇票，可以是一张(　　)。
   A. 即期汇票　B. 跟单汇票　C. 商业汇票
   D. 银行承兑汇票　E. 支付承诺
9. 一般情况下，银行保证书的主要当事人有(　　)。
   A. 委托人　B. 受益人　C. 保证人
   D. 开证行　E. 议证人
10. 在国际贸易中经常使用的保值条款有(　　)。
   A. 黄金保值条款　B. 汇率保值条款　C. 价格调整条款
   D. 货币保值条款　E. "一揽子汇率"保值条款

四、判断题

1. 一张可撤销的信用证，无论在什么情况下，都可以撤销。(　　)
2. 保兑信用证中的保兑行对保兑信用证负第一性的付款责任。(　　)
3. 若错过了信用证有效期到银行议付，受益人只要征得开证人的同意，即可要求银行付款。(　　)
4. 根据 UCP600 的规定，议付是指议付行对汇票和(或)单据付出对价。只审单而不付出对价，不能构成议付。(　　)
5. 汇付是付款人主动通过银行或其他途径将款项交收款人的一种支付方式，因此属于商业信用，而托收通常称为银行托收，因而它属于银行信用。(　　)
6. 只有银行承兑汇票才可在贴现市场上贴现。(　　)
7. 出口商采用 D/A30 天比采用 D/P30 天承担风险要大。(　　)
8. 信用证是一种银行开立的无条件承诺付款的书面文件。(　　)
9. 光票信用证是指开证行不需凭任何单据就履行付款责任的信用证。(　　)
10. 汇票经背书后，使汇票的收款权利转让给被背书人，被背书人若日后遭遇拒付可向前手行使追索权。(　　)

五、名词解释

1. 汇票　2. 信用证　3. 背书　4. 贴现　5. 托收
6. 不可撤销　7. D/P · T/R　8. 电汇　9. 假远期信用证　10. 可转让信用证

六、简答题

1. 按《中华人民共和国票据法》规定，有效汇票必须记载哪些事项？
2. 什么是分期付款？其具体做法是什么？
3. 什么是延期付款？其具体做法是哪些？
4. 简述假远期信用证、一般远期信用证和即期信用证的主要区别。
5. 信用证支付条款的主要内容是什么？
6. 信用证结算有何优越性？
7. 托收有何特点？
8. 信用证开证时间的规定方法有哪些？

七、案例分析

1. 我方某公司进口一批钢材，货物分两批装运，支付方式为不可撤销即期 L/C，每批分别由中国银行开立一份 L/C。第一批货物装运后，卖方在有效期内向银行交单议付，议付行审单后即向该行议付货款，随后中国银行对议付行作了偿付，我方在收到第一批货后发现货物品质不符合同，因而要求开证行对第二份 L/C 中的单据拒付货款，但遭到开证行拒绝。问：开证行这样做是否有理？

2. 某省公司一位业务员与国外客户商定，货款的结算使用美元电汇支付。货物发出后十余天，该公司业务员收到客户电汇付款的银行收据传真件，当即书面指示船公司将货物电放(凭提单正本影印件提货)给提单上的通知人，客户将货提走，货款却未到账。经查客户在银行办理了电汇付款手续，取得了银行收据，马上传真给卖方，并要求立即电放货物，在拿到卖方给船公司的电放指示附件后，即去银行撤销了这笔电汇付款，造成了该公司 8 万美元的损失。请分析国际货款结算涉及的问题以及准确选用合适的结算方式的重要性。

3. 某年 10 月，法国某公司(卖方)与中国某公司(买方)在上海订立了买卖 200 台电子计算机的合同，每台 CIF 上海 1 000 美元，以不可撤销信用证支付，并于 12 月马赛港交货。

同年 11 月 15 日，中国银行上海分行(开证行)根据买方指示向卖方开出了金额为 20 万美元的不可撤销信用证，委托马赛的一家法国银行通知并议付此信用证。12 月 20 日，卖方将 200 台计算机装船并获得信用证要求的提单、保险单、发票等单证后，即到该法国议付行议付。经审查，单证相符，银行即将 20 万美元支付给卖方。与此同时，载货船离开马赛港 10 天后，由于在航行途中遇上特大暴雨和暗礁，货物与货船全部沉入大海。此时开证行已收到了议付行寄来的全套单据，买方也已知所购货物全部损失的消息。中国银行上海分行拟偿付议付行支付的 20 万美元的货款，理由是其客户不能得到所期待的货物。问：①这批货物的风险自何时起由卖方转移给买方？②开证行能否由于这批货物全部灭失而免除其所承担的付款义务？依据是什么？③买方的损失如何得到补偿？

4. 某进出口公司于 5 月 23 日接到一张国外开来的信用证，信用证规定受益人为该进出口公司(卖方)，申请人为 E 贸易有限公司(买方)。信用证对装运期和议付有效期条款规定："Shipment must be effected not prior to 31st May，2009. The draft must be negotiated not later than 30th June，2009."

进出口公司发现信用证装运期太紧，23 日收到信用证，31 日装运就到期。因此有关人员即于 5 月 26 日(24 日和 25 日系双休日)按装运期 5 月 31 日通知储运部安排装运。储运部根据信用证分析单上规定的 5 月 31 日装运期即向货运代理公司配船。因装运期太紧，经多方努力才设法商洽将其他公司已配上的货退载，换上该进出口公司的货，勉强挤上有效的船期。进出口公司经各方努力终于 5 月 30 日装运完毕，并取得 5 月 30 日签发的提单。6 月 2 日备齐所有单据向开证行交单。

6 月 16 日开证行来电提出："第××××号信用证项下的第×××号单据经审核，存在单证不符，根据你提单记载 5 月 30 日装运货物，超出我信用证规定的装运期限。以上不符点经研究不能同意接受，单据暂在我行代保存，速告如何处理。6 月 6 日"进出口公司接到开证行来电后，查核留底单据，未发现单据有与信用证不符的地方，认为对方可能有误。于 18 日即向开证行回电："你 16 日电悉。但我们认为单证不存在不符点：你信用证规定装运期为 5 月 31 日，我 5 月 30 日装运，并未超过信用证规定的装运期限——31 日。所以我单证相符，请你行查核并按时付款。6 月 18 日"

6 月 20 日又接到开证行复电："你 18 日电悉。你方虽然做了一些解释，但你方没有完全理解信用证条款和我前电的要求。我提请你方注意：我信用证规定的是"装运必须不得早于 2009 年 5 月 31 日"，也就是说只能晚于 5 月 31 日，实际就是须在 31 日以后装运，而你方却于 31 日以前装运，所以不符合我信用证要求。我行仍然不能同意接受单据，速告单据处理的意见。6 月 20 日"。进出口公司根据开证行上述意见再次对照信用证条款，才发现信用证的装运期正如开证行所说的不得早于 5 月 31 日(Not Prior to 31st May)。进出口公司经有关人员研究，认为装运期这样不可更改的实质性不符点已无法再向开证行答辩，只好改向买方进行工作，但几经反复交涉，均未得到解决。最终只好委托船方将原货再运回内销而结案，结果损失惨重。请总结本案例的经验教训。

5. 原告：澳大利亚悉尼S银行(以下简称“S银行”)，被告：中国香港B银行(以下简称“B银行”)。

S银行拟凭B银行开立的以S银行为受益人的备用信用证向D客户提供100万美元的信贷。S银行因缺少B银行的印鉴本，便去B银行悉尼分行核对。尽管在核对过程中双方还有争议，但毕竟在信用证签注了“印鉴相符，B银行”的字样，落款是B银行分行的两位职员的签字。然后，S银行凭持有的B银行悉尼分行的印鉴本核对了该两位职员的签字，完全相符。就此，D客户从S银行取得了100万美元。不久，S银行为信用证的一些小修改和B银行联系时，B银行否认曾经开立过此证，并表示对该信用证不承担任何责任。因而，S银行要求凭信用证支取100万美元遭到B银行的拒付。B银行声称该信用证是伪造的，而且信用证上某些内容也足以引起S银行的警觉。S银行反驳称，印鉴经核对相符，说明信用证是真实的，为此B银行应对该证负责。

法庭鉴定原告提示的信用证确属伪造。

原告S银行以其对汇入汇款业务中印鉴核对的处理引作证明，是按当地银行惯例行事的，因而也是确定信用证真伪的有效方法，并且如果通过具有代理关系的银行核对印鉴可以确认信用证的真伪，那么通过开证行的分行核对印鉴当然也可以确认信用证的真伪。

被告声称信用证若干内容应引起S银行的警觉，因此被告可不受“禁止翻供”的约束。本法庭认为只有原告对于该伪证真正知情，被告才能不受“禁止翻供”的约束。对于原告来说，因不知道该信用证是伪造的而把被告的信用证当成是真实的，是合情合理的。

本法院裁决被告对该信用证承担完全责任。请分析此案例。

6. 我某外贸公司与某国A商达成一项出口合同，付款条件为D/P 45天付款。当汇票所附单据通过托收行寄抵进口地代收行后，A商及时在汇票上履行了承兑手续。货抵目的港时，由于用货心切，A商出具托收收据向代收行借的单据，先行提货转售。汇票到期时，A商因经营不善，失去偿付能力。代收行以汇票付款人拒付为由通知托收行，并建议由我贸易公司直接向A商索取货款。对此，你认为我外贸企业应如何处理？

7. 我某公司向日本某商以D/P见票即付方式推销某商品，对方答复：如我方接受D/P见票后90天付款，并通过日商指定的银行代收则可接受。试分析日方提出此项要求的出发点是什么？

8. A公司与美国拜耳中国有限公司签订一进口合同，进口BPA 500Mt。合同要求拜耳方在2001年7月装船。A公司7月5日开出信用证，信用证规定最迟的装船日期是7月28日。A公司于7月5日将L/C副本传真给拜耳方面。但拜耳公司在没有征得A公司同意，又没有要求修改信用证的情况下，擅自在7月31日装船，违反了信用证的条款，造成迟装。A公司提出拒付并退单给拜耳，请问A公司的做法是否合理？

9. 我国某出口公司G收到国外来证，其中“Documents Reqired”中要求如下：“Beneficiary's Signed declaration stating that：1/3 original marine B/L and one signed original of each other document presented at the bank were sent directly to Bll Haifa by special courier(if shipment effected by sea)or photocopy of original certificate of origin and one signed original of each document presented at the bank was attached to atd accompanying at the goods (if shipment effected by air)”(受益人签署的声明书，证明1/3正本提单和其他正本单据通过特别快件直接寄给Bll Haifa(如果是通过海运)原产地证书的副本与其他正本单据已随货物(若通过空运))。G公司将全套3份正本提单及所要求的发票、装箱单及其他Required Documents交给中国深圳通知行，后经中行复审无异后，然后将全套单据寄往国外开证银行承兑。中行于到期日收到开证行通知：“所交单据与信用证要求不符，拒付货款，不符之处为：信用证在所需单据第(7)款中要求，若为海运，1/3的正本单据需用特快专递直接寄往Bll Haifa”。因此，G公司直接与客户联系，说明由于工作疏忽没有按信用证要求办理，请尽快付款赎单。不久客户办理了付款赎单，终于顺利解决了此案。请分析此案给予我们哪些教训？今后要怎样防范此类问题？

10. 中国某出口商A公司与印度进口商B公司签订一份出口合同，货物为1×20集装性一次性打火机，机身大小和形状须与客户提供的样品一致，总价值为4.8万美元。付款方式为70%即期信用证支付，剩余30%的货款须不得晚于货物转船前十天以电汇方式支付。B公司不久开来相关信用证，经我方审核且确定可以接受后，A公司即投入生产备货，在货物即将生产完毕之前，预定了船期并随后通知了B公司，B公司始终未办理汇付，A公司的手中虽有一份70%货款的信用证，但无法如期装运，又因此批打火机是根据客户的特殊要求生产的，一时无法转售其他客户，只得积压在库，给A公司带来巨大的经济损失。请分析此案例带给我们的教训。

11. 2010年12月5日，国内某公司向当地银行提呈了S国某银行开出的信用证项下出口单据一套，金额为390 000美元。信用证规定：正本检验证书由申请人的授权签字人签发，其签字样式须由开证行证实，议付行审核单据后，于次日以单证相符向国外寄单索汇。

2010年12月16日，议付行收到开证行的拒付电，拒付理由为“Inspection certificate can't be verified by the issuing bank.”当日议付行即联络受益人征询意见，并订阅公司留底单据进行核实。受益人坚称其所交的检验证书为对方客户即申请人亲自来验货时签发的，其签字的真实性当无问题，开证行所提不符点纯属无理挑剔，以故意拖延付款时间。应受益人要求，12月17日议付行去电开证行陈述受益人观点，并请开证行联系申请人以取得进一步的处理意见。12月20日来证行复电议付行，仍以先前所列不符点为由拒付，并进一步说明检验证上签字样式与开证行留底记录上的签字样式不一致，议付行随即委托其在S国的分行协助调查此事。12月24日议付行收到其S国分行来电证实，经检查检验证上的签字样式确与开证行的留底记录不符。议付行立即知会受益人有关情况及注意事项，并建议受益人立即着手查实货物下落及检验证书的真伪性。12月30日，受益人致函议付行要求开证行收回全套单据。次年1月6日，开证行同意退单。请对此案例加以分析并总结其经验教训。

12. 某制造商达成了一项以FAS鹿特丹为贸易术语的提供重型机械的巨额合同，由不可撤销性保兑跟单信用证付款，信用证规定出口方面需提供商业发票及买方签发的已在鹿特丹提货的证明，无法根据信用证收到货款。经过长达一年的交涉，卖方虽然得到赔偿仍蒙受巨大损失。试分析该案例中受益人应接受哪些教训？

13. 2009年6月，浙江某出口公司与印度某进口商达成一笔总金额为6万多美元的羊绒纱出口合同，合同中规定的贸易条件为CFR New Delhi by Air，支付方式为100%不可撤销的即期信用证，装运期为2009年8月间自上海空运至新德里。合同订立后，进口方按时通过印度一家商业银行开来信用证，通知行与议付行均为国内某银行，信用证中的价格术语为“CNF New Delhi”，出口方当时对此并未太在意。他们收到信用证后，按规定发运了货物，将信用证单据备妥交单，并办理了议付手续。然而，国内议付行在将有关单据寄到印度开证行后不久即收到开证行的拒收通知书，拒绝理由为单证不符。商业发票上的价格术语“CFR New Delhi”与信用证中的“CNF New Delhi”不一致。得知这一消息后，出口方立即与进口方联系要求对方付款赎单，同时通过国内议付行向开证行发出电传，申明该不符点不成立，要求对方按照UCP的相关规定及时履行偿付义务。但进口方与开证行对此都置之不理，在此情况下，出口方立即与货物承运人联系，其在新德里的货运代理告知该批货物早已被收货人提走。在如此被动的局面下，后来出口方不得不同意对方降价20%的要求作为问题的最后解决办法。请对此案例加以分析并总结经验教训。

14. 某公司接到国外开来的信用证，规定：“于或约于5月15日装船”。该公司5月8日装船，并向银行提交了一份5月8日签发的提单，但却遭到银行拒绝付款，问是为什么？

15. 2010年4月，中国进出口贸易A公司售予法国B客户货物一批，B客户按合同规定开出不可撤销即期信用证，开证行系法国的R银行，通知行为法国在我国的C分行，该信用证要求C分行保兑并指定由该行议付。8月25日，A公司将货物以多式联运方式，从内地装火车转海船运往目的港，并由当地外运公司签发了陆海联运提单。8月27日，A公司将全套单据寄交C分行议付，9月1日，C分行向A公司发出“银行付款通知单”。9月12日，C公司通知A公司，称开证行R银行以有两个不符点为由拒付。具体的不符点为：①提单未显示“已装船”字样；②装运标志上表示的是整批货物的总数量而不是每一纸箱中的数量。基于此，R行要求C分行退回货款，A公司认为单证并无不符，不同意退单，称C分行作为保兑行应按国际惯例履行付款责任。C分行称根据A公司所交单据，开证行提出与信用证要求不符并拒付，我行当然没有代开证行付款的责任。随后C分行于2010年12月底将全套单据退给A公司，A公司则向C分行的总行投诉，强调保兑行支付款责任。试问A公司所交单据是否符合信用证的规定要求？C分行作为保兑行应承担什么法律责任？

16. 中国某外贸公司与加拿大商人在2011年1月间按CIF条件签订一出口10万法兰绒合同，支付方式为不可撤销即期信用证。加拿大商人于同年5月通过银行开来信用证，经审核与合同相符，其中保险金额为发票金额加10%。我方正在备货期间，加拿大商人通过银行传递给我方一份信用证修改书，内容为将投保金额改为按发票金额加15%。我方按原证规定投保、发货，并与货物装运后在信用证有效期内向议付行提交全套装运单据。议付行议付后将全套单据寄开证行，开证行以信用证修改书不符为由拒付。试问，开证行拒付的理由是否合理？为什么？

17. 申请人浙江××与被申请人意大利××公司于2010年10月6日订立销售确认书，由申请人向被申请人出售8个品种，共22 000件真丝绣衣，合同总金额为280 100美元，价格术语为CIF Amsterdam by Air，装运期为2011年1月31日，付款方式为由买方出具不可撤销可转让的信用证。合同还规定，不允许分装和转船，如在装船期内由于船期变更或其他非卖方所能控制的原因而不能装船，该信用证船期与结汇有效期自动延长15天。2010年10月28日申请人收到了被申请人开出的信用证。信用证上规定议付的单据包括：“①以被申请人名义开出的商业发票；②空运单；③原产地证明书；④保险单；⑤装箱单；⑥出口许可证。并规定装运期为2011年1月31日以前。2010年10月30日，申请人与被申请人商定，将本案合同项下ART819S型号货物的装运期改为2011年2月28日以前。同时申请人要求被申请人修改信用证中与合同规定不符之处，主要是：①交货期延至2011年2月28日前；②允许分批装运与转运；③不提供出口许可证。但被申请人没有对信用证进行修改。申请人根据合同规定分别于2011年1月28日和2月28日将66箱和42箱货物交上海两家运输公司空运至Amsterdam，被申请人也承认收到了上述货物，但以申请人分装、延期交货及没有提供出口许可证为由拒付货款。申请人遂提起仲裁，要求被申请人支付货款、相应的利息及仲裁费用。请对此作出评析。

第 6 章　进出口合同的商定和履行

学习目标

知识目标	技能目标
掌握主要进出口结算和操作单据，索赔与理赔的程序，信用证付款的 3 种形式	初步具备简单操作进出口单据的能力
理解信用证审核的要点	能够正确判断信用证审核的正误
熟练掌握出口合同和进口合同的履行程序，索赔对象与时效	初步掌握进出口合同的履行程序

知识结构

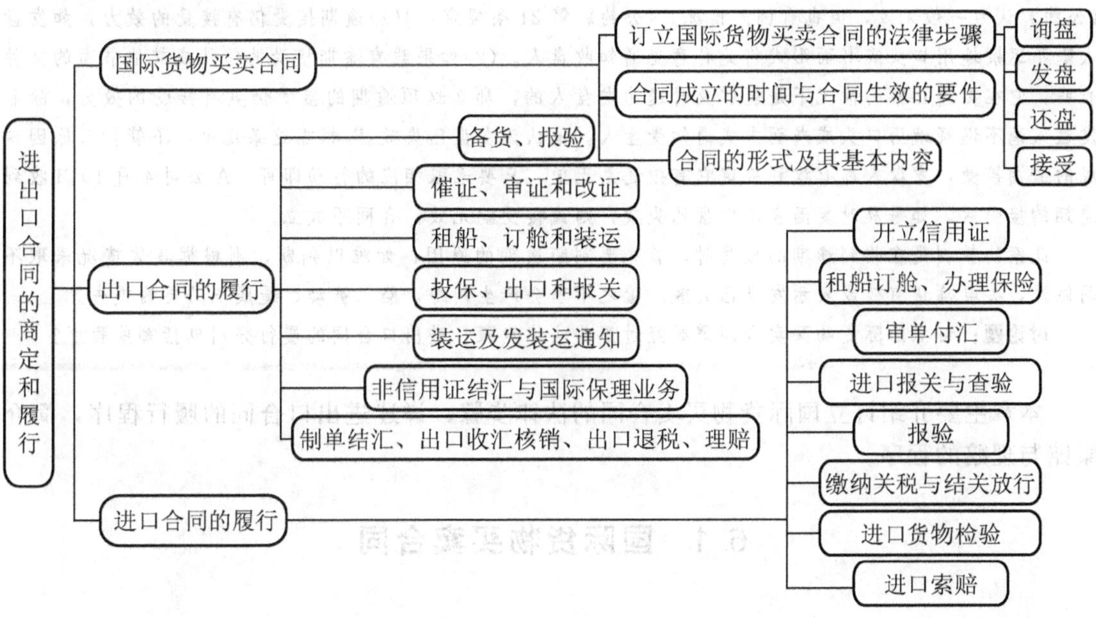

导入案例

逾期接受引发的贸易纠纷案

3月15日，A公司向新加坡客户G公司发盘：报童装兔毛衫200打，货号CM034，每打CIF新加坡100美元，8月份装运，即期信用证付款，25日复到有效。3月22日收到G公司答复如下："你方15日发盘收到。你方报价过高，若降至每打90美元可接受。"A公司次日复电："我方报价已是最低价，降价之事歉难考虑。"3月26日G公司又要求邮寄一份样品以供参考。29日，A公司寄出样品，并函告对方："4月8日前复到有效。"4月3日，G公司回函表示接受发盘的全部内容，4月10日送达A公司。经办人员视其为逾期接受，故未作任何表示。

7月6日，A公司收到G公司开来的信用证，并要求尽可能早的航班出运。此时因原料价格上涨，公司已将价格调整至每打110美元，故于7月8日回复称："我公司与你方此前未达成任何协议，你方虽对我方发盘表示接受，但我方4月10日才收到，此乃逾期接受，无效。请恕我方不能发货。信用证已请银行退回。如你方有意成交，我方重新报价每打CIF新加坡110美元，9月份交货，其他条件不变。"

7月12日G公司来电："我方曾于4月3日接受你方发盘，虽然如你方所言，4月10日才送达你方，但因你我两地之邮程需用3天时间，尽管我方接受在传递过程中出现了失误，你我两国均为《联合国国际货物销售合同公约》的缔约国，按《公约》第21条第(2)款规定，你方在收到我方逾期接受后未作任何表示，这就意味着合同已经成立，请确认你方将履行合同，否则，一切后果将由你方负担。"请问合同是否成立？为什么？

点评：双方所在国均为《公约》的缔约国，因此，应按《公约》的有关规定处理。关于逾期接受，《公约》认为一般无效，但也有例外情况。《公约》第21条规定："(1)逾期接受仍有接受的效力，如发盘人毫不迟疑地用口头或书面形式将此种意见通知收盘人。(2)如果载有逾期接受的信件或其他书面的文件表明，它在传递正常的情况下是能够及时送达发盘人的，那么这项逾期的接受仍具有接受的效力，除非发盘人毫不迟疑地用口头或书面方式通知受盘人，他认为发盘已失效。"根据这条规定，不管什么原因造成的逾期接受，发盘人都有权利决定它有效还是无效，只要采取相应的行动即可。A公司4月10日收到逾期的接受后，如果及时复函表示发盘已失效，则该接受就无效，合同不成立。

此案的教训是在收到逾期的接受时，首先要判断逾期的原因，如难以判断，则根据具体情况采取不同做法，去电确认有效或表示发盘已失效。置之不理会产生纠纷，陷入被动，造成不必要的损失。

讨论题：订立国际货物买卖合同需要经过哪些法律步骤？进出口合同的履行分别包括哪些程序？

本章主要介绍订立国际货物买卖合同的法律步骤，详述进出口合同的履行程序，简介索赔与理赔的程序。

6.1 国际货物买卖合同

6.1.1 订立国际货物买卖合同的法律步骤

在国际货物买卖合同商定过程中，一般包括询盘、发盘、还盘和接受4个环节，其中发盘和接受是达成交易、合同成立不可缺少的两个基本环节和必经的法律步骤。

1. 询盘

询盘是准备购买或出售商品的人向潜在的供货人或买主探询该商品的成交条件或交易的可能性的业务行为，它不具有法律上的约束力。

询盘的内容可以涉及某种商品的品质、规格、数量、包装、价格和装运等成交条件，也可以索取样品，其中多数是询问成交价格，因此在实际业务中，也有人把询盘称作询价。如果发出询盘的一方，只是想探询价格，并希望对方开出估价单，则对方根据询价要求所开出的估价单，只是参考价格，它并不是正式的报价，因而也不具备发盘的条件。

在国际贸易业务中，发出询盘的目的，除了探询价格或有关交易条件外，有时还表达了与对方进行交易的愿望，希望对方接到询盘后及时作出发盘，以便考虑接受与否。这种询盘实际上属于邀请发盘，邀请发盘是当事人订立合同的准备行为，其目的在于使对方发盘，询盘本身并不构成发盘。

询盘不是每笔交易必经的程序，如交易双方彼此都了解情况，不需要向对方探询成交条件或交易的可能性，则不必使用询盘，可直接向对方作出发盘。

2. 发盘

1) 发盘的含义

发盘又称发价或报价，在法律上称为要约。根据《联合国国际货物销售合同公约》第14条第一款的规定：“凡向一个或一个以上的特定的人提出的订立合同的建议，如果其内容十分确定并且表明发盘人有在其发盘一旦得到接受就受其约束的意思，即构成发盘。”发盘既可由卖方提出，也可由买方提出，因此，有卖方发盘和买方发盘之分。后者习惯上称为递盘。

发盘应向一个或一个以上特定的人提出。向特定的人提出，即是向有名有姓的公司或个人提出。提出此项要求的目的在于，把发盘同普通商业广告及向广大公众散发的商品价目单等行为区别开来。对广大公众发出的商业广告是否构成发盘的问题，各国法律规定不一。大陆法规定，发盘需向一个或一个以上特定的人提出，凡向公众发出的商业广告，不得视为发盘。如北欧各国认为，向广大公众发出的商业广告，原则上不能作为发盘，而只是邀请看到广告的公众向登广告的人提出发盘。英美法的规定则与此相反，如英国的判例认为，向公众作出的商业广告，只要内容确定，在某些场合下也可视为发盘。

《联合国国际货物销售合同公约》对此问题持折中态度，该公约第14条第二款规定：“非向一个或一个以上特定的人提出的建议，仅应视为邀请发盘，除非提出意见的人明确地表示相反的意向。”根据此项规定，商业广告本身并不是一项发盘，通常只能视为邀请对方提出发盘。但是，如商业广告的内容符合发盘的条件，而且登此广告的人明确表示它是作为一项发盘提出来的，如在广告中注明“本广告构成发盘”或“广告项下的商品将售给最先支付货款或最先开来信用证的人”等，则此类广告也可作为一项发盘。

鉴于《联合国国际货物销售合同公约》对发盘的上述规定既原则又具体，具有一定的灵活性，加之世界各国对发盘又有不同的理解，因此，在实际应用时要特别小心。我方对外做广告宣传和寄发商品价目单时，不要使对方理解我方有“一经接受，即受约束”的含义。在寄发商品价目单时，最好在其中注明“可随时调整，恕不通知”或“须经我方最后确认”等字样。

2）构成发盘的要件

（1）发盘内容必须十分确定。

根据《联合国国际货物销售合同公约》第 14 条第 1 款的规定，发盘的内容必须十分确定。所谓十分确定，指在提出的订约建议中，至少应包括下列 3 项基本要素：①标明货物的名称；②明示或默示地规定货物的数量或规定确定货物的数量的方法；③明示或默示地规定货物的价格或规定确定价格的方法。凡包括上述 3 项基本要素的订约建议，即可构成一项发盘。如该发盘被对方接受，买卖合同即告成立。

在这里需要特别指出的是，订约建议中关于交货时间、地点及付款时间、地点等内容虽然没有提到，并不妨碍它作为一项发盘，因而也不妨碍合同的成立。因为，发盘中没有提到的其他条件，在合同成立以后，可以以双方当事人建立的习惯做法及采用的惯例予以补充。

构成一项发盘应包括的内容，各国的法律规定不尽相同。有些国家的法律要求对合同的主要条件，如品名、品质、数量、包装、价格、交货时间与地点以及支付办法等，都有完整、明确、肯定的规定，并不得附有任何保留条件，以便受盘人一旦接受即可签订一项对买卖双方均有约束力的合同。《联合国国际货物销售合同公约》关于发盘内容的上述规定，只是对构成发盘的起码要求。在实际业务中，如发盘的交易条件太少或过于简单，会给合同的履行带来困难，甚至引起争议。因此，在对外发盘时，最好将品名、品质、数量、包装、价格、交货时间、地点和支付办法等主要交易条件一一列明。

（2）表明经受盘人接受，发盘人即受约束的意思。

必须表明发盘人对其发盘一旦被受盘人接受即受约束的意思。发盘时订立合同的建议，这个意思应当体现在发盘之中，如发盘人只是就某些交易条件建议同对方进行磋商，而根本没有受其建议约束的意思，则此项建议不能被认为是一项发盘。例如，发盘人在其提出的订约建议中加注诸如“仅供参考”、“须以发盘人的最后确认为准”或其他保留条件，这样的订约建议就不是发盘，而只是邀请对方发盘。

在此需要指出，我国合同法对发盘及构成要件的规定同上述《联合国国际货物销售合同公约》的规定与解释基本上是一致的。我国合同法第 14 条规定：“要约是希望和他人订立合同的意思表示，该意思表示应当符合下列规定：内容具体确定；表明经受要约人承诺，要约人即受该意思表示约束。”

3）发盘的有效期

在通常情况下，发盘都具体规定一个有效期，作为对方表示接受的时间限制，超过发盘规定的时限，发盘人即不受约束，当发盘未具体列明有效期时，受盘人应在合理时间内接受才能有效。何谓“合理时间”，需根据具体情况而定。根据《联合国国际货物销售合同公约》的规定，采用口头发盘时，除发盘人发盘时另有声明外，受盘人只能当场表示接受，方为有效。采用函电成交时，发盘人一般都明确规定发盘的有效期，其规定方法有以下几种。

（1）规定最迟接受的期限。例如，限 6 月 6 日复，或限 6 月 6 日复到此地。当规定限

6 月 6 日复时，按有些国家的法律解释，受盘人只要在当地时间 6 月 6 日 24 点以前将表示接受的通知投邮或向电报局交发即可。但在国际贸易中，由于交易双方所在地的时间大多存在差异，所以发盘人往往采取以接受通知送达发盘人为准的规定方法。按此规定，受盘人的接受通知不得迟于 6 月 6 日内送达发盘人。

(2) 规定一段接受的期限。例如，发盘有效期为 6 天，或发盘限 8 天内复。采取此类规定方法，其期限的计算，按《联合国国际货物销售合同公约》规定，这个期限应从电报交发时刻或信上载明的发信日期起算。如信上未载明发信日期，则从信封所载日期起算。采用电话、电传发盘时，则从发盘送达受盘人时起算。如果由于时限的最后一天在发盘人营业地是正式假日或非营业日，则应顺延至下一个营业日。

4) 发盘生效的时间

发盘生效的时间有各种不同的情况：以口头方式作出的发盘，其法律效力自对方了解发盘内容时生效；以书面形式作出的发盘，关于其生效时间，主要有两种不同的观点与做法。一是发信主义，即认为发盘人将发盘发出的同时，发盘就生效；另一种是受信主义，又称到达主义，即认为发盘必须到达受盘人时才生效。我国执行受信主义做法。

5) 发盘的撤回与撤销

(1) 发盘的撤回。英美法认为：发盘原则上对发盘人没有约束力，发盘人在受盘人对发盘表示接受之前的任何时候，都可撤回发盘或变更其内容。

大陆法认为：发盘对发盘人有约束力。如《德国民法典》规定，除非发盘人在发盘中订名发盘人不受发盘的约束，否则发盘人就要受到发盘的约束。

《联合国国际货物销售合同公约》认为：一项发盘(包括注明不可撤销的发盘)，只要在其尚未生效以前，都是可以修改或撤回的。

(2) 发盘的撤销。英美法认为：在受盘人表示接受之前，即使发盘中规定了有效期，发盘人也可以随时予以撤销。

大陆法认为：发盘人原则上应受发盘的约束，不得随意将其发盘撤销。

《联合国国际货物销售合同公约》认为：在发盘已送达受盘人，即发盘已经生效，但受盘人尚未表示接受之前，这一段时间内，只要发盘人及时将撤销通知送达受盘人，仍可将其发盘撤销。

6) 发盘效力的终止

(1) 在发盘规定的有效期内未被接受，或虽未规定有效期，但在合理时间内未被接受，则发盘的效力即告终止。

(2) 发盘被发盘人依法撤销。

(3) 被受盘人拒绝或还盘之后，即拒绝或还盘通知送达发盘人时，发盘的效力即告终止。

(4) 发盘人发盘之后，发生了不可抗力事件，如所在国政府对发盘中的商品或所需外汇发布禁令等。在这种情况下，按出现不可抗力可免除责任的一般原则，发盘的效力即告终止。

(5) 发盘人或受盘人在发盘被接受前丧失行为能力，则该发盘的效力也可终止。

提示

发盘撰写。发盘因撰写情况或背景不同，在内容、要求上也有所不同。但从总的情况看，其结构一般包括下列内容：①感谢对方来函，明确答复对方来函询问事项。如 Thank you for your inquiry for…；②阐明交易的条件(品名、规格、数量、包装、价格、装运、支付、保险等)，如 For the Butterfly Brand sewing machine，the best price is USD 79.00 per set FOB Tianjin；③声明发盘有效期或约束条件，如 In reply we would like to offer，subject to your reply reaching us before…；④鼓励对方订货，如 We hope that you place a trial order with us.(资料来源：百度百科 http：//baike.baidu.com/view/64271.htm)

阅读案例 6-1

阿根廷某公司发盘是否有效

【案情简介】

2010 年，阿根廷某公司应中国某公司的请求，报出镁矿石初级产品 200 公吨，每公吨 2 150 美元，即期装运的实盘。但中方接到阿方报盘，未作还盘，而是一再请求阿方增加数量，降低价格，并延长有效期，阿方公司将数量增到 350 公吨，每公吨价格为 CIF 上海价 2 100 美元，有效期经 3 次延长，最后延长至 9 月 25 日，中方公司于 9 月 20 日来电表示接受该盘。阿方接到该电报时，得知国际市场镁矿石价格上扬，因此决定拒绝成交，于是向中方发电，称："由于国际市场镁矿石价格发生变化，货物已于接到你方电报时售出。"而中方对此拒绝接受，认为中方是在发盘有效期内接受了阿方发盘，坚持要求按发盘的条件执行合同，阿方如不执行合同，则要赔偿中方的损失，即差价 25 万美元。请问中方公司 9 月 20 日来电表示接受的发盘是实盘还是虚盘？此时合同是否成立？

【案例点评】

此发盘为实盘，销售合同在 9 月 20 日已成立。

发盘，又称报价，即民法上所称的"要约"，是指一方当事人向一个以上特定的当事人提出的订立合同的建议。一项有效的要约必须具备以下条件：①向一个或一个以上特定的人发出；②内容中必须十分明确、肯定。一经对方接受，合同即告成立。明确即需要写明货物名称并明示或默示地规定数量与价格或规定怎样确定数量与价格。如果要约中伴随着要约人的保留条件，就不算是有效的要约，而只能是要约邀请，即使对方表示了承诺，合同仍然不能成立。要约要送达受约人。接受，又称"承诺"，是指受盘人愿意根据报价人所列的条件订立合同的意思表示。一项有效的承诺必须满足以下条件：①承诺要由受要约人作出才发生效力；②与要约的条件保持一致；③承诺应在要约的有效期内作出；④承诺必须通知要约人才发生效力。因此，如果一方当事人向对方提出一项要约之后，对方对该项要约无条件予以承诺，双方当事人之间就达成协议，从而成立了一项对双方当事人都具有法律效力的合同。

在本案中，卖方在发盘后，经 3 次延长有效期后，合同中的实质性条款完整、肯定、明确，而且规定了有效期为 9 月 25 日，由此看出卖方发出的是有确定意义的发盘，因此，此发盘为实盘，而非虚盘。

按照约定必须信守原则，阿方发出的实盘，收盘人在有效期限内作出接受的意思表示，即承诺后，双方合同关系即告成立，就应履行各自的权利与义务。本案中，发盘方向受盘方提出有效期是 9 月 25 日，而受盘方 9 月 20 日就发电表示接受，发盘方也于 9 月 20 日接到受盘方的电函，因此，在 9 月 20 日，此货物销售合同已经成立，在双方当事人之间形成了合同约定的权利义务关系，一方违反合同规定的条款，即构成违约，应当承担违约责任。因此，本案中的销售合同在 9 月 20 日已成立。

3. 还盘

还盘又称还价，在法律上称为反要约。

(1) 受盘人的答复如果在实质上变更了发盘条件，就构成对发盘的拒绝，其法律后果是否定了原发盘，原发盘即告失效，原发盘人就不再受其约束。

(2) 对发盘表示有条件的接受，也是还盘的一种形式。

4. 接受

1) 接受的含义

接受在法律上称为承诺，它是指受盘人在发盘规定的时限内，以声明或行为表示同意发盘提出的各项条件。可见，接受的实质是对发盘表示同意。

2) 构成接受的要件

(1) 接受必须由受盘人作出。

(2) 接受必须是同意发盘所提出的交易条件。

(3) 接受必须在发盘规定的时效期内作出。

(4) 接受通知的传递方式应符合发盘的要求。

3) 接受生效的时间

英美法：采用“投邮生效”的原则，即接受通知一经投邮或交电报局发出，则立即生效。

大陆法：采用“到达生效”的原则，即接受通知必须送达发盘人时才能生效。

《联合国国际货物销售合同公约》规定接受送达发盘人时生效。如接受通知未在发盘规定的时限内送达发盘人，或者发盘没有规定时限，且在合理时间内未曾送达发盘人，则该项接受称作逾期接受。按各国法律规定逾期接受不是有效的接受。

4) 逾期接受

又称迟到的接受。虽然各国法律一般认为逾期接受无效，它只能视作一个新的发盘，但《联合国国际货物销售合同公约》对这个问题作了灵活的处理。

(1) 只要发盘人毫不迟延地用口头或书面通知受盘人，认为该项逾期的接受可以有效，愿意承担逾期接受的约束，合同仍可于接受通知送达受盘人时订立。

(2) 如果发盘人对逾期的接受表示拒绝或不立即向发盘人发出上述通知，则该项逾期的接受无效，合同不能成立。

(3) 如果载有逾期接受的信件或其他书面文件显示，依照当时寄发情况，只要传递正常，它本来是能够及时送达发盘人的，则此项逾期的接受应当有效，合同于接受通知送达发盘人时订立。除非发盘人毫不延迟地用口头或书面通知受盘人，认为其发盘因逾期接受而失效。以上表明，逾期接受是否有效，关键要看发盘人如何表态。

5) 接受的撤回或修改

《联合国国际货物销售合同公约》采取了大陆法“送达生效”的原则。如果撤回通知于接受原发盘应生效之前或同时送达发盘人，接受得予撤回。

6.1.2 合同成立的时间与合同生效的要件

1. 合同成立的时间

根据《联合国国际货物销售合同公约》规定，合同成立的时间为接受生效的时间，而接受生效的时间，又通知到达发盘人或按交易习惯及发盘要求作出接受行为为准。合同成立的时间有两个判断标准：一是有效接受的通知到达发盘人时，合同成立；二是受盘人作出接受行为时，合同成立。

2. 合同生效的要件

(1) 合同当事人必须具有签约能力。

(2) 合同必须有对价或约因。

(3) 合同的内容必须合法。

(4) 合同必须符合法律规定的形式。

(5) 合同当事人的意思表示必须真实。

6.1.3 合同的形式及其基本内容

1. 合同的形式

(1) 书面形式。书面形式是指当事人双方用书面方式表达相互之间通过协商一致而达成的协议。根据经济合同法的规定，凡是不能及时清洁的经济合同，均应采用书面形式。在签订书面合同时，当事人应注意，除主合同之外，与主合同有关的电报、书信、图表等，也是合同的组成部分，应同主合同一起妥善保管。书面形式便于当事人履行，便于管理和监督，便于举证，是经济合同当事人使用的主要形式。

(2) 口头形式。口头形式是指当事人双方用对话方式表达相互之间达成的协议。当事人在使用口头形式时，应注意只能是及时履行的经济合同，才能使用口头形式，否则不宜采用这种形式。

(3) 其他形式。这是指上述两种形式之外的订立合同的形式，即以行为方式表示接受而订立的合同。例如，根据当事人之间长期交往中形成的习惯做法，或发盘人在发盘中已经表明受盘人无须发出接受通知，可直接以行为作出接受而订立的合同，均属此种形式。

2. 合同的基本内容

(1) 约首部分。一般包括合同名称、合同编号、缔约双方名称和地址、电报挂号、电传号码等几项内容。

(2) 基本条款。这是合同的主体，其中包括品名、品质、规格、数量或重量、包装、价格、交货条件、运输、保险、支付、检验、索赔、不可抗力和仲裁等几项内容。商定合同，主要是就这些基本条款如何规定进行磋商，达成一致意见。

(3) 约尾部分。一般包括订约日期、订约地点和双方当事人签字等几项内容。

买卖双方经过交易磋商达成协议，或签订书面合同，这样，双方就各自享有合同所规定的权利和承担约定的义务。在国际贸易中，买卖合同一经依法成立，有关当事人则必须履行合同规定的义务。合同的履行是指合同签订后，买卖双方根据合同中所规定的权利和义务，使合同中的各项条款付诸实践，完成该笔交易。从某种意义上说，合同的履行是一笔交易的最后阶段，不仅关系到买方所得到的货物是否货真价实，还关系到卖方是否能安全及时地收回货款。因此，合同的履行阶段是进出口贸易的重要环节之一。

通过前面的介绍，已经了解很多有关合同履行的内容，因此，在本节中就没有必要再详细阐述其中的所有问题，只是将有关思路或尚未涉及的问题作一下说明。按照贸易方向不同，合同的履行可以分为出口合同的履行和进口合同的履行两个方面。

阅读案例 6-2

口头合同是否有效

【案情简介】

2011 年 3 月，我国浙江省某进出口公司的一位美国客户在与该公司业务员会面时，口头向该公司下了一批订单，由于时间较为仓促，加上该客户是公司老客户，与之洽谈的业务员未要求与对方当场签下书面合同，只是请对方回国后再发一份传真以便留档。客户回国后，并未发来传真，我方业务员也未坚持催要，同时，我方根据客户要求已开始备货，当货物将要备齐，我方请客户确认汇款时，客户告之，当时由于较为匆忙，未充分考虑，以致下了口头订单，回国后，仔细加以核算，发现无法成交，加上我方请其以传真确认，则认为不发传真订单不正式成立。因此，客户提出“对于由于未及时通知你方取消口头订单，造成的损失表示遗憾，但仅此而已”。我方得知客户态度后表示，中国已经适用了新《合同法》，在其中明确了口头形式合同的有效性，美国客户的说法纯粹是一种托词，无任何法律依据，因此将坚持向客户索赔。请问我方与美国客户的口头合同是否有效？

【案例点评】

该口头合同有效。在国际货物买卖中，对于合同是否有效成立经常出现争议或纠纷。其中一个重要焦点就是关于合同的有效形式问题，即合同订立的形式是否符合法律的规定。这也是我国乃至世界各国范围合同法律中涉及的重要条款之一。目前，我国规范国际货物买卖合同关系的法律，在国内方面主要是 1999 年 10 月 1 日正式实施的《中华人民共和国合同法》，除此之外，就是 1988 年我国参加的《联合国国际销售合同公约》。因此，我国公司企业在进行国际货物买卖时订立的合同，主要受到我国新《合同法》的规范，如果符合《联合国国际货物销售合同公约》的适用条件，则须由该公约进行调整。

在新《合同法》中，对于合同的形式，第十条做出了如下的规定：“当事人订立合同，有书面形式、口头形式和其他形式，法律、行政法规规定采用书面形式的，应当采用书面形式。”从这条中，可以知道，对于除法律明文规定必须采用书面形式的，其他合同可以由当事人选择口头、书面等形式，二者均可。自然，这一规定当然适用于国际货物买卖。同时《联合国国际货物销售合同公约》第 11 条规定：“销售合同无须以书面订立或书面表明，在形式方面也不受任何其他条件的限制。销售合同可以用包括人证在内的任何方法证明。”因此，该口头合同有效，美国客户应该赔偿我方的损失。因而在国际货物买卖中，对于一些涉及金额较大的合同，从交易安全与证据学的角度考虑，还是采用书面形式为好；况且，在一般情况下对方也同样会有类似的考虑。对于一些金额较小的合同，为了抓住商机，可以采用口头合同的形式。或者，接到口头订单后，为节省时间，先备货，备货的同时，再起草书面合同由双方签署。

6.2 出口合同的履行

出口合同的履行是指出口方对出口合同中所规定的出口方的权利和义务的履行。如果合同是按照CIF价格条件信用证付款方式签订的，则出口方履行合同的环节包括备货、报验、催证、审证、改证、租船订舱、报关、发货、装船、办理保险、制单结汇等诸方面。其中，备货、催证、审证、改证、租船订舱和制单结汇是最核心的几个环节。履行合同阶段的各项工作不仅涉及出口业务公司和出口产品生产企业，而且还涉及国外买方和国内外有关银行、轮船公司、保险公司、商检部门、海关等单位。因而外贸业务公司和产品生产企业均应该注意自己的工作安排，使其能够与其他有关部门和机构的工作有机地配合，以便使合同按时、顺利地得到履行。

6.2.1 备货

备货工作是指卖方根据出口合同的规定，按质、按量地准备好应交的货物，并做好申请报验和领证工作。

1. 不同产品的备货

1）需经常供货的产品备货

这类产品的供货主要是根据买卖双方的合同或其他贸易契约规定，卖方需按一定时间的间隔向买方分批发运保质保量的产品。这种备货方式主要适用于那些国际市场上需要经常供应的，而且在国际市场上具有一定声誉的产品，例如，小汽车、电视机、电冰箱、洗衣机、自行车、录像机等生活消费品，以及载重汽车、拖拉机、通用机床、计算机等生产类工业商品及机器设备的零配件等。对于这类商品，在备货过程中应该注意以下有关问题。

（1）与生产企业或生产部门签好供货合同。为了使生产企业或部门能按时保质保量地生产出出口产品，使外贸公司或生产企业的外贸部门能够顺利地履行合同，外贸公司和生产企业的外贸部门应该首先与生产企业或自己企业的生产部门签订产品的长期供货合同。

（2）注意保证产品的品质、数量和供货时间。对于这种长线供货产品，要想保证产品的品质、数量和供货时间，应该做到严把生产关并定期检查。严把生产关就是要求出口产品企业在产品的生产过程中时刻注意产品的质量和生产进度。这就要求企业首先要具有一定的生产能力、较先进的技术水平和管理经验。企业的生产管理部门应建立健全各种相应的规章制度，利用先进的管理经验，对每一个零件的每一道工序、每一个部件中每一个零件的装配等环节都要严密把关，不合格者绝不放行。另外，为了保证出口产品的品质、数量和供货时间，出口企业和生产企业的出口贸易部门还应该对出口产品进行定期检查和抽查。外贸公司和企业的外贸部门要按照合同的规定，定期对产品的品质、数量、生产进度等进行检查。

（3）大力鼓励新产品的开发工作，同时，要注意对货源的调查研究，增加同类产品的供货渠道，使各企业间展开供货竞争，用竞争的方法促进出口业务的发展。对于长线产品的出口工作来说，生产企业应该是比较多的，是应该可以形成供货竞争的。

(4) 在备货过程中，对供货时间要留有充分的余地，要提前做好收货、包装、仓储、租船订舱等工作。不要等装运之前才紧急收货，以免一旦发现问题，来不及采取补救措施，就有可能错过装运时间，导致发生一系列未按时履行合同的事故。结果，既要负法律责任，又会带来经济损失。

2) 合同签订后再组织生产的产品备货

这里主要说明大型机器设备、成套设备、承包工程所需的机械设备等商品的备货工作。因为与市场中一般的长线产品相比，这类产品备货有许多特殊之处：大型机器设备、成套设备、承包工程所需的机械设备等产品的生产周期一般较长，合同签订后与供货之间的时间间隔也比较长，备货过程中的有关问题也难以预料。

(1) 由于这类产品一般都用于生产或建设中，进口企业对这类商品的进口一般都是按照计划安排的，因此，对到货的期限一般都要求较严格。

(2) 这类商品本身一般都包含有先进的技术和工艺，有的还直接涉及知识产权等技术贸易的内容。同时，这类商品的价格亦高。因此，客户对这类商品性能的要求一般都较高，有的还要求在装运前进行组装调试等。另外，这类商品对包装方法、装卸方法和运输方式的要求也较高。

(3) 这类商品结构复杂，有的体积很大，所涉及的生产企业一般较多，给各设备之间的连接、安装调试以及出口装箱等工作带来一定的困难。对于这种大型机器设备、成套设备、承包工程所需的机械设备等产品的备货，应该注意以下有关问题。

① 外贸公司和生产企业的外贸部门在产品出口合同签订之后应立即与生产企业或自己企业的生产部门签订产品的供货合同，以保证出口合同和供货合同之间的顺利衔接。

② 出口公司和生产企业的外贸部门一定要经常巡查，严把质量关，发现问题及时纠正，以便做到及时供货。

③ 在备货时间允许的条件下，在出厂前一定要进行初步安装调试，在性能达到合同规定的要求以后，再检验、包装、出厂。在包装过程中要注意保护好关键部分，以防在长途运输中造成不应有的损失。

2. 备货中应该注意的问题

应当强调指出的是，根据法律，当事人应当按照约定全面履行自己的义务。当事人行为不仅要完全符合合同的明文规定，而且还应符合合同的默示条件，即依照诚实信用原则或者根据交易习惯应当履行的义务，包括合乎适用的法律和公认的国际惯例。为此，在备货工作中，我们应对以下问题尤其应该重视。

1) 质量

货物的质量必须与出口合同的规定相一致。严格按照买卖合同约定的质量要求交付货物，是卖方的一项基本义务。凡凭规格、等级、标准、说明书、图片等文字说明达成的合同，交付货物的质量必须与合同规定的规格、等级、标准等文字说明相符；如凭样品达成的合同，则必须与样品相一致；如既凭文字说明，又凭样品达成的合同，则两者均须相符。

另外，合同中的质量条款是买卖双方交接货物有关质量的依据，卖方所交货物的实际质量既不能低于合同规定，也不宜高于合同规定，否则都构成违约行为。

同时，卖方所交货物的质量尚需适合通常的用途和订立合同时买方通知的特定用途。

所谓适合通常的用途，就是指货物的“可销性”(Saleable)或“可转销性”(Re - saleable)。这种“可销性”或“可转销性”不决定于某一特定买方的喜恶。如果货物的质量不为该买方所接受，而对其他人来说，却都是可以接受的，那么该货物无疑是适合通常的用途的。

在国际货物买卖中，买方购买货物很多不是为了自用，而是为了转销。因此，卖方所提供的适合通常用途的货物，必须是在正常商业经营中可以转销的，即适合于商销的。这种“可转销性”涉及对货物外观和内在质量两方面的要求。以日用消费品来说，即使所交货物内在质量良好，但外观质量上有缺陷，往往也将影响可转销性，从而被认为不适合通常的用途。

所谓适合特定的使用目的，是指以下两个方面。

(1) 在订立合同时或前，买方曾明示或默示地使卖方知道所购货物的特定使用目的。

(2) 买方依赖于卖方的技能和判断力来挑选或提供适合特定用途的货物。

对特定的使用目的，必须有买方的事先通知。如果卖方不能保证日后所交货物能适应买方所通知的特定使用目的，他就应该在订立合同时告知买方，或在合同中明示排除此项特定用途，如买方仍决定订购该货物，则卖方可以不承担交付货物的质量和包装适合特定使用目的的责任。

2) 包装

货物的包装必须符合出口合同的规定。货物的包装如同品质一样也是买卖合同的主要条款，有的国家的法律把合同中的包装条款视作对货物说明的组成部分。卖方必须按照合同规定的包装方式交付货物。倘若合同对包装未作具体规定，按《联合国国际货物销售合同公约》第35条第(2)款(d)的规定，应按照同类货物通用的方式装箱或包装，如果没有此种通用方式，则应按照足以保全和保护货物的方式装箱或包装。

为此，在备货过程中，对货物的内、外包装和装潢，均须认真进行核对和检查，如发现有包装不良或破损情况，应及时进行修整或更换包装，以免在装运时取不到清洁提单，造成收汇困难。包装标志也应按合同规定或客户要求刷制。运输标志(唛头)的式样，如合同有规定或客户另有指定的，则应按合同规定或客户指定的办理；如合同未规定包装标志、客户对此又无要求的，则由我方自行选定刷制。自行选定的运输标志一般应包括收(发)货人缩写、合同号码、目的港、件号等内容。如进口国有关当局规定包装标志必须使用特定文字的(如海湾国家要求用阿拉伯文)，一般应予照办。标志的刷写部位和文字大小要适当，图案字迹要清楚，使用的颜料要不易褪色。再有，在保证商品质量不变和不违反出口合同的前提下，还应尽可能压缩货物包装的体积或降低货物包装的重量，以节约运费支出。

3) 数量

货物的数量必须符合出口合同的规定。货物的数量是国际货物买卖合同的主要条件之一，卖方按合同规定的数量交付货物是卖方的重要义务。是否按合同规定数量交付货物，不仅是衡量买卖合同是否得到充分履行的标志，而且直接关系到订立合同时的预期利益能否全部实现，有时还要影响购买者的生产使用和业务经营，甚至还可能损害对方的市场声誉。因此，《联合国国际货物销售合同公约》(以下简称《公约》)对此大多作了较为严格的规定。《公约》第35条第(1)款规定："卖方交付的货物必须与合同所规定的数量相符……"但在第51条和第52条以及第45～50条对在超交和短交的情况下，买方和卖方的权利和义务也作了具体规定。概括起来是：卖方如只少交付一部分货物(即短交)，买方一般不能宣告合同无效，但有权要求卖方对未交部分的货物继续履行交付，同时，还可要求卖方对因此而引起的损失给予损害赔偿；如果卖方交付的货物数量少于合同规定，并且使买方无法得到合同预期的利益，则构成了根本违反合同，或者卖方完全不交货，则买方可宣告合同无效；卖方交付的货物数量大于合同规定的数量(即超交)，买方除非有使他得以拒收货物的其他理由，否则必须至少收取合同中所规定的数量。至于超交部分，买方既可拒绝收取，也可收取其一部分或全部；对所收取的任何超交数量，买方必须按合同价格支付。如买方拒绝收取超交数量，则卖方须对因此而使买方遭受的损失负责。

上述关于不得超交和短交的法律规定，对卖方交货责任的要求是严格的。但是根据生产和交货的实际需要，卖方在与买方磋商订约时，可对交货数量留有一定的机动幅度达成特别约定，在合同中规定"溢短装条款"，则卖方在履行合同时，在数量上就可在规定机动幅度内有所伸缩。

由此可见，为能保证按合同规定数量交付货物，必须按合同做好备货工作，在备货过程中，如发现货物不符合合同需要时，应及时采取有效措施，并在规定期限内补足。为便于补足储存中的自然损耗和国内搬运过程中的货损，以及按合同溢短装条款的溢装之用，备货数量一般以略多于出口合同规定的数量为宜。此外，需要注意的是，凡按重量计量而在合同中未明文规定按何种方法计算重量的，如有疑问，按《公约》第56条的规定，应以净重计。

提示

举例溢短装条款如下：数量，300 000公吨，允许有10%的增减幅度，由买方选择，增减部分按合同价格计算；Quantity，300 000Mt，10% more or less，at buyer's option and at contract price.

4) 备妥时间

货物备妥时间应与合同和信用证装运期限相适应。交货时间是国际货物买卖合同的主要交易条件，倘有违反，买方不仅有权拒收货物并提出索赔，甚至还可宣告合同无效。因此，货物备妥的时间，必须适应出口合同与信用证规定的交货时间和装运期限，并结合运输条件，例如船期，进行妥善安排。为防止意外，一般还应适当留有余地。

凡出口合同规定收到买方信用证后若干天内交货的，为保证按时履行合同，防止被动，应督促买方按照合同规定期限开到信用证。收到信用证后，还必须抓紧时间审核，认可后及时安排生产、组织进货和办理装运。

至于是将合同货物全部一次装运，还是分期、分批装运，也必须按合同规定办理。一般理解是：除非合同另有规定，卖方必须将合同货物全部一次装运；规定允许分期分批的合同，有的还明确规定分期分批的时间和数量，对此，卖方就必须按合同规定的分批时间和逐批数量装运。如果卖方对其中任何一期或多期不按合同规定履行装运义务，买方就可根据合同条款和卖方违约的具体情况，要求损害赔偿和/或对某一期交货的合同宣告无效，或对该期以及今后未交各期的合同宣告无效。如果各批货物是相互依存的，不能单独用于双方当事人在订立合同时所设想的目的，则买方可对已交和未交各期的整个合同宣告无效。例如，出售的是大型机械设备，按合同规定，设备的各部件分别装箱，分期交货，待各期交付的货物到齐后，在买方的所在地组装。如其中有一期未交付或交付的质量不符合同规定，且又无法通过修理或替换来加以弥补，由于各期交付的货物相互依存，不可分割，缺少了任何一期交付的货物的部件，整机就无法组装，因而使买方无法达到订约时的预期目的，这样构成了对整个合同的根本违约，买方可宣告整个合同无效。对已交的货物，买方也应有权退还给卖方，已付货款也可向卖方收回。UCP600 第 41 条对“分期装运”(Shipments by Installments)也有规定：“如信用证规定在指定的时期内分期支款及/或装运，而任何一期未按期支款及/或装运，除非信用证另有规定，则信用证对该期及以后各期均告失效。”上述规定与《公约》第 73 条第(2)款的规定是一致的。

5）所有权

卖方对出售的货物应当拥有完全的所有权，并保证不侵犯他人的权利是卖方必须承担的又一项默示的合同义务。

根据我国《合同法》，出售的货物应当属于卖方所有或者卖方有权处分。卖方对交付的货物，负有保证第三方不得向买方主张任何权利的义务。《公约》第 41 条也明确指出：卖方所交付的货物，必须是第三方不能提出任何权利和要求的货物。所谓“第三方的权利和要求”主要是指货物的所有权、担保利益或其他类似权益。例如，他人寄存的货物，其所有权原不属于卖方，如卖方用于作为履行合同义务将其交付给买方，则货主有权追回货物；又如 CIF 或 CFR 合同的卖方把货物交由船公司装运给买方，如卖方不付清运费，船公司可作为债权人对所承运的货物具有担保利益，在运费偿清前，可对货物行使留置权。在法律上，留置权是一种担保物权，是指债权人占有债务人的动产，在由此产生的债权未受清偿前有将其扣留的权利。在履行合同过程中，如果出现第三方对货物提出上述权利要求时，卖方就必须采取适当步骤，在买方认为合理的时间内，解除第三方的这些要求，以保证不影响买方对货物的占有和支配，并确保买方不因此而遭受可能引起的损失。

所谓不得侵犯他人的权利，主要是指不得侵犯他人的工业产权和其他的知识产权。《公约》第 42 条明确指出：卖方所交付的货物，必须是第三方不能根据工业产权或其他知识产权主张任何权利或要求的货物。所谓知识产权(Intellectual Property)，是一种无形的财产所有权。它包括版权(Copyright)和工业产权(Industrial Property)。工业产权又包括商标(Trade Mark)、专利(Patent)、实用新型(Utility Model)、外观设计(Design)、服务标记、商号名称等。现在全世界有 150 多个国家和地区实行专利制度，通过专利法对上述无形的财产所有权加以保护，不容侵犯。

工业产权和其他知识产权是有地域性限制的。在一个国家内获得批准的独占权，只在该国境内有效。根据《公约》第 42 条的规定，如买卖双方在订立合同时预期货物将在某一国境内转售或做其他使用，则以该国对有关工业产权和其他知识产权的法律为准，或者在任何其他情况下，根据买方营业地所在国家的法律。但是，如果卖方是按照合同规定并根据买方提供的技术图样、图案、程式或其他规格生产和交付的货物，是否侵犯他人的权利，卖方一般并不知情。因此，按照常理卖方可不承担侵犯他人工业产权和其他知识产权的责任，而其有关责任应由买方承担。《公约》第42条对此也有规定。但是，由于此类侵权纠纷较为复杂，其责任界限也并非所有国家和地区的每一个商人都很清楚，为明确责任，避免不必要的纠纷，在我国的出口业务中，当接受外商来样定制、来料来件加工装配和补偿贸易中可能涉及有关商标、专利等工业产权和其他知识产权时，最好都在合同中规定“关于任何违反涉及工业产权与其他知识产权的行为概由买方负责，与卖方无关”的条款。这是实践证明通过双方协议排除卖方侵犯他人权利担保的有效做法。

在我国的出口业务中，除应注意防止我国产品侵犯他人知识产权外，也应重视对我国自有知识产权的保护工作，对于我国的名牌商品，特别是在国际市场上已有一定声誉的商标，应当及早在目标市场的有关国家和地区办好商标注册手续，同时要防止外商将我方商标以他自己的名义或仿冒影射我方商标抢先注册，从而阻碍我方正常出口，有的甚至在抢先注册后向我方漫天要价，进行讹诈，使我方陷入被动。

6.2.2 报验

凡属国家规定法检的商品，或合同规定必须经中国进出口商品检验检疫局出证的商品，在货物备齐后，应向商品检验局申请检验。只有取得商检局发给的合格的检验证书，海关才准放行。经检验不合格的货物，一般不得出口。

申请检验的手续如下所示。

(1) 凡属法定检验的出口商品，必须根据《中华人民共和国进出口商品检验法》及其实施条例、《中华人民共和国进出境动植物检疫法》及其实施条例、《中华人民共和国国境卫生检疫法》及其实施细则、《中华人民共和国食品卫生法》与国家质量监督检验检疫局制定的《出入境检验检疫报检规定》的规定，在规定的地点和期限内，持出口合同、信用证副本、发票、装箱单以及其他必要的证单向出入境检验检疫机构报检。检验检疫机构应当在不延误装运的期限内，实施或者组织实施检验检疫完毕。检验、检疫合格的，按照规定签发检验检疫证书和通关单，海关凭此放行。在产地检验的出口商品，需要在口岸换证出口的，应向产地检验检疫机构提出申报，由产地检验检疫机构按照规定签发检验、检疫换证凭证，发货人应在规定期限内持检验检疫换证凭证和出口合同等证单，向口岸检验检疫机构报请查验。经查验合格的，由口岸检验检疫机构换发检验检疫证书和通关单，海关凭此放行。

(2) 对于不属于法定检验范围的出口商品，出口合同约定由检验检疫机构检验的，也需按合同规定，持买卖合同等有关证单向检验检疫机构报检，由检验检疫机构实施或组织实施检验检疫，在取得检验合格并能证明货物符合合同的证书之后，方可以此作为交货的依据。

(3) 对于出口食品检验检疫，必须根据《中华人民共和国进出口商品检验法》、《中华人民共和国进出境动植物检疫法》、《中华人民共和国国境卫生检疫法》、《中华人民共和国食品卫生法》与《出入境检验检疫报检规定》的规定实行。为了提高出口食品卫生质量，适应国际贸易需要，规定出口食品的加工厂、屠宰场、冷库、仓库(简称厂库)必须按照

《出口食品厂、库卫生注册细则》的规定，向所在地的出入境检验检疫机构申请注册。厂库必须符合《出口食品厂、库卫生要求》；向国外注册的要符合有关进口国家卫生当局规定的兽医、卫生要求。出口食品厂、库在取得注册证书和批准编号后，方准加工生产或者储存出口食品。对出口食品施行兽医检疫和卫生检验按下列规定办理。

① 进口国家卫生当局对食品的兽医检疫和卫生质量有特殊要求的，按要求检验。

② 出口贸易合同对食品的兽医检疫和卫生质量有具体规定的，按合同规定检验。

③ 出口贸易合同没有具体规定兽医检疫和卫生质量要求，进口国家不要求出具兽医、卫生证书的食品，按照国家食品卫生标准或者出口食品质量检验标准检验。

对于出口食品，经检验合格的，按照规定签发兽医、卫生证书；对于国外不要求出具兽医、卫生证书的，签发通关单放行，但应办理注册，并在规定的有效期内；对没有取得注册证书和批准编号的出口食品厂、库的产品不予签发上述证单。海关对一切出口食品，凭出入境检验检疫机构签发的检验证书与通关单验放。

(4) 凡属危险货物，其包装容器，应由生产该容器的企业向检验检疫机构申请包装容器的性能鉴定。包装容器经检验检疫机构合格并取得性能鉴定证书，方可用于包装危险货物。生产出口危险货物的企业，必须向检验检疫机构申请危险货物包装容器的使用鉴定。使用未经鉴定合格的包装容器的危险货物不准出口。

(5) 对装运出口易腐烂变质的食品、冷冻品的船舱、集装箱等运输工具，承运人、经办将货物装入集装箱的单位或其代理人必须在装运前向检验检疫机构申请清洁、卫生、冷藏、密固等适载检验，经检验合格并取得证书，方可装运。

(6) 动植物检疫对保护人民身体健康具有非常重要的现实意义。出口动植物，动植物产品凡有检疫要求的，出口单位或其代理人应事先填写报检单，向检验检疫机构申请检验，经检验合格，取得检疫证书，方可出口。经检疫发现有害病虫的不准出口，经除害处理后方准出口。

在申请人申请报验并缴纳检验费以后，商检部门根据《出口报验申请单》，并参阅合同副本或信用证副本等，对出口产品进行检验，符合要求后，即可出具检验证书。

另外，出口企业在报验时要先填写《出口报验申请单》。《出口报验申请单》一般都要求用中文和英文或另外一种外文填写。在填写时，要注意中、外文字在意义上的一致性，否则会引起纠纷或造成不应有的经济损失。《出口报验申请单》填写后交商检部门，并经商检部门审查同意后，即完成了申请报验工作。

申请报验的时间，当地出口企业在发运前7～10天申请；外地出口企业在发运前10～15天申请；鲜货应该在发运前3～5天申请。

申请报验以后，如果出口人发现《出口报验申请单》内容有误，或中、外文意义不合适，或因其他原因，如需要改变供货的规格、数量、收货地点等内容时，应及时向商检部门提出更改申请，并填写《更改申请单》，说明更改的项目和原因。

当企业具备电子报检的软硬件条件后，可以通过网上申报系统进行电子报验。

货物经检验合格，即由商检局发给检验证书，出口公司应在检验证书规定的有效期内将货物出运。如超出有效期装运出口，应向商检局申请展期，并由商检局进行复检合格后才能出口。

6.2.3 催证、审证和改证

1. 催证

在实际业务中，有时国外进口商在遇到市场发生变化或资金发生短缺的情况时，往往会拖延开证。对此，我们应催促对方迅速办理开证手续，特别是大宗商品交易或按买方要求而特制的商品交易，更应结合备货情况及时进行催证，必要时，也可请我国驻外机构或有关银行协助代为催证。

信用证是保证卖方是否能安全、及时收到货款的保证文件。因此，对于卖方来说，越早收到信用证越好。如果买方推迟开信用证的时间，就有可能给卖方带来风险。尤其是一些大型机器设备、成套设备等产品的出口，带来的风险就更大。为此，在交易磋商中和签订合同时，卖方应该要求买方在规定的合理时间内尽早开来信用证，并在合同中订明有关晚开信用证的处理办法，以促使买方及时开出信用证。如果买方晚开信用证已成事实，卖方应尽快查明原因，并采取相应措施。如果买方未及时开来信用证的原因是资金不足导致不能支付货款，或企业不景气面临倒闭，卖方则应采取合理方式终止合同，停止供货，以免造成更大的经济损失。

2. 审证

信用证应该是以合同为依据开立的，其具体内容应与合同中的有关条款相一致。但是，在进口方和进口地银行办理信用证的过程中，可能由于买方对卖方所在国的具体政策和贸易习惯不了解，或者由于某种疏忽，或者对某些情况不了解，或者为了自己的利益而故意在信用证上做文章，使开来的信用证在个别内容上与合同条款所规定的内容不一致，给卖方带来业务风险。因此，卖方收到买方开来的信用证以后，应该根据合同中的有关条款对信用证进行认真的审核。

审核信用证是卖方或其他受益人和通知行的共同责任。卖方或其他受益人主要审核信用证的内容是否与合同所规定的相应内容一致，例如装运期、交单期，尤其是关系到收取货款的内容更要仔细审核。但是，它并不是要求信用证的条款与合同完全一致，它是以是否影响出口企业及时、安全收汇为总的原则。通知行主要审核开证行的资金情况、信用背景、付款责任、索汇路线、信用证的真伪等项目。审核信用证是一项十分重要的工作，因此，一定要仔细、认真地进行。对信用证的所有文字、条款都要仔细分析、逐字逐句核查，千万不要粗心大意。审核信用证时主要应注意下列问题。

(1) 审核来证内容是否符合我国关于对外贸易的有关规定。例如，信用证来自与我国签订有贸易协定的国家的银行时，应该核查一下开证行是否属于协定中指定的开证行，所使用的货币和记账方式是否符合协定的规定。如果开证行不是与我国有来往的国家和地区的银行，原则上要拒绝接受。

(2) 要审核开证行的资信情况。要了解开证银行的资金储备情况，因为资金储备情况直接涉及支付能力；同时还应了解开证银行的商业信誉情况。如果开证行支付能力差或商业信誉不好，原则上不应接受该行开立的信用证，除非该行所开立的信用证由另一家经常与我国有贸易往来的、资信情况较好的银行保兑。另外，信用证中应该有保证付款的说明，同时，还要对索汇方式和索汇路线进行分析，如果认为不妥，也应要求开证方修改。

(3) 审核信用证的签字或印鉴是否真实，电开信用证的密押是否符合。

(4) 审核信用证的性质是否与合同规定的相符。在出口业务中，我国一般都要求国外买方开立不可撤销信用证。这种信用证可以使我方安全收汇。如果对方开来的是可撤销信用证，应要求对方改证。有些信用证，虽然名义上是不可撤销信用证，但在证内却列有限制性条文。例如，规定"接到我方的通知后方能生效"(Subject to receipt of our advice to that effect)，或者"该证领取进口许可证后生效"(This L/C is not operative until import license granted)。对于这样的信用证，原则上不能接受。如果上述限制性条文确定是由于进口国的某些规定或其他客观原因造成的，可以考虑接受。如果合同规定采用即期付款的办法，而信用证却要求开远期汇票，则应判断是真远期还是假远期，对假远期汇票可以考虑接受，对真远期汇票，则不可接受。如果开来的是对开信用证，应查明信用证生效时间，防止对方履行出口义务后不再履行进口义务。如果没有关于生效时间的限制性文句，则应要求对方加列。如果来证是循环信用证，应审核循环次数、金额及循环方式是否与合同规定相符，若不相符，应要求对方修改。对于内容为"另函详"(Airmailing Detail)的电开信用证，一般要等正本信用证开来后再进行审核。

(5) 审核开证申请人和受益人的名称、地址是否与合同相符。如不相符，应要求对方改证。

(6) 审核信用证中的商品名称、规格、数量、单价及包装是否与合同中规定的一致。如有差错，应要求对方修改。

(7) 审核信用证中的总金额、货币种类等是否与合同规定的相符。若不相符，应该要求对方改证。

(8) 审核信用证的装运期、有效期和到期地点。有效期一般要比装运期晚 15 天左右。对于双到期信用证，即只有装运期而无有效期或只有有效期而无装运期的信用证，或者有效期与装运期为同一天的信用证，应该注意审查。对于第一种情况，应该要求对方改证。对于后两种情况，如果船、货均无问题，也可以考虑接受。但要注意信用证的有效期，要留有充分余地，要尽快发货，以保证在信用证有效期内制单结汇。信用证的到期地点应在我国国内，否则不应接受。

(9) 审核信用证中规定的装运港(地)和目的港(地)。装运港(地)应该是中国某港口或某地。对于目的港(地)，在信用证中应标明清楚，并且应与合同中的规定相一致。

(10) 应弄清楚来证所需要随附的各种单据及其他有关要求，对于我方难以办到的，应及时要求对方改证，否则会给我方带来被动。

3. 改证

对国外来证的审核和修改，是保证顺利履行合同和安全迅速收汇的重要前提，我们必须给予足够的重视，认真做好审证工作。《跟单信用证统一惯例》规定：未经开证行、保兑行和受益人同意，不可撤销信用证既不能修改，也不能取消。因此，对不可撤销信用证中任何条款的修改，都必须在有关当事人全部同意后才能生效。

对信用证进行审核以后，如果发现其中有与合同不相符的内容或对我方不利的交易条件，应及时通知对方改证。尤其是对那些影响出口企业及时、安全收汇的内容，应坚决要求对方改证。但是，在通知对方的时候，要态度友好、言词慎重、方法灵活，使对方易于接受。同时应注意以下问题。

(1) 在审证过程中，对于言辞难以理解的、容易造成误解的地方，应要求对方详细说明、予以明确。

(2) 对信用证中要求修改的内容，应该尽量做到一次性向对方提出。这样，不仅可以节省时间，而且可以促使对方持慎重态度。

(3) 对于某些内容，若对方改证后我方仍无法接受，仍可以要求对方改证，直至满意为止，但要注意不要影响履行合同的时间。

(4) 卖方收到“修改通知书”以后，在认为内容可以接受以后才能办理装运，并且应将“修改通知书”与原信用证合并一起，以用于议付货款。

(5) 对于不可撤销信用证中任何条款的修改，都必须在有关当事人全部同意的情况下才能生效。这是一般国家银行都公认的惯例。

(6) 修改信用证的程序，若是我方提出，则应首先征得开证申请人同意，再由开证申请人向开证行提出修改，修改后的信用证仍应由通知行转给受益人，并由通知行再次对其真实性进行检验。

(7) 自发出修改信用证之日起，开证行即已受该修改内容的约束，并且对已经发出的修改内容不得撤销。

(8) 对统一修改通知的部分，接受是不允许的，也是无效的。

(9) 信用证修改后若与合同不符，应该向对方寄送合同修改书，以免产生不必要的麻烦。

6.2.4 租船、订舱和装运

在CIF或CFR条件下，租船订舱是卖方的责任之一。如出口货物数量较大，需要整船载运的，则要对外办理租船手续；对出口货物数量不大，不需整船装运的，则安排洽订班轮或租订部分舱位运输。

(1) 各进出口公司填写托运单(B/N)，作为订舱依据。所谓托运单是指托运人根据贸易合同和信用证条款内容填写的向承运人办理货物托运的单证。承运人根据托运单内容，并结合船舶的航线挂靠港、船期和舱位等条件考虑，认为合适后，即接受这一托运，并在托运单上签章，留存一份，退回托运人一份，至此，订舱手续即告完成，运输合同即告成立。

(2) 船公司或其代理人在接受托运人的托运单证后，即发给托运人装货单(S/O)。

装货单俗称下货纸。其作用有三：一是通知托运人货物已配妥××航次××船，装货日期，让其备货装船；二是便于托运人向海关办理出口申报手续，海关凭此验放货物；三是作为命令船长接受该批货物装船的通知。

(3) 货物装船之后，即由船长或大副签发收货单，即大副收据。收货单是船公司签发给托运人的表明货物已装船的临时收据。托运人凭收货单向外轮代理公司交付运费并换取正式提单。

报关是指进出口货物装船出运前向海关申报的手续。按照我国海关法规定：凡是进出国境的货物，必须经由设有海关的港口、车站、国际航空站进出，并由货物所有人向海关申报，经过海关放行后，货物才可提取或者装船出口。

凡是按 CIF 价格成交的出口合同，卖方在装船前，须及时向保险公司办理投保手续，填制投保单。出口商品的投保手续，一般都是逐笔办理的。

做好“四排”、“三平衡”的工作。“四排”是指以买卖合同为对象，根据进程卡片反映的情况，其中包括信用证是否开到、货源能否落实，进行分析排队，并归纳为 4 类，即“有证有货、有证无货、无证有货、无证无货。”“三平衡”是指以信用证为依据，根据信用证规定的货物装船期和信用证的有效期的远近，结合货源和运输能力的具体情况，分轻重缓急，力求做到证、货、船 3 方面的衔接和平衡，尽力避免交货期不准、拖延交货期或不交货等现象的产生。

6.2.5 投保

办理保险的目的主要是一旦在运输过程中货物发生了风险和损失，可以得到经济补偿。凡是以 CIF 价格条件成交的出口合同，都由出口方办理投保手续。投保手续最好要在托运货物运离仓库之前办理。我国的出口业务要按照合同或信用证中规定的保险条款，向中国人民财产保险股份有限公司逐笔办理投保手续。

办理保险时，要注意掌握运输途中可能发生的风险，然后投保合适的险别。要注意各种险别的承保责任范围，否则，有可能发生重复投保的现象，造成经济损失。

如果货物是按 CFR 价格条件成交的，由于租船订舱是卖方的责任，而投保则是买方的责任，所以，卖方应该在装船之后及时通知买方，以便让买方及时到保险公司办理保险手续。否则，一旦货物在运输途中遇到风险而遭受损失，则应由卖方负全部责任。

出口企业在办理保险手续时，要认真填写对外运输投保单，附上托运单上的保险联并缴纳保险费，在保险公司审核后，签发保险单。

6.2.6 出口报关

报关是指出口企业在货物装运前，向海关申报有关货物出口的手续。按照我国《海关法》规定，凡是进出口的货物，必须经由设有海关的港口、车站、国际航空站进出，并向海关申报，经海关查验后方可放行。

办理出口报关手续时，首先要填写出口报关单，并由专职报关员办理出口报关手续。出口报关时需要随附的单据有：商业发票、装箱单、商检证书、出口许可证，有时还要提供合同和信用证的副本。海关对货物、证书、单据查验无误后在装货单上盖章放行(俗称通关)后，出口企业方可办理装船事宜。有的货物在报关时还要缴纳出口税。

国家质检总局和海关总署联合开发了电子通关联网核查系统。并于 2003 年 1 月 1 日在主要口岸的检验检疫机构和海关推广使用。

电子报关是指进出口货物收(发)货人或其代理人通过计算机系统，按照《中华人民共和国海关进出口货物报关单填制规范》有关要求，向海关传送报关单电子数据，并备齐随附单证的申报方式。

进行电子报关要向属地海关提出应用无纸通关的申请并得到批准，与属地海关、中国电子口岸数据中心签订无纸通关协议书，配置相应的软、硬件设备，申请并获得中国电子口岸专用IC卡。

出口货物的报关时限是在出口货物出运的24小时之前。

6.2.7 装运

托运人在指定的日期与地点将货物运送至码头以后，由港区收费后进行装运。托运货物经海关查验后，在装货单上加盖放行章，即放行装船。一般散货与集装箱在装运时，托运人均无须到场；而大宗散货租船装运，或成套设备装船，托运人均应该在现场监督装运。

6.2.8 发装运通知

在CIF合同下，按国际惯例以及我国的出口业务中的习惯做法，我国的出口企业于货物装运(装船)后，应向国外买方以电讯方式及时发出装运通知(或称“装船通知”)，以便买方为收取货物事先采取必需的措施。例如，为付款、赎单和进口报关等做准备，以及有时买方还可能拟自付费用加保其他险别及/或增加投保金额。

装运通知的内容一般有合同或确认书号、信用证号、货物名称、数量、总值、唛头、装运口岸、装运日期、船名、航次等。现举例如下。

We shipped 4860 sets colour television under S/C NO. EF94SP - 71 - 023 and L/C NO. 764351 in 6 containers of 810 sets each, amount USD 729 000 on board Tuohe on 15th July 2011. The estimate departure time is on or about 17th July from Shanghai to Singapore and the voyage - number is V. 144.

确认书NO. EF94SP - 71 - 023，信用证NO. 764351，彩色电视机4 860台，装6个集装箱，每箱810台，金额729 000美元，2011年7月15日装上陀河号轮，航次NO. V. 144，约7月17日自上海起航往新加坡。

从以上出口合同履行的环节可以看出，在出口合同履行过程中，货、证、运(船)的衔接是一项极其细致而又复杂的工作。因此，出口企业必须加强对出口合同的管理，建立起能反映出口合同执行情况的进程管理制度，以保证按时交付和装运货物，保证出口合同得以顺利履行。

6.2.9 制单结汇

制单结汇是指进出口公司按照合同和信用证的要求，在货物装船之后，及时制备所需单据，在信用证规定的交单有效期内，持所需单据向议付行议付货款。

1. 对出口单据的基本要求

出口企业在制单过程中，一定要认真、细致，做到单证一致、单单一致、单货一致。否则，都可能遭到银行的拒付或者外商的拒付，或者因为存在“不符点”而被外国银行扣款，造成不应有的经济损失。因此，外贸单证不能随意地缮制，必须符合商业的有关惯例和法令规定及实际需要。缮制各种出口单证，原则上应该做到：正确、完整、及时、简洁、清晰。

1）正确

在制单工作的各项要求中，正确是单证工作的前提，单证不正确就不能安全结汇。因为不管是托收还是信用证项下，单据不正确，买方都有拒付货款的权利。这里所说的正确，至少包括两个方面的内容：一方面是要求各种单据必须做到“三相符”（单据与信用证相符、单据与单据相符、单据与货物相符）；另一方面则要求各种单据必须符合有关国际惯例和进口国的有关法令和规定。

2）完整

单证完整的一种意义是指成套单证的完整性。单证在通过银行议付或托收时，一般都是成套的而不是单一的。在以信用证支付的情况下，进口商只有按照信用证规定备好所需单证种类，银行才会履行议付或承兑的责任。

单证完整性的另一种意义是要求每一种单据的所填内容必须完备齐全。任何单证都有它的特定作用，这种作用是通过单证本身的特定内容即格式、文字、签章等来体现的，如果格式使用不当，项目漏填，文理不通，签章不全，就不能构成有效文件，也就不能为银行所接受。

此外，完整还要求出口人所提供的各种单据的份数要如数交齐，不能短缺。尤其是提单的份数，更应注意按要求出齐，避免不符。

3）及时

进出口单证工作的时间性很强，各种单证都要有一个适当的出单日期。及时出单是指各种单据的出单日期必须合理、可行，也就是说，每一种单据的出单日期不能超过信用证规定的有效期限或按商业习惯的合理日期。例如，保险单的日期必须早于提单的签发日期或同一时期，提单日期不得迟于装运期限，装运通知书必须在货物装运后立即发出等，这些日期如果搞错了同样会造成出单不符。

及时出单还反映在交单议付上。这里主要是指向银行交单的日期不能超过信用证规定的交单有效期。有些信用证除规定有效期外，还另外规定了交单期限。按照国际商会《跟单信用证统一惯例》规定，除交单期外，还应规定交单付款期、承兑期。过期都会遭到拒付或利息损失。因此，它要求出口人尽早制单和交单，以利于尽早收汇。

4）简洁

单证的内容应力求简化，简化单证不仅可以减少工作量和提高工作效率，而且也有利于提高单证的质量和减少单证的差错。

近年来，许多国家组织专业力量研究贸易程序和单证的简化工作，并已做了不少有益的尝试。随着我国外贸业务量的迅速增加，单证工作也日益繁重，如何适应贸易的发展，避繁就简，改革单证工作，这是一个十分值得研究的课题。

5）清晰

单证的外观质量在一定程度上反映一个国家、一个企业的业务和技术水平。如果说正确和完整是单证的内在质量，那么清晰则是单证的外观质量。所谓清晰，主要是指单证的表面是否清洁、美观、大方；单据中的各项内容是否清楚、易认，各项内容的记载是否简洁、明了。单据是否清晰，不但反映了制单人制单技术的熟练程度和工作态度，而且还会直接影响出单效果。单证的清晰要求单证格式的设计和缮制，力求标准化和规范化，单证内容的排列要行次整齐、字迹清晰，重点项目要突出醒目。有时即便单证相符和正确无误，而单据却涂改累累，不但不雅观，而且说明制单水平低，还给人一种印象——单据可能不真实。因此，清晰的单证应该尽量减少甚至不应该出现差错涂改的现象。各种单证的更改都要有一个限制点，不允许在一份单证上做多次涂改。若有更改处一定要盖校对章或简签。如涂改过多，最好应重新缮制。

单证的清楚、易认，要求在单证各项内容布局上合理，层次分明，清楚简洁，切不可将各项内容互相混合。同时，对单证内的各项内容也应该按照其主次顺序安排好，不要喧宾夺主。单证的简洁、明了，要求各种单证在论述各项内容时，造句流畅、语法规范，用词应力求简明扼要，恰如其分，尽量避免烦琐冗长。

总之，单证工作技术性强，既有国际规范化的一面，也有地区特殊性的一面。单证工作是对外贸易的一项基本工作，其质量高低直接影响到对外贸易的发展。因此，提高制单人员的素质、提高单证工作的质量，是我国发展对外贸易，促进经济发展的必然要求。对于制单人员来说，理解并掌握这些基本要求是十分重要的。

2. 交单结汇

交单指出口人在信用证交单到期日前和交单期限内向指定银行提交符合信用证条款规定的单据。这些单据经银行审核确认无误后，根据信用证规定的付款条件，由银行办理出口结汇。

在我国出口业务中，使用议付信用证比较多。对于这种信用证的出口结汇办法，主要有3种："收妥结汇"、"定期结汇"和"买单结汇"。

"收妥结汇"，又称"先收后结"，是指出口地银行收到受益人提交的单据，经审核确认与信用证条款的规定相符后，将单据寄到国外付款行索偿，待付款行将外汇划给出口地银行后，该行再按当日外汇牌价结算成人民币交付给受益人。

"定期结汇"是指出口地银行在收到受益人提交的单据经审核无误后，将单据寄给国外银行索偿，并在事先规定期限内将货款外汇结算成人民币交付给受益人。

"买单结汇"，又称出口押汇或议付，是指议付行在审核单据后确认受益人所交单据符合信用证条款规定的情况下，按信用证条款买入受益人的汇票和单据，并按照票面金额扣除从议付日到估计收到票款之日的利息，将净数按议付日人民币市场汇价折算成人民币，付给信用证的受益人。议付行买入汇票后，就成为汇票的善意持有人，即可凭汇票向信用证的开证行索取票款。根据UCP600规定，银行如仅仅审核单据而不付出对价不能构成议付。买单结汇是议付行向信用证的受益人提供了资金融通，可加速出口人的资金周转，有利于扩大出口业务。

3. 处理单证不符情况的几种办法

在信用证项下的制单结汇中，议付银行要求"单证相符"。但是，在实际业务中，由于种种原因，单证不符情况时常发生。这时，如果信用证的交单期允许，应及时修改单据，使之与信用证的规定一致。如果交单期不允许及时改证，出口企业应视具体情况，选择以下处理方法。

(1) 表提，即信用证受益人在提交单据时，如存在单证不符，向议付行主动书面提出单、证不符点。通常议付行要求受益人出具担保书，担保如日后遭到开证行拒付，由受益人承担一切后果。在这种情况下，议付行才为受益人议付货款。因此，这种做法也被称为“凭保议付”。表提的情况一般是单证不符情况并不严重，或虽然是实质性不符，但事先已经由开证人(进口商)确认可以接受。

(2) 电提，即在单证不符的情况下，议付行先向国外开证行拍发电报或电传，列明单证不符点，待开证行复电同意再将单据寄出。电提的情况一般是单证不符属实质性问题，金额较大。用电提方式可以在较短的时间内由开证行征求开证申请人的意见。如获同意，则可以立即寄单索汇。此时，开证行不能以电提中已经提到的不符点拒付。如果不获同意，受益人可以及时采取必要措施对运输中的货物进行处理。但是采用电提应注意，电提不符点应一次全部提出，否则，就失去电提的意义。因为，开证行可以以其他不符点拒付。

(3) 跟证托收，如出现单、证严重不符，议付行不愿用表提或电提方式征询开证行的意见。在此情况下，信用证就会彻底失效，出口企业只能采用托收方式，委托银行寄单代收货款。

这里要指出的是无论是采用“表提”、“电提”，还是“跟单托收”方式，受益人都失去了开证行在信用证中所作的付款保证，从而使出口收汇从银行信用变成了商业信用。

6.2.10 出口收汇核销

出口收汇核销制度，是国家加强出口收汇管理，确认国家外汇收入，防止外汇流失的一项重要措施。凡是在中华人民共和国境内登记注册，并经省市主管部门批准的经营出口业务的企业，包括有对外贸易经营权的中外资企业向境外出口货物，均应当在其注册所在地外汇管理局办理出口收汇核销手续。为了加强管理，现今各地的外汇管理局、海关和外汇指定银行已经实现了计算机联网。

下面简单讲述一下出口收汇核销单的基本操作流程。

出口企业向当地外汇管理局办理外汇核销登记手续，申领空白核销单。在办理出口货物报关前，先进行网上备案，然后出口企业填制报关单据与出口收汇核销单，凭此向出口口岸海关办理出口报关手续。海关核对与验证货物后在核销单上签注盖章，将核销单与相应的报关单退还给出口企业。出口单位报关发货后，在向议付行或托收行递交单据时，必须附上与该票出口单据有关的核销单。银行收妥货款后，制作结汇水单，并且在出口收汇核销单内进行签注后与结汇水单一起退还给出口企业。出口企业收汇后，凭“出口收汇核销单”、“出口货物报关单(外汇核销联)”和“结汇水单”向当地外汇管理局办理收汇核销手续。外汇管理局经审核无误后，在核销单内加盖“已核销章”，并将核销单退税联退还出口企业。出口企业凭海关盖印批准的出口退税报关单与撕下的核销单退税存根向退税地税务机关办理退税手续。

6.2.11 出口退税

出口退税是指对已报关离境的商品，由税务机关将其出口前在生产和流通各环节中已缴纳的国内税收款退还给已出口企业，使出口产品以无税成本进入国际市场，加强其市场竞争力。

申请退税必须向税务机关提供盖有验讫章的出口货物报关单、银行的出口结汇水单、出口专用发票、出口产品购进发票，即“两单两票”。另外，企业还必须每半年向税务机关提供一次经当地外汇管理局出具的“已核销”证明。

6.2.12 理赔

卖方在处理索赔时，应注意下列各点。

(1) 要认真仔细地审核国外买方提出的单证和出证机构的合法性。对其检验的标准和方法也都要一一核对，以防买方串通检验机构弄虚作假或国外的检验机构检验有误。

(2) 要认真做好调查研究，弄清事实，分清责任。

(3) 要合理确定损失程度、金额和赔付办法。

6.2.13 非信用证结汇与国际保理业务

国际保理业务的含义：国际保理又叫承购应收账款业务，是指在使用托收、赊销等非信用证方式结算货款时，保理商向出口商提供的一项集买方资信调查、应收款管理和追账、贸易融资及信用管理于一体的综合性现代金融服务。

1. 国际保理业务的当事人

国际保理业务的当事人包括：①供货商；②债务人；③出口保理商；④进口保理商。

2. 国际保理业务的基本程序

(1) 进出口商签订货物买卖合同，规定使用D/A或O/A等非信用证结算方式。

(2) 出口商与出口保理商签订保理协议，并书面提出对进口商所审查的信用额度。

(3) 出口保理商将出口商提出的信用额度申请转给与之有业务往来的进口保理商。

(4) 进口保理商对进口商的资信进行调查和评估，确定进口商的信用额度，告知出口保理商，并转通知出口商。

(5) 出口商到期交货，并提交发票及各项货运单据。

(6) 出口商同时将发票副本交出口保理商，即可取得80%的发票金额融资。

(7) 出口保理商将发票副本送交进口保理商，进口保理商将发票入账，并定期催促进口商按期付款。

(8) 进口商到期向进口保理商支付发票全部金额。

(9) 进口保理商将发票金额拨交出口保理商。

(10) 出口保理商扣除预付货款、服务费用及其他费用，将货款余额交出口商。

3. 国际保理业务的特点

①贸易融资；②信用风险担保；③销售分账户管理和催收应收账款；④资信调查和信用评估。

4. 国际保理业务的选择

(1) 出口商对进口国的有关法规、外汇管制、关税政策等缺乏了解，在出口交易中遇到实际困难。

(2) 希望扩大出口，同时又希望尽量减少收汇风险。

(3) 采用托收或赊销等非信用证方式，可能发生逾期或拖欠货款的情况。

(4) 遇有良好出口机会，但进口商不愿开立信用证。

(5) 出口商有融资要求。

(6) 对进口商资信情况及清偿能力存在顾虑，希望解除账面管理和应收账款烦恼，以避免坏账损失。

出口合同的履行程序如图 6.1 所示。

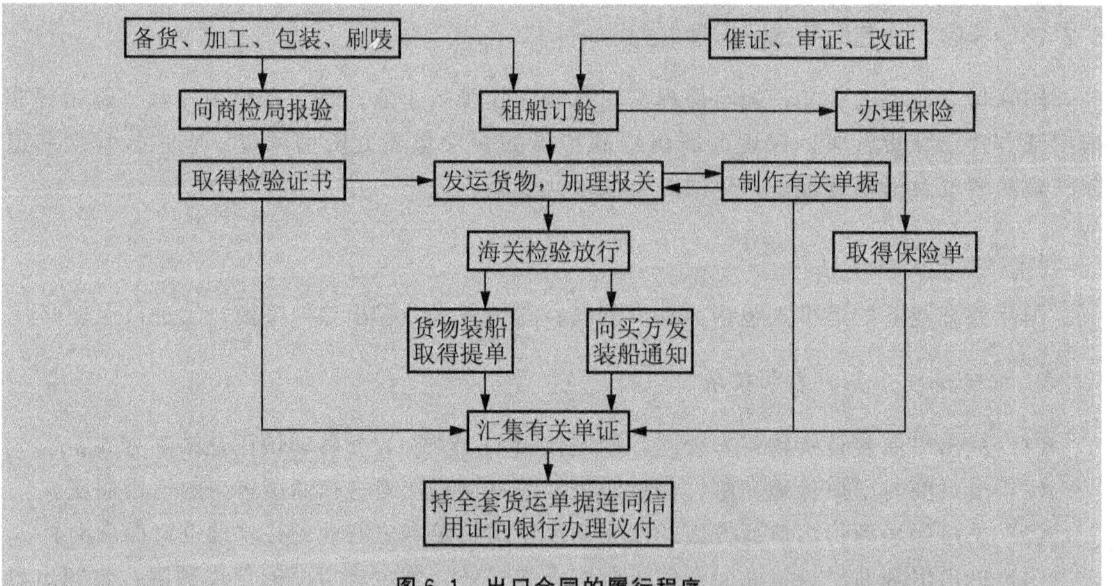

图 6.1 出口合同的履行程序

阅读案例 6-3

报关单填写错误导致无法出口退税案

【案情简介】

A 公司在 2010 年委托其客户指定的船公司出口近 50 万美金的货物，涉及 50 多万的出口退税。具体情况是，由于 A 公司采购时是以“盒”为单位采购的，A 公司提供的报关单上也是注明“506 000

Boxes”，所以工厂的增值税发票开的单位也是以“506 000 盒”为单位。由于船公司在重新填写报关单时却将“Boxes”漏打，只标明“506 000 KGS”，因此海关计算机上该产品的数量为“506 000 千克”，导致报关单上的内容与发票上的数量与单位不同，A公司不能正常退税。A公司要求船公司办理该单，就是要在品名下注明“506 000 Boxes”，但是由于船公司的一再拖延，导致A公司无法办理退税手续，A公司不断催促船公司办理该单，考虑到手续麻烦需要较长时间，要求对方必须在3个月内将改后的单据退还给A公司，否则要其承担由于不能正常退税造成的相关经济损失，3个月后，总算了解此案，请问从此案例中可以吸取哪些教训？

【案例点评】

从本案例可以吸取以下教训。

(1) 报关时应注意报关单上资料的准确性，可能由于一个资料的问题，会造成不能正常报关，正常出运，正常的退单，正常的退税等。

(2) 注意报关单据上的单位，为了避免类似的事情再次发生，在海关计量单位与我们要求的计量单位不同时，需特别要加注我们所要求的单位。

(3) 报关的品名与数量、单位，必须与工厂开具的增值税发票一致。

6.3 进口合同的履行

进口和出口是对外贸易交易的两个方面。下面以FOB价格条件信用证付款签订买卖合同来简单介绍一下进口合同履行中的一些问题。进口合同履行的程序主要包括开立信用证、租船订舱、装运、办理保险、审单付汇、接货报关、检验、拨交、索赔等。在合同履行过程中涉及的部门有进口企业、运输部门、商品检验机构、银行、保险公司及用货单位等。

6.3.1 开立信用证

在进口合同履行过程中，进口方的第一项义务就是开立信用证。进口方应该按照合同的规定，及时填写开证申请书，向开证行办理开证手续。开证行收到申请书后，在审核进口人的资信等情况以后，按进口方的申请开立信用证。

1. 开立信用证的依据与内容

信用证的开立要以合同为依据。信用证的内容应该与合同条款的内容相一致。例如，品质、数量、价格、总金额、交货期、装货期、装货条件、装运单据等都要与合同中相应条款的规定相一致。

2. 信用证的开立时间

信用证的开立时间应该按照合同的规定办理并考虑到邮寄时间而适当提前。如果合同规定买方要以卖方领取出口许可证为条件，则买方应在收到能够证明卖方确实领到出口许可证的证明或通知后，再申请开证。如果合同规定在卖方确定交货期后开证，则应在收到卖方交货通知书后再申请开证。

3. 信用证的修改

将开出的信用证通知给卖方后，如果卖方经过审证后不同意信用证的部分内容，则会来函要求改证。如果卖方的要求合理，买方应予以接受，并认真改证，及时到银行办理改证手续。

6.3.2 租船订舱

以FOB价格条件为基础的进口合同，由进口方租船订舱，按时派船接货。FOB合同中一般规定，卖方应在交货前的一定时间内将预计装船日期通知买方，买方接到通知后，要及时办理租船订舱等有关事宜。

在我国，多数进口企业进口货物的租船和订舱工作统一委托给外运公司办理。进口企业接到卖方寄来的关于装船日期的通知以后，向外运公司填交进口订舱联系单，连同合同副本，委托外运公司代为安排船只或舱位。当外运公司安排好船只和舱位以后，买方应该及时向卖方发出装船通知。通知内容一般包括即将派去的船名、预计到达装运港的日期以及装载数量等，并要求卖方确认。卖方确认后通知买方，然后才由买方派船去装运港装运货物。船到装运港后，卖方应及时装船。货物装船后，卖方要及时通知买方。

6.3.3 办理保险

以FOB或CFR价格条件签订的进口合同，货物的运输保险由进口方办理。目前，我国进口货物保险工作由中国人民财产保险股份有限公司按照各进口企业与其签订的预约保险合同办理。

按照预约保险合同规定，所有按FOB和CFR价格条件进口的货物，进口企业在收到国外装船通知后，只要把船名、提单号、开航日期、商品名称、数量、装运港、保险金额等内容及时通知中国人民财产保险股份有限公司，保险公司便可自动承担保险责任。由于保险直接关系到双方利益，因此，在买方办理保险时，一定要及时。

6.3.4 审单付汇

中国各商业银行在收到国外寄来的货运单据以后，首先应核对货运单据和信用证，对其进行“表面上”的审核，如果做到了“单单一致、单证一致”，便可以向国外分行或代理行(统称“议付银行”)付款，并通知进口企业按照外汇牌价买汇赎单。如果中国各商业银行在审理国外寄来的有关单据时，发现“表面上”单证不一致或单单不一致，应立即通知国外议付行改证后再执行付款义务，或与我方进口企业协商是否接受该单据。

开证行或其他银行审核单据的合理时间为从收到单据次日起不超过5个银行工作日，在此期间，审核和决定接受或拒绝接受单据，并通知交单方。

一般情况下，不管单证是否相符，银行都要把单据交进口企业复审。在收到单据后，进口企业应该在次日起3个工作日内回复。若没有回复，即表示默认同意银行付款。

开证行在向外付款的同时，即通知我国进口企业向开证行买汇赎单。

6.3.5 进口报关与查验

进口货物到货后，由我国海关对进口货物实行监管，经过申报、查验货物、征收关税和结关放行4个环节。

进口报关法定时限为自运输工具申报进境之日起14天内，超过14天期限未向海关申报的，由海关按日征收进口货物CIF价格的5‰的滞报金。超过3个月未向海关申报的，由海关提取拍卖，所得款项扣除费用与进口税款，尚有余额的，自货物变卖之日起1年内，经收货人申请予以发还。

收货人或其代理人，在规定的时限内向海关申报、交验规定的单据(包括进口报关单及进口许可证和其他批准文件、提货单、发票、装箱单、减税或免税证明文件等)，办理进口报关手续。海关凭收货人或其代理人所提供的单据，对货物进行查验，检查核对实际进出口货物是否与报关单和进口许可证相符。

查验进口货物，一般在海关监管区域内的场地、仓库进行。查验进口货物时，收货人或其代理人应该到场并负责开拆包装。对散装货物，可以在现场进行查验。对成套设备或特殊货物，也可以到收货人的仓库、场地进行查验。

进口货物查验正确，海关才可通关放行。

6.3.6 报验

如果商品属于法定检验的进口商品，进口报关时还需随附商品检验证书。合同中如果规定，该批货物到目的港后要进行检验或复验，则应申请当地检验检疫部门对货物进行检验。报验或检验合格后由商检部门出具商品检验证书或通关单后，海关方可放行。

6.3.7 缴纳关税与结关放行

根据《中华人民共和国进出口关税条例》的规定，收货人或其代理人必须依法缴纳税款。进口货物在办完向海关申报、接受查验、缴纳税款等手续后，由海关在货运单据上签印放行。收货人或其代理人必须凭海关签印放行的货运单据才能提取进口货物。如订货或用货单位在卸货港所在地，则就近转交货物；如订货或用货单位不在卸货地区，则委托货运代理将货物转运至内地并转交给订货或用货单位。

保税货物可以经海关批准，免征或缓征进口税款。我国海关管理的保税货物分为3类。

(1) 加工生产类保税货物，指对外加工贸易部分进出口货物。

(2) 储存出境类保税货物，指进境后暂时存放再复运出境的货物。

(3) 特准缓税类保税货物，指入境时难以确定应否完税、如何完税，经海关特准缓办进口纳税手续的货物。

对于来料加工、来件装配项下的进口原材料、零配件、元器件、辅料、包装物件，免征进口税，经营单位凭海关发给的《对外加工装配进出口货物登记手册》办理报关与核销手续。

6.3.8 进口货物检验

货物到达目的港后，港务部门在卸货时要进行核对，如果发现缺货，应及时填制《缺货报告》交给船方确认，作为今后向船方索赔的依据。如果货物有残损，一般不应提货，而应把货存放在海关指定的仓库内，由保险公司和商品检验部门共同检验后分清责任，再向有关方面索赔。

如果商品不属于法定检验的进口商品，但合同规定要检验，则到目的港(地)后也要进行检验或复验。货到目的港(地)后，应由进出口公司或用户先向检验检疫机构申请检验，然后由申报人按合同的规定自行进行检验，并在索赔期内将检验结果报商检局。如果申请人在自检过程中发现货物有残损等现象，或者由于某种原因认为不合格，应该由商检部门进行复验，如果复验仍不合格，则应由商检部门对外签发索赔证书。

6.3.9 进口索赔

进口货物到达目的港后，经检验，如果发现货物的品质、数量、规格等与合同规定的内容不相符，首先应该仔细检查分析，找出原因，然后再向有关方面提出索赔。

办理索赔时应注意以下问题。

(1) 证据要确凿。首先，要弄清损失的程度和造成损失的原因。然后，制备索赔清单和证明文件，并且要随附检验证明书、发票、装箱单、提单副本等货运单证。同时，对不同的索赔对象根据要求还要另附有关文件。

向卖方索赔时，要在查明原因的基础上提出充分的证明文件。如果是以 FOB 和 CFR 价格条件为基础的合同，还要提供一份保险单。凡属下列情况者，均可向卖方索赔。例如，原装数量不足；货物品质、规格与合同规定不符；包装不良致使货物受损；未按期交货或拒不交货等。

向承运人索赔时，一般要提供由船长及港务局理货员签证的理货报告和船长签证的短缺残损证明各一份。凡属下列情况者，均可向承运人索赔。例如，货物数量少于提单所载数量；提单是清洁提单，而货物有残缺情况，并且属于船方过失所致；货物所受的损失，根据租船合约应由船方负责等。

向保险公司索赔时，要提供保险公司与买方或与其他部门联合检验的报告。如果需要其他证明文件，只要合理，就应考虑出具或提供。属于下列情况者，均可向保险公司索赔。例如，由于自然灾害、意外事故或运输中其他事故的发生致使货物受损，并且属于承保险别范围以内的；轮船公司不予赔偿或赔偿金额不足抵补损失的部分，并且属于承保险别范围以内的。

(2) 索赔金额和内容。在索赔过程中，索赔金额的高低与索赔的内容有直接关系。受损商品的价值与利润是索赔金额的主要组成部分。除此以外，对其他有关费用，例如检验费、装卸费、银行手续费、仓储费、利息等也可以要求索赔，但具体情况要具体分析，实事求是。

(3) 索赔有效期。对外索赔应在索赔有效期内提出。超过有效期以后，对方一般不予受理。如果因为某些合理原因需要拖延时间，应该与对方协商解决。

向卖方索赔，《联合国国际货物销售合同公约》规定为收到货物之日起不超过两年；而我国《合同法》规定自当事人知道或者应当知道其权利受到侵犯之日起4年为限。

根据国际惯例，向承运人索赔期限为货物到达目的港交货后一年之内。

根据国际惯例，向保险公司索赔期限为被保险货物在卸货港全部卸离海轮后两年内。

(4) 卖方拒赔对策。如果索赔的理由合理，证据确凿、充分，对方应予以理赔。但是如果对方以种种理由拒赔的话，买方应采取仲裁或起诉等方法解决。

索赔工作是一项十分复杂而艰巨的工作，涉及的部门也较多，需要进口企业、外运公司、订货部门、商检部门等有关部门的密切合作。在索赔工作中，一定要做到责任明确、证据确凿、单证齐全、要求合理，这样，既能较好地解决损失问题，又可以促进今后贸易工作的发展。

进口合同的履行程序如图6.2所示。

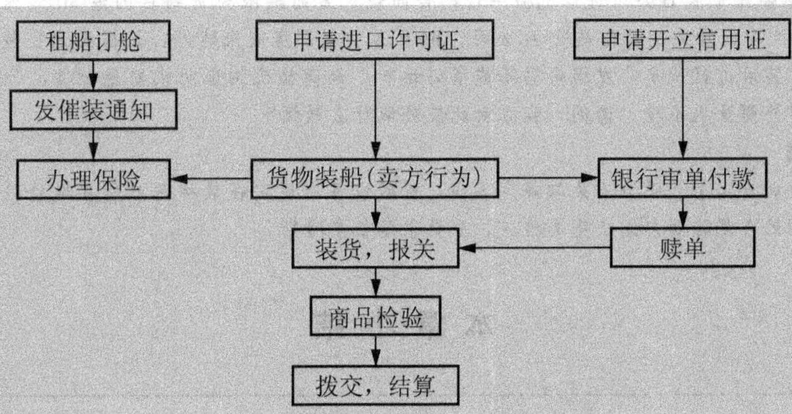

图6.2 进口合同履行程序

阅读案例6-4

伪造单据的信用证诈骗案

【案情简介】

国内A公司与外商签订了一笔进口钢材的合同，货物价值为504万美元，合同规定以信用证方式结算。A公司依约对外开出信用证后，在信用证装期内，外商发来传真称货物已如期装运，不久开证行即收到议付行转来的全套单据，提单表明货物于某东欧港口装运，在西欧某港口转运至国内港口。单据经审核无不符点，开证行对外承兑。A公司坐等一个多月，货物依然未到，深感蹊跷，遂向伦敦海事局进行查询，反馈回来的消息是：在所述的装船日未有属名船只在装运港装运钢材。此时信用证项下单据已经开证行承兑，且据议付行反馈回的信息，该行已买断票据，将融资款交给了受益人。开证行被迫在承兑日对外付款，A公司损失惨重。请对此案例予以评述。

【案例点评】

这是一起典型的以伪造单据进行的信用证诈骗。从本案例可以吸取以下教训。

(1) 核实提单的真实性，尤其是进口一些大宗商品。首先，无论是在签订合同还是开立信用证时，均要求客户在装船之后一定时间内发送装运通知，列明提单号码、装卸港、装船日期、货名、装运数量等内容，以便通过相应机构查询船踪，确定提单内容的真实性。一旦查得提单有诈，即可认真审单以合理拒付。即使单据不存在不符点，也可寻求司法救济。

(2) 规范好商品检验条款。开证申请人在信用证项下付款赎单的特殊要求，在合同签订与申请出具信用证时要规范好进口货物的检验条款，如在信用证中要求客户提交独立机构出具的检验证书。如此可避免货物未装船或装船货物的质量问题。

阅读案例 6－5

进口商品检验不当致损案

【案情简介】

南昌A公司委托宁波B公司进口机械一台，合同规定索赔期限为货到目的港30天内。当货到宁波卸船后，B公司立即将货装运至南昌交A公司，由于A公司厂房尚未建好，机器无法安装，待半年后厂房完工，机器安装后进行试车，发现机器不能很好运转，经商检机构证明机器是旧货，于是请B公司对外提出索赔，但外商置之不理。请问，我方对此应吸取什么教训？

【案例点评】

应吸取的教训有：①合同检验条款规定不当，机械设备应规定在最终用户所在地检验，而且复验期应稍长些；②如果在复验期内无法完成检验，应要求延长复验期。

本章小结

本章首先介绍了订立国际货物买卖合同的法律步骤，其次分别介绍了进口合同和出口合同的履行程序，最后简述了索赔与理赔的程序。

习　题

一、填空题

1. 在国际货物买卖合同商定的过程中，一般包括：__________、__________、__________、__________4个环节，其中__________和__________是达成交易，合同订立的不可或缺的两个基本环节。

2. 发盘又称为__________，在法律上称为__________，由买方发盘又称为__________。

3. 我国关于发盘生效的时间规定采取__________。

4. 还盘的法律后果主要有两个方面：即__________和__________。

5. 根据《公约》的解释，所谓发盘内容十分确定，是指发盘中必须包括__________、__________以及__________。

6. 根据《公约》的解释，交易磋商中，受盘人可以用__________或__________方式表示接受，也可用__________表示。

7. 根据《公约》的规定，__________实际上就是合同成立的时间。

8. 书面合同的内容通常包括__________、__________和__________3部分。

二、单项选择题

1. 一项接受由于电讯部门的延误，发盘人收到此项接受时已经超过了该发盘的有效期，则(　　)。

A. 除非发盘人及时提出异议，该逾期发盘有效

B. 只要发盘人及时表示确认，该逾期接受有效

C. 该逾期接受丧失接受效力

2. 某项发盘于某月 12 日以电报形式送达受盘人，但在此之前的 11 日，发盘人以传真告知受盘人无效，此行为属于(　　)。

A. 发盘的撤回　　B. 发盘的修改　　C. 一项新发盘　　D. 发盘的撤销

3. 国外某买主向我国出口公司来电："接受你方 12 日发盘，请降价 5%"，此来电属交易磋商的哪一环节？(　　)

A. 发盘　　B. 询盘　　C. 还盘　　D. 接受

4. 我公司对某外商 A 就某产品发盘，下列哪种情况下，双方可达成交易？(　　)

A. A 商在发盘有效期内，表示完全接受我方发盘

B. 由 A 商认可的 B 商在发盘有效期内向我方公司表示完全接受发盘内容

C. A 商根据以往经验，在未收到我方发盘的情况下，向我方公司表示接受

D. A 商在有效期内表示接受，但提议将装运日期提前

5. 根据《公约》的规定，合同成立的时间是(　　)。

A. 接受生效的时间　　B. 交易双方签订书面合同的时间

C. 在合同获得国家批准时　　D. 当发盘送达受盘人时

6. 某出口公司对外报盘某产品，根据《公约》的规定，下列哪种情况下，一经受盘人有效接受，双方即可达成交易(　　)。

A. 发盘中只规定了商品的名称、数量及价格，同时向 A 、B 两个公司发出

B. 发盘中规定了各项交易条件，同时注明"以我方最后确认为准"

C. 各项交易条件，但并未规定成交的数量

D. 发盘以平邮方式发出，但在当天，发盘人又以传真方式要求撤回发盘

7. 关于逾期接受，《公约》规定(　　)。

A. 逾期接受无效　　B. 逾期接受是一个新的发盘

C. 逾期接受完全无效　　D. 逾期接受是否有效，关键看发盘人如何表态

8. 根据我国《合同法》的规定，除非另有约定，当事人订立合同的形式可以采用(　　)。

A. 口头形式　　B. 书面形式　　C. 其他形式　　D. 以上任何形式均可

9. 根据《公约》的规定，受盘人对发盘表示接受，可以有几种方式，下列哪项不属此列(　　)。

A. 通过口头向发盘人声明　　B. 通过书面形式向发盘人声明

C. 通过沉默或不行动表示接受　　D. 通过实际行动表示接受

三、多项选择题

1. 交易洽商的一般环节包括(　　)。

A. 询盘　　B. 虚盘　　C. 发盘

D. 还盘　　E. 受盘

2. 合同洽商的一般程序中最重要的环节是(　　)。

A. 询盘　　B. 发盘　　C. 还盘　　D. 受盘

3. 根据《联合国国际货物销售合同公约》规定，一项发盘不可撤销是因为(　　)。

A. 发盘送达受盘人　　B. 发盘中规定了有效期

C. 发盘人有行为能力　　D. 发盘中明示不可撤销

E. 受盘人有理由信赖发盘是不可撤销，并本着对发盘的信赖采取行动

4. 根据《联合国国际货物销售合同公约》规定，受盘人对(　　)内容提出添加或更改，均作为实质性变更发盘条件。

A. 价格　　B. 付款　　C. 品质

D. 数量　　E. 交货时间与地点

5. 以下哪些是构成发盘的要件(　　)。

A. 发盘内容明确　　B. 表明是不可撤销的、一定执行的

C. 表明一旦对方接受即受其约束　　D. 必须向特定人发出的

6. 发盘的内容要明确，必须包括(　　)。

A. 货物名称　　B. 货物数量　　C. 货物包装

D. 货物价格　　E. 货物运输方式

7. 发盘可以撤回的条件是(　　)。

A. 发盘还没有生效　　B. 发盘已经生效但对方还没有做出接受通知

C. 发盘还没有到达受盘人　　D. 发盘到达受盘人的时间，与撤回通知的时间是同时

8. 发盘撤销的条件是(　　)。

A. 发盘已经生效

B. 发盘到达受盘人，但受盘人还没有做出接受的通知

C. 发盘中没有规定发盘的有效期

D. 发盘已经生效，受盘人接受通知的时间与撤销发盘通知的时间是同时

9. 发盘效力的终止原因包括(　　)。

A. 发盘的有效期内没有被接受　　B. 发盘被发盘人依法撤销

C. 受盘人还盘　　D. 发盘后，发生不可抗力事件

E. 发盘人在接受前，丧失行为能力

10. 接受的要件包括(　　)。

A. 受盘人做出　　B. 同意发盘所有条件　　C. 经过还盘后做出

D. 有效期间做出　　E. 必采用书面形式

11. 合同成立的要件包括(　　)。

A. 当事人有行为能力　　B. 合同必是书面的　　C. 合同有对价约因

D. 内容合法　　E. 当事人真实意思

四、名词解释

1. 发盘　　2. 还盘　　3. 接受　　4. 逾期接受

五、简答题

1. 什么是发盘的有效期？如何规定发盘的有效期？如何对待未具体规定有效期的发盘？

2. 对于发盘的撤回或撤销，《公约》有何规定？

3. 发盘在哪些情况下失效？

4. 合同有效成立主要应具备哪些条件？

5. 备货时应注意哪些问题？

6. 什么是报验?

7. 如何催证、审证和改证?

8. 如何租船、订舱和装运?

9. 进口合同的履行包括哪些程序?

六、案例分析

1. 某年9月12日，国内T公司向国外新客户K公司发盘，报某商品300t，每吨CIF伦敦850英镑。K公司3天后回电表示接受，但要求按ICC(B)险投保。T公司对商品一直是中国人民保险公司的《海洋货物运输保险条款》投保水渍险，并以此为基础核算报价。收到客户的回电后，业务员觉得如投保ICC(B)险，重新核算报价太麻烦，且要多付保险费，此外该商品又属畅销货，报价又比市场价格低20～30英镑，对方不可能仅为了投保险别小事而放弃成交机会，故未多加思索，当即回电表示拒绝按ICC(B)险投保的。第二天，客户来电称："我公司多年来在与中国客户交易时，一直都是根据中国人民保险公司的《海洋货物运输保险条款》的水渍险投保，他们也从未提出异议。我方产品与市场上的同类商品相比，品质上佳，且价格要低20～30英镑，望你方不要固执己见，错过大好机会。"此后，K公司再未回电。后T公司以同样的价格与另一家公司成交。而T公司这批货物在3个月后才觅得客户，但此时市价已跌，成交价只有每吨838英镑。请分析此案给T公司的教训。

2. 某进出口公司欲进口包装机一批，对方发盘的内容为："兹可供普通包装机200台，每台500美元CIF青岛，6月至7月装运，限本月21日复到我方有效。"我方收到对方发盘后，在发盘规定的有效期复电："你方发盘接受，请内用泡沫，外加木条包装。"问：我方的接受是否可使合同成立？为什么？

3. 中国香港某中间商A就某商品以电传方式邀请我方发盘，我方于6月8日向A方发盘并限6月15日复到有效。12日我方收到美国B商人按我方发盘规定的各项交易条件开来的信用证，同时收到中间商A的来电称："你8日发盘已转美国B商。"经查该商品的国际市场价格猛涨，于是我方将信用证退回开证银行，再按新价直接向美国B商发盘，而美商B以信用证与发盘有效期内到达为由，拒绝接受新价，并要求我方按原价发货，否则将追究我方的责任。问：对方的要求是否合理？为什么？

4. 我国出口企业对意大利某商人发盘限10日复到有效，9日意商人用电报通知我方表示接受该发盘，由于电报局传递延误，我方于11日上午才收到对方的接受通知，而我方在收到通知前获悉市场价格已上涨，对此，我方应怎样处理？

5. 2011年2月5日，加拿大休顿电子有限公司向我国H电子集团公司提出出售集成电路板20万块，每块FOB维多利亚港25美元的发盘。我方收到发盘后于2月7日发电还盘，请求把集成电路板的数量减少至10万块，价格降至20美元并要求对方即期装运。2月10日，休顿公司电传告知H公司，同意把集成电路板的数量减少至10万块，保证即期装运，但集成电路板的价格每块只能降至22美元，同时规定新发盘的有效期为10天。接到新发盘后，H公司经研究决定同意休顿公司的新发盘，并于2月15日向休顿公司发出电传表示接受新的发盘。2月18日休顿公司再次发来电传，告知H公司。集成电路板事宜已与其他公司签约，现已无货可供，要求取消2月10日的发盘。2月19日H公司复电："我公司已按10万块集成电路板制订生产计划，不同意撤销2月10日的发盘，请贵公司执行合同。"休顿公司则称："无法执行合同。"双方对合同是否成立发生纠纷。经过双方多次协商，休顿公司同意赔偿因不履行合同给H公司造成的损失，使争议得到了解决。请评析此事件。

6. 我国某省QG进出口公司就进口食品机械设备交易与某外商DM磋商。经往来多次传真友好磋商，已就买卖合同的基本条款初步达成协议，但在我方最后所发的表示接收的传真中写有"以签署确认书为准"的字样，之后，DM外商拟好合同书传真给我方，要我方确认，但由于对某些条款我方认为需要修改，此时该设备的市场价格有下跌趋势，于是我方并未及时对DM公司予以答复。后来，外商多次来电催促我方开证，我方答复拒绝开证。试分析这一拒绝是否合理？

7. 我方对外发盘床单 800 套，分别为：101 号/200 套；102 号/100 套；103 号/200 套；104 号/300 套，限 9 月 20 日复到有效。对方在发盘的有效期内来电表示接受，并附第 1080 号订单一份。订单内表明的规格是：101 号/200 套；102 号/200 套；103 号/300 套；104 号/100 套。我方未对来电做任何处理。数天后收到对方开来的信用证，证内规格未作详细的规定，仅注明："as per our order No. 1080"。我方凭证按原发盘的规格、数量装运出口，商业发票上注明"as per our order No. 1080"。问：我方可否顺利交单结汇？为什么？

8. 2011 年 4 月份广交会上某公司 A 与英国某一老客户 B 签订合同，客人欲购买 A 公司的玻璃餐具，我公司报价 FOB Wenzhou，由温州出运到英国伦敦，装 1 个 40 英尺集装箱，海洋运费到付，合同金额达 USD25064.24，支付条件为全额信用证，客人回国后开信用证到 A 公司，要求 6 月份出运货物。A 公司按照合同与信用证的规定在 6 月份按期出了货，并向银行交单议付，但在审核过程中发现 2 个不符点：①发票上，Glass Wares 错写成 GlassW ares，即没有空格；②提单上，提货人一栏，to the order of West Bank，U. K. 错写成了 to the order of West Bank，即漏写 U. K.。A 公司认为这两个是极小的不符点，根本不影响提货，我公司本着这一点，又认为客户是老客户，就不符点担保出单了，但 A 公司很快接到由议付行转来的拒付通知，银行就以上这两个不符点作为拒付理由拒绝付款。A 公司立即与客户取得联系，原因是客户认为到付的运费太贵，拒绝到付运费。因此货物滞留在码头，A 公司也无法收到货款。后来 A 公司人员进行各方面的协调后，与船公司联系要求降低海洋运费，客户才勉强接受，到银行付款赎单。A 公司被扣了不符点费用。整个解决纠纷过程使得 A 公司推迟收汇大约 20 天。请对此案例予以评述。

9. 我国广东一进口商 G 与欧洲一家出口商 M 签订合同，从马来西亚按照 CIF 合同进口一批商品，价值 98 万美元，合同规定以不可撤销即期信用证方式付款。G 公司按合同规定开出信用证，开证银行在信用证有效期内收到议付行寄来的单据，经审查认为单证一致，单单一致，即向外付款。货到后，G 公司却发现 M 公司在集装箱内装的全是废品，根本没有装运合同规定的商品。G 公司却向 M 公司联系索赔，却发现 M 公司已经人去楼空，方知受骗上当。请问：开证银行是否应该向外付款？G 公司在这一事件中应吸取什么样的教训？

10. 某商人从国外进口一批初级商品，CIF 即期信用证付款。开证行、开证人审单付款，并已将收到的货物向银行作了抵押贷款，后发现该批货物的提单日期倒签。问：①买方是否有权以提单倒签而开证行未审出，向开证行提出索赔？②买方是否可以向卖方承运人索赔？

11. 我 A 公司向国外 B 公司，报大米可发盘 300 公吨，每公吨 250 美元，发盘有效期为 10 天。3 天后，B 公司复称，对该批货物很感兴趣，但要进一步考虑。2 天后，B 公司来电，要求将货物数量增至 600 公吨，价格降至 230 美元/公吨。3 天后我公司将这批大米卖给另一外商，并在第 10 天复电 B 公司，通知货物已售出。但外商坚持要我方交货，否则以我方擅自撤约为由，要求赔偿。试问我方应否赔偿？为什么？

第7章 商品检验、仲裁与索赔

学习目标

知识目标	技能目标
掌握商品检验的作用、我国进出口商品实施检验的范围以及检验条款的主要内容	初步具备分析检验条款的能力
掌握仲裁的含义、作用、程序以及仲裁条款的主要内容	能够根据案例判断仲裁结果
理解争议与索赔的含义	初步掌握不同案例下索赔的依据

知识结构

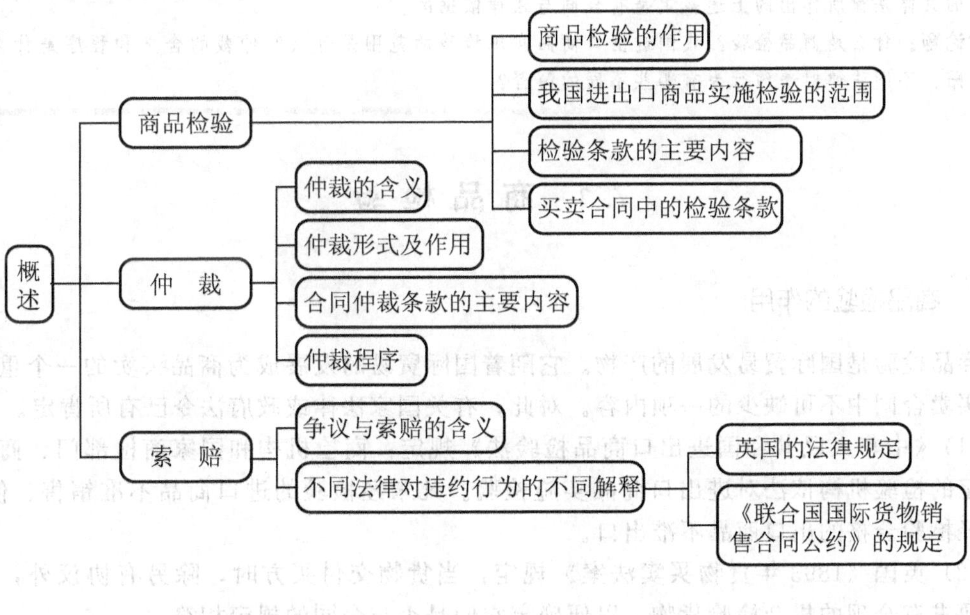

导入案例

合同应适用哪种法律

1998年9月，买卖双方签订购买3#天然橡胶的合同。在履行过程中，因买方未按合同规定支付货款，卖方遂依约向中国国际经济贸易仲裁委员会提请仲裁。本案合同中，未规定解决争议适用的法律。在庭审过程中，双方都援引中国法律作为自己主张的依据。但在适用中国具体法律方面却存在分歧。作为本案申请人的卖方，主张本案的具体适用法律为合同订立时有效的外经贸部颁布的《关于对外贸易代理制的暂行规定》，而作为被申请人的买方则主张处理本案争议，应适用《中华人民共和国民法通则》与《中华人民共和国合同法》，具体适用的法律条文是《中华人民共和国合同法》第402条与第403条。仲裁庭经过庭审并听取双方意见后，裁定本案适用中国法律，并对申请人提出的本案适用《暂行规定》的主张予以支持。同时仲裁庭还指出，《暂行规定》未作规定的，适用当时有效的《涉外经济合同法》与《民法通则》的有关规定，《涉外经济合同法》与《民法通则》未作规定的，可适用《中华人民共和国合同法》的有关规定。请分析此案例。

点评：本案合同双方当事人未约定解决合同争议的准据法，但在庭审过程中，双方都援引中国法律作为支持各自主张的依据，这表明双方都愿意采用中国法律来处理本案争议。根据契约自由的原则，仲裁庭认定本案适用中国的法律是正确的。

1998年9月签订的本案合同为外贸代理合同，签约当时有效的外贸代理法律规定为《关于对外贸易代理制的暂行规定》，而《中华人民共和国合同法》是从1999年10月1日起施行的。我国最高人民法院《关于适用〈中华人民共和国合同法〉若干问题的解释(一)》第1条规定："合同法实施以前成立的合同纠纷……适用当时的法律规定，当时没有法律规定的，可以适用合同法的有关规定。"据此，仲裁庭对本案适用的具体法律所作出的上述裁定是有合同与法律依据的。

讨论题：什么是商品检验？我国进出口商品实施检验的范围是什么？仲裁的含义和程序是什么？什么是索赔？不同法律对违约行为有哪些不同的解释？

7.1 商品检验

7.1.1 商品检验的作用

商品检验是国际贸易发展的产物。它随着国际贸易的发展成为商品买卖的一个重要环节和买卖合同中不可缺少的一项内容。对此，有关国家法律或政府法令已有所肯定。

(1)《中华人民共和国进出口商品检验法》规定：商检机构和国家商检部门、商检机构指定的检验机构依法对进出口商品实施检验。凡未经检验的进口商品不准销售、使用；凡未经检验合格的出口商品不准出口。

(2) 英国《1893年货物买卖法案》规定：当货物交付买方时，除另有协议外，买方有权要求有合理的机会检验货物，以便确定它们是否与合同的规定相符。

(3)《联合国国际货物销售合同公约》规定：买方必须在按情况实际可行的最短时间内检验货物或由他人检验货物；还规定如果合同涉及货物的运输，检验可推迟到货物到达目的地后进行。

7.1.2 我国进出口商品实施检验的范围

我国进出口商品检验的范围主要有以下几方面。

(1) 现行《商检机构实施检验的进出口商品种类表》规定的商品。

(2) 根据《中华人民共和国食品卫生法》和《进出境动植物检疫法》规定的商品。

(3) 船舱和集装箱检验。

(4) 海运出口危险品的包装检验。

(5) 对外贸易合同规定由商检局实施检验的进出口商品。

7.1.3 检验条款的主要内容

国际货物买卖合同中的检验条款主要包括检验时间与地点、检验机构、检验证书、检验依据与检验方法、商品复验等。

1. 检验时间与地点

检验时间与地点的规定基本上有以下几种做法。

(1) 在出口国检验：①工厂检验；②装船前或装船时在装运港检验。

(2) 在进口国检验。

(3) 出口国装运港检验，进口国目的港复验。

(4) 装运港检验重量，目的港检验品质。

2. 检验机构

(1) 官方机构。

(2) 非官方机构。

(3) 工厂企业、用货单位设立的化验室、检测室等。

在我国，从事进出口商品检验的机构根据《商检法》的规定是国家设立的商检部门和设在全国各地的商检局。中国进出口商品检验总公司及其设在各地的分公司根据商检局的指定，也以第三者地位办理进出口商品的检验和鉴定业务。

国家商检局的任务主要有3项：一是对重点进出口商品实施法定检验；二是对其指定或者认可的检验机构的进出口商品检验工作实施监督管理；三是办理进出口商品的鉴定业务。

3. 检验证书种类

(1) 品质检验证书。

(2) 数量检验证书。

(3) 重量检验证书。

(4) 价值检验证书。

(5) 产地检验证书。

(6) 卫生检验证书。

(7) 兽医检验证书。

(8) 消毒检验证书。

(9) 验残检验证书。

此外，常见的还有植物检疫证书、积货鉴定证书、船舱检验证书、货载衡量检验证书等。

4. 商品检验的作用

(1) 检验证书是证明卖方所交货物的品质、数量、包装以及卫生条件等方面是否符合合同规定的依据。

(2) 检验证书是海关验关放行的依据。

(3) 检验证书是卖方办理货运结算的依据。

(4) 检验证书是办理索赔和理赔的依据。

5. 检验依据与检验方法

凡我国法律、行政法规所规定的强制性检验标准或其他必须执行的检验标准，或对外贸易合同所约定的检验标准，均构成进出口商品的检验依据。

6. 复验

为了加强我国进出口商品检验工作，规范进出口商品复验行为，维护对外贸易有关各方的合法权益，根据《中华人民共和国进出口商品检验法》及其实施条例的规定，我国国家质量监督检验检疫总局制定了进出口商品复验办法。

我国进出口商品复验收费标准如图 7.1 所示。

编号	名称	计费单位	收费标准	最低费额/元	备注
(1)	进出口商品品质检验				
①	植物产品(H.S第二类) 鞋、帽类(H.S第十二类) 磨料、磨具、水泥、陶瓷类 (H.S第五、十三、十四类部门商品) 羽绒制品、灯具、玩具(H.S第二十类) 石油、煤炭类(H.S第五类)	商品总值	2.0‰	100	
②	其他商品	商品总值	2.5‰	100	
(2)	重量鉴定				
①	测器鉴重	毛重每公吨	0.30 元	50	定量包装商品抽取一定比例推算全批重量的，按毛重每公吨 0.1 元计费。 纸浆鉴重，按毛重每公吨 1.0 元计费。
②	容器计重	每公吨	0.20 元	50	
③	水尺计重	每公吨	0.10 元	50	
④	流量计计(鉴)重	每公吨	0.07 元	50	
(3)	数量鉴定				
	100 件以下	批	10 元		
	101～500 件	批	15 元		
	501～1 000 件	批	20 元		1 000 以上，每增加 100 件加收入 2 元，不足 100 件的，按 100 件计。
(4)	包装鉴定				
	危险货物包装				
(5)	性能鉴定				
①	钢桶(罐)、钢塑桶(罐)				
	跌落试验	项	150 元		
	渗漏、液压、堆码	每项	100 元		
②	塑料桶(罐)				

图 7.1 我国进出口商品复验收费标准

资料来源：中华人民共和国国家质量监督检验检疫总局令第 77 号文件。

提示

我国进出口商品复验办法自2005年10月1日起施行，原国家进出口商品检验局1993年6月1日发布的《进出口商品复验办法》同时废止。

阅读案例7-1

新加坡买主持有的美国检验证书是否有效

【案情简介】

我国某公司与新加坡一家公司以CIF新加坡的条件出口一批土特产，订约时我国公司已知道该批货物要转销美国，但货到新加坡后，立即转运美国。其后新加坡的买主凭美国商检机构签发的在美国检验的证明书，向我方提出索赔。请问，我公司应如何对待美国的检验证书？为什么？

【案例点评】

根据《联合国国际货物销售合同公约》第38条第(3)项规定："如果货物在运输途中改运或买方须再发运货物，没有合理机会加以检验，而卖方在订立合同同时已知道或理应知道这种改运或再发运的可能性，检验可推迟到货物到达新目的地后进行。"据此，新加坡商人提交的美国检验证书应该是有效的。

7.1.4 买卖合同中的检验条款

1. 进出口合同中的检验条款

国际货物买卖合同中的货物检验条款一般包括有关检验权的规定、检验或复验的时间和地点、检验机构、检验项目和检验证书等。合同中的检验条款还可根据业务需要规定检验的标准和检验方法。检验标准是指检验机构从事检验工作在实体和程序方面所遵循的尺度和准则，是评定检验对象是否符合规定要求的准则。

国外有关标准是指国际标准和国外先进标准。国际标准是指国际标准化组织(ISO)、国际电工委员会(IEC)和国际电信联盟(ITU)制定的标准，以及国际标准化组织确认并公布的其他国际组织制定的标准。国外先进标准是指发达国家的先进标准，在国际贸易中公布的其他国际组织制定的标准。由于买卖合同是进出口商品检验的重要依据，除买卖合同检验条款中通常要约定检验标准外，合理并明确订立作为检验依据的质量、数量、包装条款也是十分重要的。检验方法是指对进出口商品的质量、数量、包装等进行检验的做法，包括抽样的数量及方法。在实践中，商品的检验方法主要有：感官检验、化学检验、物理检验、微生物学检验等。有些商品用不同的检验方法可能会得出不同的检验结果。为避免事后发生争议，必要时，可在合同中对检验方法作出明确的规定。

2. 订立进出口商品检验条款的注意事项

(1) 品质条款应定得明确、具体，不能含糊其辞，模棱两可，致使检验工作失去确切依据而无法进行，或只能按照不利于出口人的最严格的质量标准检验。

(2) 凡以地名、牌名、商标表示品质时，卖方所交合同货物既要符合传统优质的要求，又要有确切的质量指标说明，为检验提供依据。

(3) 出口商品的抽样、检验方法一般均按中国的有关标准规定和商检部门统一规定的方法办理，如买方要求使用其他的抽样、检验方法，应在合同中具体定明。

(4) 对于一些规格复杂的商品和机器设备等进口合同，应根据商品的不同特点，在条款中加列一些特殊规定，如详细具体的检验标准，考核及测试方法，产品所使用的材料及其质量标准，样品及技术说明书等，以便货到后对照检验与验收。凡样品成交的进口货，合同中应加订买方复验权条款。

(5) 进出口商品的包装应与商品的性质、运输方式的要求相适应，并详列包装容器所使用的材料、结构及包装方法等，防止采用诸如“合理包装”、“习惯包装”等方法。如果采用这种方法，检验工作将难以进行。

提示

根据我国《进出口商品检验法》，以及《出入境检验检疫报验规定》，凡列入《必须实施检验的进出口商品目录》内的进出口商品，由商检机构实施“法定检验”。属于“法定检验”的进出口商品必须由商检机构检验合格后出具相关证书，海关给予放行。凡未列入《目录》的进出口商品不属于法定检验商品。非“法定检验”商品，如买方无特别要求可以不必向商检报验。

具体条款如何订法，举例如下。

【例 7-1】买卖双方同意以装运港(地)中国出入境检验检疫局签发的质量和重量(数量)检验证书作为信用证项下议付提交单据的一部分，买方有权对货物的质量和重量(数量)进行复验，复验费由买方负担。

但若发现质量和/或重量(数量)与合同规定不符，买方有权向卖方索赔，并提供经卖方同意的公证机构出具的检验报告。索赔期限为货物到达目的港(地)后××天内。

It is mutually agreed that the certificate of quality and weight (quantity) issued by the China Exit and Entry Inspection and quarantine Bureau at the port/place of shipment shall be part of the documents to be presented for negotiation under the relevant L/C.

The buyers shall have the right to reinspect the quality and weight (quantity) of the cargo. The reinspection fee shall be borne by the buyers. Should the quality or weight (quantity) be found not in conformity with that of the contract, the buyers are entitled to lodge with the sellers a claim which should be supported by survey reports issued by a recognized surveyor approved by the sellers. They claim, if any, shall be lodged within…days after arrival of the cargo at the port/place of destination.

本例的索赔期限也就是买方复验货物的期限。具体期限应根据货物的性质、国内运输、检验的繁简等情况而定。例如，对较易变质和损坏的货物可以短一些；不易变质或损坏的货物可以长一些。需安装、调试的机械设备还可延长至安装调试所需的合理时间。

【例 7-2】双方同意以制造厂(或某公证行)出具的质量和数量/重量检验证书作为有关信用证项下付款的单据之一。货到目的港(地)卸货后××天内经中国出入境检验检疫局复验，如发现质量或数量/重量与本合同不符，保险公司或承运人负责退货或索赔。所有退货或索赔引起的一切费用(包括检验费)及损失均由卖方负责。

在此情况下，如抽样是可行的，买方可应卖方要求，将有关货物的样品寄交卖方。

It is mutually agreed that the certificate of quality and quantity/weight issued by the manufacturer(Or surveyor) shall be part of the documents for payment under the relevant L/C. In case the quality、quantity or weight of the goods be found not in conformity with those stipulated in this contract after reinspection by the China Exit and Entry Inspection and Quarantine Bureau within…days after discharge of the goods at the port/place of destination, the Buyers shall return the goods to or lodge claim against the sellers for compensation of losses upon the strength of inspection certificate issued by the said Bureau, with the exception of those claims for which the insurers or the carriers are liable. All expenses (including inspection fees) and losses arising from the return of the goods or claims should be borne by the sellers. In such case, the buyers may, if so requested, send a sample of the goods in question to the sellers, provided that the sample is feasible.

资料来源：义乌，中国小商品城 www. onccc. com。

7.2 仲　　裁

7.2.1 仲裁的含义

所谓仲裁(Arbitration)又称公断，是指买卖双方在争议发生之前或发生之后签订书面协议，自愿将争议提交双方所同意的第三者予以裁决，以解决争议的一种方式。仲裁有着显著的特点如下。

(1) 仲裁不具有强制管辖权。

(2) 签订仲裁协议。

(3) 程序简单，费用低廉。

(4) 仲裁具有终局性。

7.2.2 仲裁协议

1. 仲裁协议的含义

仲裁协议是双方当事人之间达成的表示愿意将他们之间可能发生或已经发生的争议交付仲裁的协议。仲裁协议是仲裁的基石，它既是任何一方当事人将争议提交仲裁的依据，也是仲裁机构和仲裁员受理争议案件的依据。

2. 仲裁协议的形式

(1) 在争议发生之前订立的。

(2) 在协议发生之后订立的形式虽然不同，法律作用与效力是相同的。

3. 仲裁协议的作用

(1) 不得向法院起诉。

(2) 排除法院对有关案件管辖权。

(3) 使仲裁机构取得对争议案件的管辖权。

上述3项作用的中心是第二条，即排除法院对争议案件的管辖权。因此，双方当事人不愿将争议提交法院审理时，就应在争议发生前在合同中规定出仲裁条款，以免未来发生争议后，由于达不成仲裁协议而不得不诉诸法庭。这反映出在买卖合同中订立仲裁条款的重要性。

7.2.3 合同仲裁条款的主要内容

1. 仲裁地点的规定

(1) 力争规定在我国仲裁。

(2) 有时规定在被告所在国仲裁。

(3) 规定在双方同意的第三国仲裁。

2. 仲裁机构的选择

我国常设仲裁机构是中国国际经济贸易仲裁委员会和海事仲裁委员会。

3. 仲裁程序法的适用

《中国国际经济贸易仲裁委员会仲裁规则》于2005年1月11日由中国国际贸易促进委员会、中国国际商会修订并通过，并于2005年5月1日起施行。它是当事人在仲裁协议或合同中的仲裁条款订明由中国国际贸易促进委员会/中国国际商会仲裁或由中国国际贸易促进委员会/中国国际商会的仲裁委员会或仲裁院仲裁的前提下，根据中国国际经济贸易仲裁委员会仲裁规则规定，独立、公正地解决契约性或非契约性的经济贸易等争议问题。

4. 仲裁裁决的效力

仲裁裁决是终局的，对双方都有约束力。

5. 仲裁费用的负担

由败诉方承担，也有的规定为由仲裁庭酌情决定。

7.2.4 仲裁程序

(1) 提出仲裁申请。

(2) 组织仲裁庭。

(3) 审理案件，包括：①开庭审理；②调解；③收集证据；④保全措施的裁定。

(4) 作出裁决。

阅读案例7-2

法院无权受理仲裁条款下的争议案

【案情简介】

中国某公司曾与某商人签订一项买卖机械设备铁钉的合同，合同背面载有仲裁条款。后在履约过程中双方发生争议，美国商人遂向美国法院起诉中方公司。该法院受理此案后，即向中方公司发出传票，中方公司即以合同背面载明的仲裁条款为证，提出抗辩，要求美国法院不予受理，美国法院核实材料后，只好承认它对本案无管辖权。后来，该争议案仍按双方约定的仲裁条款，通过仲裁途径解决。试对本案进行简单分析。

【案例点评】

仲裁协议最主要的作用就是排除法院对该争议案的管辖权，并使约定的仲裁机构取得对该争议案的管辖权。因此，在本案合同订有仲裁条款的情况下，争议双方均不得就彼此间的争议诉诸法院，法院也无权受理该争议案，本案争议只能由双方约定的仲裁机构来解决。本案合同项下的申请人向美国法院起诉，不仅违反双方协议，而且也有背国际贸易法律的一般规定，中方及时就此提出抗辩，具有重要的法律与实践意义。

7.3 索　赔

涉及国际货物买卖的索赔，一般有3种情况，即货物买卖索赔、运输索赔和保险索赔。本节讲述的是前者，即货物买卖的索赔。

7.3.1 争议与索赔的含义

所谓争议(Disputes)是指交易方认为对方未能部分或全部履行合同的责任与义务而引起的纠纷。

所谓索赔(Claim)是指遭受损害的一方在争议发出后，向违约方提出赔偿的要求，在法律上是指主张权利，在实际业务中，通常是指受害方因对违约方违约而根据合同或法律提出予以补救的主张。

所谓理赔是指违约方对受害方所提出赔偿要求的受理与处理。

索赔与理赔是一个问题的两个方面，在受害方是索赔，在违约方是理赔。交易中双方引起争议的原因很多，大致可归纳为以下几种情况。

(1) 卖方违约。不按合同的交货期交货，不交货，所交货物的品质、规格、数量、包装等与合同(或信用证)规定不符，所提供的货运单据种类不齐，份数不足等。

(2) 买方违约。在按信用证支付方式条件下不按期开证或不开证；不按合同规定付款赎单，无理拒收货物。

(3) 买卖双方均负有违约责任。如合同条款规定不明确，致使双方理解或解释不统一，造成一方违约，引起纠纷；或在履约中，双方均有违约行为。

从违约性质看，争议产生的原因一是当事人方的故意行为导致违约而引起争议；二是由于当事人一方的疏忽、过失或业务生疏导致违约而引起争议。此外对合同义务的重视不足，往往也是导致违约、发生纠纷的原因之一。

阅读案例 7-3

商品检验不符引发的索赔案

【案情简介】

中国某地粮油进出口公司A与欧洲某国一商业机构B签订出口大米若干吨的合同。该合同规定：规格为水分最高20%，杂质最高为1%，以中国商品检验局的检验证明为最后依据。单价为每公吨××美元，FOB中国某港口，麻袋装，每袋净重××kg，买方须于×年×月派船只接运货物。B并没有按期派船前来接运，一直延误了数月才派船来华接货，当大米运到目的地后，买方B发现大米生虫。于是委托当地检验机构进行了检验，并签发了虫害证明，买方B据此向卖方A提出索赔20%货款的损失赔偿。当A接到对方的索赔后，不仅拒赔，而且要求对方B支付延误时期A方支付的大米仓储保管费及其他费用。另外，保存在中国商品检验局的检验货样至争议发生后仍然完好，未生虫害。请简要回答下列问题。

(1) A要求B支付延误时期的大米仓储保管费及其他费用能否成立？为什么？

(2) B的索赔要求能否成立？为什么？

【案例点评】

(1) 能够成立，因为按FOB条件，由买方指定船只并订立运输合同，如果买方指定的船只不能在规定日期到达，则应由买方负担一切由此而产生的额外费用。在本案中，B并没有按期派船前来接运，造成逾期提货，违反了双方之间的合同约定，应当对延误时期A方支付的大米仓储保管费及其他费用负责。

(2) 不能成立，因为按FOB条件，买方承担货物自装运港装上船以后的一切风险。买方A只能保证大米在交货时的品质，对运输途中所引起的大米品质变化不属卖方责任，而且合同规定以中国商检局的检验证明为最后依据，而保存在中国商品检验局的货样至争议发生后仍然完好，未发生虫害，因此可以肯定卖方A交货时的品质是完好的。

7.3.2 不同法律对违约行为的不同解释

1. 英国的法律规定

英国的法律将违约分成违反要件与违反担保两种。所谓违反要件指违反合同的主要条款，受害方有权因之解除合同并要求损害赔偿。违反担保通常是指违反合同的次要条款，受害方有权因之要求损害赔偿，但不能解除合同。一般认为与商品有关的品质、数量和交货期等条件属于要件，与商品不直接联系的为担保。值得注意的是，英国《货物买卖法》却规定，受害方有权将卖方的违反要件当做违反担保处理，而不将他作为废弃合同的理由。

2.《联合国国际货物销售合同公约》的规定

1980年《联合国国际货物销售合同公约》将违约区分为根本性违约和非根本性违约，所谓根本性违约是指“一方当事人违反合同的结果，如使另一方当事人蒙受损害，以至实际上剥夺了他根据合同规定有权期待得到的东西，即为根本性违反合同”。这种根本违反合同是由于当事人的主观行为造成的，以至于给另一方当事人造成实质性的损害，如卖方完全不交付货物，买方无理拒收货物、拒绝付款。如果由于当事人不能预知，而且处于相同情况的另外一个通情达理的人也不能预知会发生这种结果，那么就不构成根本性违约。《公约》规定：如果一方当事人可以宣告合同无效，并要求损害赔偿。如果是非根本性则不能解除，只能要求损害赔偿。

综上所述，英国《货物买卖法》与《联合国国际货物销售合同公约》对违约的划分是不同的，对违约的法律后果所做的规定却是一致的。然而前者对违约的划分是从合同条款本身来判断的，后者是从违约的后果及其严重程度而确定的。

3. 合同中的索赔条款

进出口合同中的索赔条款有两种规定方式，一种是异议和索赔条款，另一种是罚金条款。在一般买卖合同中，多数只订异议和索赔条款，只有在买卖大宗商品和机械设备一类商品的合同中，除定明异议与索赔条款外，再另定罚金条款。

1）异议与索赔条款

异议与索赔条款的内容，除规定一方违反合同另一方有权索赔外，还包括索赔的依据、索赔期限、索赔损失的办法和赔付金额等项。

（1）索赔依据：主要规定索赔必需的证据和出证机构。索赔依据包括法律依据和事实依据两个方面。前者是指贸易合同和有关的国家法律规定；后者则指违约的事实真相及其书面证明，以证实违约的真实性。

（2）索赔期限：这是指索赔方向违约方提赔的有效期限，逾期提赔，违约方可不予受理。因此关于索赔期限的规定必须根据不同种类的商品作出合理安排，对有质量保证期限的商品合同中应加订保证期。保证期可规定为一年或一年以上。总之，索赔期限的规定除一些性能特殊的产品(如机械设备)外，一般不宜过长，以免使卖方承担过重的责任；也不宜规定得太短，以免使买方无法行使索赔权，要根据商品性质及检验所需时间多少等因素而定。

规定索赔期限尚需对索赔期限的起算时间作出具体规定，通常有以下几种起算方法。

① 货物到达目的港后××天算起。

② 货物到达目的港卸离海轮后××天算起。

③ 货物到达买方营业处所或用户所在地后××天算起。

④ 货物经检验后××天算起。

（3）处理索赔的办法和索赔金额。关于这个问题，除个别情况外，通常在合同中只做一般规定。因为违约的情况比较复杂，究竟在哪些业务环节上违约和违约的程度如何等，订约时难以预计，因此对于违约的索赔金额也难以预计，所以在合同中不做具体规定。

应该指出，异议和索赔条款不仅是约束卖方履行合同义务的条款，同时也对买方起约束作用。不论何方违约，受害方都有权向违约方提出索赔。

2）罚金条款

当一方未履行合同时，应向对方支付一定数额的约定金额，以补偿对方的损失。罚金亦称“违约金”或“罚则”。罚金条款一般适用于卖方延期交货，或者买方迟延开信用证或延期接货等场合。罚金数额的大小是以违约时间的长短为转移的，并规定出最高限额。

违约金的起算日期有两种计算方法：一种是合同规定的交货期或开证期终止后立即起算；另一种是规定优惠期，即在合同规定的有关期限终止后再宽限一段时间，在优惠期内免于罚款，待优惠期届满后起算罚金。卖方支付罚金后并不能解除继续履行合同的义务。

关于合同中的罚金条款，各国在法律上有不同的解释和规定。例如，一些东欧国家都承认和执行该项条款；而英国、美国、澳大利亚、新西兰等国家的法律则有不同的解释。

例如英国的法律将合同中的固定赔偿金额条款按其性质分为两种：一是“固定的损害赔偿金额”，这种赔偿金额是由当事人双方在订立合同时，根据预计未来违约造成损失而估定的；二是罚款，这种罚款是当事人为了保证合同的履行而对违约方收取的罚金。

我国涉外经济合同法对于罚金条款给予承认和保护。该法规第20条规定“当事人可以在合同中规定，一方违反合同时，向另一方支付一定数额的违约金，也可以约定对于违反合同时而产生的损失赔偿金额的计算方法”。又规定：“合同中约定的违约金，视为违反合同的损失赔偿，但是，约定的违约金过分的高于或低于违反合同所造成的损失的当事人可以请求仲裁机构或者法院予以适当的减少或增加。”

需要注意的是：凡在进出口合同中订有违约金条款者，如卖方延期交货，即可按规定在货款中扣除该项违约金；凡货款须凭信用证支付的，则应在信用证中做相应的规定，以便有关银行据以收款。

本章小结

本章首先介绍了商品检验的含义和作用，其次详述了仲裁的含义、形式、作用以及合同中的仲裁条款，最后介绍了索赔的含义以及不同法律对违约行为的解释。

习　　题

一、填空题

1. 索赔与理赔是一个问题的两个方面，在受害方是________，在违约方是________。

2. 《联合国国际货物销售合同公约》规定：________必须在按情况实际可行的最短时间内检验货物或由他人检验货物；还规定如果合同涉及货物的运输，检验可推迟到________后进行。

3. 在一般买卖合同中，多数只订异议和索赔条款，只有在买卖大宗商品和机械设备一类商品的合同中，除定明异议与索赔条款外，再另定________。

4. 索赔依据包括________和________两个方面。前者是指贸易合同和有关的国家法律规定；后者则指违约的事实真相及其书面证明，以证实违约的真实性。

5. ________是指索赔方向违约方提赔的有效期限，逾期提赔，违约方可不予受理。

6. 罚金数额的大小是以________为转移的，一般规定出最高限额。

7. 违约金的起算日期有两种计算方法：一种是合同规定的________或________终止后立即起算；另一种是规定________，即在合同规定的有关期限终止后再宽限一段时间。

二、单项选择题

1. 根据《公约》的规定，买方向卖方提出索赔的最后期限是(　　)。

A. 货物在装运港装运完毕即提单签发日期后两年

B. 货物到达目的港卸离海轮后两年

C. 经出口商品检验机构检验得出检验结果后两年

D. 买方实际收到货物起两年

2. 仲裁裁决的效力是(　　)。

A. 终局的，对争议双方具有约束力　　B. 非终局的，对争议双方不具有约束力

C. 有时是终局的，有时是非终局的　　D. 一般还需法院最后判定

3. 以下不是检验证书的作用的是(　　)。

A. 作为证明卖方所交货物的品质、重量(数量)、包装以及卫生条件等是否符合合同规定及索赔、理赔的依据

B. 确定检验标准和检验方法的依据

C. 作为卖方向银行议付货款的单据之一

D. 作为海关验关放行的凭证

4. 在出口国检验，进口国复验，这种检验条款的规定方法(　　)。

A. 对卖方有利　　B. 对买方有利

C. 比较公平合理，它照顾了买卖双方的利益　　D. 对保险公司有利

5. 按《公约》的解释，如违约的情况尚未达到根本性违反合同的程度，则受损害的一方(　　)。

A. 只可宣告合同无效，不能要求赔偿损失

B. 只能提出损害赔偿的要求，不能宣告合同无效

C. 不但有权向违约方提出损害赔偿的要求，而且可宣告合同无效

D. 可根据违约情况选择以上A、B、C中的一种

6. 在我国的进出口合同中，关于仲裁地点的规定，我们应力争(　　)。

A. 在中国仲裁　　B. 在被告国仲裁

C. 在双方同意的第三国仲裁　　D. 在对卖方有利的国家仲裁

7. 异议与索赔条款适用于品质、数量、包装等方面的违约行为，它的赔偿金额(　　)。

A. 一般预先规定　　B. 一般不预先规定

C. 由第三方代为规定　　D. 由受损方确定

三、判断题

1. 《海牙规定》规定，向船公司提出索赔的期限是货物到达目的港交货后一年。(　　)

2. 被保险人向保险公司提出索赔的期限一般为被保险货物在最后卸载港卸离海轮后，最多不超过两年。(　　)

3. 仲裁协议必须在双方争议发生之前签订，否则仲裁机构将不予受理。(　　)

4. 只要支付了罚金，即可不履行合同。(　　)

5. 商检证书的主要作用之一是通过对商品进行检验，以确定卖方所交货物的品质、数量、包装是否与合同的规定相符。(　　)

6. 若买方没有利用合理的机会检验货物，就是放弃了检验权，从而就丧失了拒收货物的权利。(　　)

7. 若合同中规定以离岸品质、离岸重量为准，则以双方约定的商检机构在出口货物装船前出具的品质、数量、包装等检验证明作为决定品质和重量的最后依据。(　　)

8. 凡属法定检验范围的商品，在办理进出口清关手续时，必须向海关提供商检机构签发的检验证书，否则海关不予放行。(　　)

9. 若合同中无规定索赔条款，买方便无权提出索赔。(　　)

四、名词解释

1. 索赔　　2. 法定检验　　3. 罚金　　4. 仲裁　　5. 商检标志

五、简答题

1. 简述商品检验的作用。
2. 简述仲裁的特点。
3. 简述交易中双方引起争议的原因。
4. 简述索赔期限规定的原则。

六、案例分析

1. 我方某批货物到达对方港口后，经检验部分霉变，买方向我方提供官方机构出具的检验证，并要求索赔货款的30%，同时买方将霉变货销毁，并将剩余合格货物出售给其他商人，问我方应怎样处理此案？

2. 2007年3月，我国某公司与美国客户签订一笔合同。合同标的物为乌鸡白凤丸，数量500箱，2007年7月31日前交货，成交方式为FOB，付款方式为T/T at Sight，当买方收到全部正本单据立刻T/T付款。买方特别提出提交单据除了提单、发票、箱单等，必须有中国出入境检验检疫局出具的兽医(卫生)证书。此证书是美国政府对动物产品在通关时必须要求提供的。买方并提供了美国政府允许其进口该产品的批准文件，希望卖方据此准备兽医证书。

文件中有以下文字："Each shipment must be accompanied by an original certificate endorsed by a full-time, salaried of the agency responsible for animal health of the government of China certifying that: ①the extract of a vian origin has been subject to 125℃ for a minimum of 45 minutes; ②the avian material origin has been subject to 150℃ for a minimum of 45 minutes; ...(This certification must clearly correspond to the shipment means of an invoice number or shipping marks or lot number or the identification method..."

卖方于2007年5月中旬将500箱乌鸡白凤丸装运出，并及时快递给买方正本提单、发票等单据，兽医证书也在其中。

买方在收到文件后，立刻电话和我方联系，兽医证书出现问题。我兽医证书写明："The material used for the lot of products... have been heated 125℃ for a minimum of 45 minutes..."。我方认为乌鸡白凤丸为禽类产品，应该按外方所提供文件第一款要求，兽医证书证明，原料需125℃加热45min以上。但买方指出，美国相关部门在核实兽医证书时要依照产品说明来，而商品内盒背面成分表(Ingredients)印有"black chicken meal"，应属于禽类原料，应适用于第二款，需150℃以上高温，而第一款是指禽类提取物。这样一来，这批货很有可能被美国海关扣留，其结果或者被销毁或者被退回。买方在与美国相关部门联系后，证实了这种情况。

在这种情况下，双方协商首先由买方通知船公司在转船时将货物延迟上二程船，放入转运港仓库，为问题的解决争取时间。另外卖方与我国检验检疫局联系，要求更改兽医证书。但货物已运出，检验检疫局拒绝更改。最后经多方协调，终于拿到了更改后的兽医证书。随后通知船公司上二程船，货物在延迟两周后得以顺利在美国通关，我方承担了仓储费。

3. 2010年4月，我某外贸公司与加拿大进口商签订一份茶叶出口合同，并要求采用合适的包装运输，成交术语为CIF渥太华，向中国人民保险公司投保一切险。生产厂商在最后一道工序将茶叶的湿度降低到了合同规定值，并用硬质筒盒作为容器转入双层纸箱，在装入集装箱后，货物于2010年5月到渥太华。检验结果表明：全部茶叶变质，湿霉，总共损失价值达10万美元。但是当时货物出口地温度与湿度适中，运输途中并无异常发生完全为正常运输。试问以上货物的损失该由谁来赔偿？为什么？

4. 某贸易商以FOB价向我国某厂订购一批货物，在买卖合同中定明若工厂未能于7月底之前交运，则工厂应赔付货款5%的违约金。后工厂交运延迟5天，以致贸易商被其买方索赔货款的5%，在这种情况下，贸易商是否可向工厂索赔？

5. 有份CIF合同，出售矿砂5 000公吨，合同装运条款规定："CIF Hamburg，2009年2月份，由一船或数船装运。"买方于2月15日装运了3 100公吨，余数又在3月1日装上另一艘轮船。当卖方凭单据向买方要求付款时，买方以第二批货物延期装运为由，拒绝接受全部单据，并拒付全部货款，卖方提出异议，认为买方无权拒收全部货物。你认为应如何处理？

6. 某货代公司接受货主委托，安排一批茶叶海运出口。货代公司在提取了船公司提供的集装箱并装箱后，将整箱货交给船公司。同时，货主自行办理了货物运输保险。收货人在目的港拆箱提货时发现集装箱中异味浓重，经查明，该集装箱前一航次所载货物为精茶，致使茶叶受精茶污染。请问：(1) 收货人可以向谁索赔？为什么？(2) 最终由谁对茶叶受污染事故承担赔偿责任？

7. 我国某公司A向孟加拉国某公司B出口一批货物，合同价值约为USD20 000.00，货物为汽车配件，共有10个型号，其中有4个型号要求根据客户样品制造的。付款方式为：客户先支付定金1 000美金，剩余部分30%和70%分别以L/C与T/T支付，在货物生产完毕后通知客户支付。客户随即开来信用证，A按合同与L/C要求开始生产货物，但发现其中按客人样品定做的货物不能完成，由于客人订货的数量比较少，开发该产品十分不合算。因此打算从其他厂商购进该产品，但遗憾的是，却一直无法找到生产该产品的厂商。而此时已接近装船期了，其他货物亦相继生产完毕。A公司只好告诉B公司上述问题。B公司要求取消所有的货物并退还定金与样品，理由是，它要求定做的货物是非常重要的，不能缺少，因A公司没有按时完成货物，错过了它的商业机会。A公司也感到无可奈何，确实理亏，只好答应客户的要求，承担一切货物挤压的损失。A公司为什么会造成如此被动的局面？

8. 中国A公司与澳大利亚B公司于某年3月20日订立了进口5 000千克羊毛的买卖合同，单价为314美元/kg，CFR张家港，规格为型号T56NF，信用证付款，装船期为当年6月，我公司于5月31日开出信用证。7月9日卖方传真我方称，货已装船，但要在香港转船，到香港的船名为Safety，预计到达张家港的时间为8月10日。但直到8月18日Safety船才到港，我方去办理提货手续时发现船上根本没有合同项下的货物，后经多方查找，才发现合同项下的货物已经在7月20日由另一条船运抵张家港。但此时已造成我方迟报关和迟提货，被海关征收滞报金人民币16 000元。我方向出口方提出索赔，出口方拒赔，我方提出仲裁，问总裁庭该怎样裁决？

9. 2009年某出口公司对加拿大魁北克某进口商出口500t核桃仁，合同规定价格为每吨4 800加元CIF魁北克，装运期不得晚于10月31日，不得分批装运和转运并规定货物应于11月30日前到达目的地，否则买方有权拒收，支付方式为90天远期信用证。加方于9月25日开来信用证。我方于10月5日装船完毕，但船到加拿大东岸时已是11月25日，此时魁北克已开始结冰。承运人担心船舶驶往魁北克后出不来，便根据自由转船条款指示船长将货物全部卸在哈利法克斯，然后从该港改装火车运往魁北克。待这批核桃仁运到魁北克已是12月2日。于是，进口商以货物晚到为由拒绝提货，提出除非降价20%以弥补其损失。几经交涉，最终以我方降价15%结案，我公司共损失36万加元。试分析造成损失的原因与应吸取的教训。

10. 我国黑龙江某外贸公司2010年以FOB条件签订了一批皮衣买卖合同，装船前检验时货物的品质良好且符合合同的规定。货到目的港后卖方提货检验时发现部分皮衣有发霉现象，经调查确认原因是由于包装不良导致货物受潮引致，据此买方向卖方提出索赔要求。但是卖方认为货物在装船前品质是合格的，发霉在运输途中发生的，因此拒绝承担赔偿责任。对此争议应怎样处理？

11. 我方进口商以FOB条件从巴西进口橡胶，但是我方由于租船困难，不能在合同规定的时间内到装运港接运货物，从而出现了较长时间的货等船现象，于是巴西方面要求撤销合同并向我方进口商提出赔偿损失的要求。巴西出口商的做法是否合理？

第8章 综合案例

案例一　对进口国远期付款交单(D/P after Sight)惯例不清致损案

D. T进出口公司对拉美地区出口一批黄豆，买方为G贸易公司，合同商定支付方式30天付款交单。支付条款为："The buyer shall duly accept the documentary draft drawn by the seller at... days' sight upon first presentation and make payment in its maturity. The shipping documents are to be delivered again payment."(买方应凭卖方开具的见票后30天付款的跟单汇票，在第一次提示时即予承兑，并应予汇票到期日即予付款，付款后交单。)D. T进出口公司遂根据合同规定的5月份装运的要求，于5月13日办理装船完毕，14日备齐一切单据向托收行办理30天远期付款交单托收手续。

7月3日D. T进出口公司接到托收行转来的代收行来电，写着："第×××号托收单据于5月21日收到。我行当天即向付款人G贸易有限公司第一次提示，21日经付款人承兑。6月20日汇票到期日我行第二次向付款人提示要求其付款，但付款人拒付。据称因货物水分严重超标，甚至发现部分霉变，因此不肯接受。请电复处理意见。"

D. T进出口公司接到代收行的上述电文觉得非常奇怪，既然是远期30天付款交单，就意味着国外卖方G贸易有限公司须履行付款义务后才能取得货物单据提取货物，而买方尚未付款的情况下是如何得到单据的？未得到单据又如何能提取货物？如果没有看到货物又如何发现货物水分超标，甚至部分货物发生霉变？在这种情形下，D. T进出口公司判断一定是国外代收行私自将货运单据借给买方，因此买方才能在没有付款的情况下就现行提货。如果是这样，那么买方不付款，则代收行须承担全部责任。

D. T进出口公司为证实收货人是否已经提货，即通过承运人进行查询，得知收货人确实早已提走货物。D. T进出口公司即于7月5日向代收行提出："你3日电悉，我第×××号单据是以见票30天远期付款交单方式办理托收，应予6月20日汇票到期日付款人付清货款后才能取单提货。既然付款人拒付货款，为何付款人能得到单据而提货？是否付款人向贵行以'信托收据'接单提货？因据我查询，船方称收货人已提取货物。请告之真实情况。谢谢合作！"

代收行于7月5日复电："你5日电悉。第×××号单据虽然是30天远期付款交单，但我国当地商业习惯做法是：我行接到单据时即向付款人提示，付款人承兑后即可取得单据而提取货物。代汇票到期时再付款。这就是我国对远期付款交单的做法。本托收付款人在承兑取得单据后又拒付，需委托人向付款人直接联系解决。"

D. T进出口公司最后经我国驻外商务参赞处了解到，该国对远期交单托收一律按承兑交单方式处理，而在当年我国已有4笔出口业务遭遇同样的情况。最后，经我国商务参赞处几次与这个国家的银行进行磋商和协调，D. T进出口公司才收回85%的货款。

通过这个案例，我们发现哪些问题呢？对比信用证，托收方式有哪些特点？又如何理解和应用呢？

【要点解析】

我们学习过有关托收和其他支付方式的知识后重新看引导案例，就会发现D. T进出口公司在这笔业务中存在下列不足，值得其他从事对外贸易经营的公司引以为戒。

(1) 采取托收支付方式时，卖方首先要做好对国外买方资信情况调查工作。因为托收方式的性质是商业信用，卖方是否能够及时收回货款，全凭买方的信誉，而与银行无关。银行在托收中只是接受客户委托代为收款，至于能否按时收到货款，能否收到全额货款，银行一概不负责。

(2) 以托收方式结算货款还要了解进口国的商业惯例和银行的通常做法。例如，有些国家，如中南美洲的厄瓜多尔，圭亚那，欧洲的芬兰和希腊等国，通常将付款交单按承兑交单处理。还有的国家按本国的习惯将远期付款交单视同承兑交单处理，本案就是这种情况。D. T进出口公司对这方面的情况缺乏了解，并因而招致货款损失。

(3) 采取托收支付方式要建立管理和定期检查制度。本案例中，出口方于5月14日向托收行办理托收，因条件未见票30天付款，即使邮寄时间需要一星期，则6月20日汇票就应到期。这时公司的财务部门就应及时查询是否收到货款。而从本例看，直到7月3日代收行来电通知付款人拒付时，该公司财务部门才有所警觉，而此时已超过汇票到期日近半个月。因此，每笔托收都应由专职人员负责管理、监督并催收清理。

案例二　品质证明书签名不符导致的信用证拒付纠纷

20世纪90年代中期，我国北方海港城市T市的一家纺织品出口公司S，经人介绍联系到了美国的一家进口商H，经过双方磋商，S公司向H公司出口一批服装，价值总计6万美元，支付方式为不可议付的(即必须货到付款)、即期付款信用证，贸易术语为CFR某某港口。

国外H公司按照约定开来信用证，信用证当中除了要求一般的交易单据以外，还要求我出口方出示一张由生产厂家的厂长和生产车间主任签名的品质证明书。这没有什么困难，S公司也没有多加留意就答应下来了。

接下来S公司积极地联系生产厂家组织生产，按时将货物准备好，装运到港口码头装船出口。随后，S公司就将所有信用证内规定的单据送到当地银行，由于该信用证是不可议付的，因此出口当地银行将全套单据核对无误后寄到进口地的开证行办理议付手续，单据中当然也包括由生产厂家和生产车间主任签名的品质证明书。

但是出乎S公司意料的是，不久从银行方面传来消息，国外开证行拒绝付款。经过进一步联系打听原因，得知原因就出在那张由生产厂家和生产车间主任签名的品质证明书上面，但是在签名的前面没有注明哪一位是厂长，哪一位是车间主任，因此造成不符点。

一般而言，这种小的问题是不应当造成拒付这样严重的后果的。那么到底是怎么回事呢？于是S公司就联系在国外的代理商作进一步调查。结果代理商发现问题的关键在进口商H公司身上。由于市场行情转变，H公司不想再进口这批服装，就想办法取消这批订单。当开证行看出这个微小的不符点的时候，就按照管理征求进口商H公司的意见，后者坚决要求拒付，因此开证行才对单据拒付。

了解到这一背景之后，我方的寄单行就据理力争，认为在开来的信用证上面并没有明确指出要求在生产厂家的厂长和车间主任签名前面加上职务。现在出现这种情况，只是由于双方对这种品质证明书签名的理解不同，并不构成单据不符，更不应当成为对方拒付的理由。我方希望开证行以自己的信誉为重，灵活掌握尺度，妥善处理这一纠纷。

经过反复交涉，国外的开证行终于承认我方银行的观点，由生产厂家的厂长和生产厂家主任签名的品质证明书上面的这一点不足，并不能构成单证不符点，自然也不能因此拒付。因此情景，我方的银行主动表示只要开证行同意付款，自己愿意放弃由于付款耽搁而导致的利息损失，S公司虽然损失了少量的利息收入，但是顺利地收回了货款，应当说在我方银行的积极努力下最后的结果还是令人满意的。

【要点解析】

从此案例中我们看到，信用证条款的理解和掌握是安全收汇的重要保证，也是进出口交易的核心内容。

案例三　出口方遭遇信用证"陷阱条款"

某年，英国AP公司通过伦敦某银行开来信用证，有效期为当年3月15日，在中国到期，最迟装运期2月28日。所有单据须于装运日后21天寄达开证行，投保中国人民保险公司，保险单一式两份。

出口公司于1月26日办理装运并取得提单，考虑到信用证有效期为3月15日，时值春节放假，故未急于制单，直到2月10日才向议付行交单议付。

进口方开证行2月20日来电提出单证不符而拒付。理由是：一是装运日为1月26日，但所有单据于2月28日才寄到开证行，违反了21天必须到达的条款；二是以保险凭证代替保险单，不符合信用证条款要求。

出口公司当即回电反驳：关于21天交单问题，按信用证统一惯例规定是指从装运日起一直到议付行交单时不超过21天(UCP500第43款a项)。我方于1月26日装运，2月10日向议付行交单，其间只用15天，并未超过21天，且在信用证有效期内，完全符合信用证条款要求。关于保险凭证与保险单，两者名称虽不同，但效果是一样的，也不应该认为违反信用证规定。

进口方开证行再次来电宣称：信用证条款规定所有单据必须在装运日后21天到达开证行，其含义并非《UCP500》第43款a项所指期限，你方既然已接受了本信用证，即按本证条款交单。保险凭证与保险单的效果虽一样，但按信用证统一惯例规定，其表面已形成不符，故不能接受。

出口方此时已处于被动境地，再无法反驳，最后委托其他代理商在当地处理了货物，损失惨重，教训深刻。

【要点解析】

本案例的要点在于如何看待来证条款的实际含义问题。其中，特别是关于“所有单据须于装船日后21日寄达开证行”的提法，实际上已将“有效期3月15日在中国到期”的条款全盘否定。其含义实际上是“单到开证行”有效，而且规定了具体的时间限制。该进口方开证人之所以套用“21天”时限，实际上是一种“障眼法”，故意以似是而非的假象迷惑出口方，使其做出错误判断，借以制造拒付借口。这类信用证条款又被称为“陷阱条款”。因此，出口方在审证时切勿掉以轻心。

案例四　关于贸易是否具有“国际性”的解读

如果甲国某A公司在乙国设立了一个分公司B；乙国C公司与A公司签订了一份来料加工合同，合同规定乙国C公司从A公司购买机器设备，从B公司购得原材料并加工成成品，由B公司负责将加工后分的成品回购再转卖给A公司，由A公司在国际市场销售，请问这项外贸活动中所包括的货物贸易是否具有“国际性”？

【要点解析】

这项涉外经贸活动中包括的多层货物贸易关系有：①C公司向A公司购买机器设备；②C公司从B公司购买原材料；③B公司从C公司回购产成品；④B公司将回购的产成品再卖给A公司。

联合国国际贸易委员会制定的《联合国国际货物销售合同公约》对货物贸易是否具有“国际性”采用了单一的“营业地标准”。即以买卖双方的营业地出于不同国家为标准。本案例中，C公司从B公司购买原材料；B公司从C公司回购产成品的交易，两个公司的营业地均在同一国家，因而它们之间的贸易不具有国际性，属于国内贸易。C公司从A公司购买机器设备；B公司将回购的产成品再卖给A公司的交易属于营业地不在同一国家的两公司间贸易，具有国际性，属于国际贸易。

案例五　包装不符导致的贸易纠纷

某乡镇企业与A国的M公司签订了一份出口烤花生的合同。合同规定出口数量为40公吨，采用纸箱装，每箱装10袋，每袋450g。合同规定，付款方式为即期信用证，交货时间为当年的4月30日前，目的港为A国S港。由于M贸易公司对货物的内包装袋不太满意，认为太粗糙，图案不理想，于是签约时决定使用自己的包装袋。因此，在合同的包装条款中附带了一句：“内包装由A方提供。”合同签订后，中方抓紧时间组织加工，同时催促A方抓紧运送包装袋。中方于4月15日将货物加工完毕，只待A方包装袋到位，但A方包装袋始终未到。中方多次催促之后，A方提供的内包装终于在4月24日到货。中方立即组织装袋打包，但货物最终没能赶上28号的船期，中方于28日致电A方公司，指出由于A方公司内包装袋的迟交，导致了中方公司不能按时交货，因此要求将交货期改为5月15日之前。试分析此案例。

【要点解析】

在本案例中，由于我方违约，给对方造成罚款、多缴税的损害，理应赔偿，并吸取教训。本案发生的主要原因是因为合同的包装条款规定的不明确。中方交货时间在合同中有明确规定，但对方对内包装袋到货时间却没有明确的规定。这样，从合同的角度看，合同约束对方的是对方必须提供内包装袋，而没有约束对方提供包装袋的具体时间。也就是说，只要对方提供了包装袋，就算是履行了合同义务。而本案中，中方企业承担的义务和享有的权利不一致。因为中方根据合同承担了在 4 月 30 日之前交付货物的义务，但却没有根据合同享有要求对方在一定时间之前提供内包装袋的权利，从而使中方出口企业处于极大的被动局面。因此，本案中的合同是一个权利与义务不平衡的合同，是一个对出口商不公平的合同。本案的最终结局正是由于这一根本原因造成的。

案例六　“不清洁”货物为何签发“清洁”提单

2010 年 4 月我国某公司向英国 B 公司出售一批纸箱装货物，FOB 条件成交，目的港为利物浦，由买方租船。5 月 15 日在青岛港装船。装船时，船方发现有 28 箱货外表破碎，于是准备签发不清洁提单。卖方得知后马上向船方解释说：买方是老客户，一旦有什么问题卖方承担责任，并出具了保函“若收货人因包装问题向承运人索赔时，由我方承担责任”。于是船方签发了清洁提单。该船航行不久，接到英国公司指示，要求将卸货港改为伦敦港，收货人为英国 F 公司。一个月后，货到伦敦。F 公司发现 40 箱包装破碎，于是以货物与清洁提单不符为由，向承运人提出索赔。承运人以我公司装船时仅有 28 箱包装破损为由，拒绝赔偿余下的实际包装损失。试分析保函对船方和卖方有何不利和风险？

【要点解析】

此案中卖方与承运人一起隐瞒装船货物不清洁的事实，并且承运人凭卖方保函签发清洁提单。对承运人而言，凭卖方保函签发清洁提单，丧失了自己的权利，也是对提单善意持有人的欺骗。因为在签发装船提单时，如果承运人知道或有合理的根据怀疑提单的记载与实际装船的货物不符，或没有适当的办法核对提单的记载，则承运人可在提单上批注，说明不符点、怀疑的根据或说明无法核对。这样的记载可使承运人免除对货物的安全责任。承运人剥夺了收货人拒收卖方货物的权利，承运人面临着收货人直接向其提出赔偿的风险。对卖方而言，为了摆脱不能结汇的风险，以保函换取清洁提单的做法是骗取银行和收货人对结汇单据的信任剥夺了收货人本应享有的拒收货物、拒绝赎单的合法权利，也使卖方面临着更大的风险。船方责任心降低，货损扩大；收货人一旦知道详情，必然以欺诈为由，解除合同，退回货款，并要求损害赔偿。保函从法律角度看，是一种无效民事行为，不受法律保护，它对提单的效力和信誉构成严重的损害。保函在一定程度上为国际贸易诈骗提供了可乘之机。

案例七　放弃检验权致损案

我方售货给加拿大的 A 公司，A 公司又将货物转手出售给英国的 B 公司。货物运抵加拿大后，A 公司发现货物存在质量问题，但仍将原货物经另一艘船运往英国。B 公司收到以上货物后，除发现货物质量问题外，还发现有 80 包货物包装破损，货物短少严重，因而向 A 公司索赔。A 公司又据此向我方提出索赔。问：我方是否应负责赔偿？为什么？

【要点解析】

我方不应负责赔偿。理由：①A 公司在我方的货物运抵加拿大后，虽发现存在质量问题，但并未向我方提出，也未请有关部门对到货进行复验，此即放弃了检验权，从而丧失了拒收货物的权利。②A公司将原货物经另一艘船运给英国B公司，已构成了A公司与B公司之间的合同内容，而非我方与A公司的合同内容，有关货物的损失应由A公司与B公司协商处理。所以，我方不承担任何赔偿责任。

案例八　货物数量不符致损案

我某出口公司与匈牙利商人订立了一份出口水果合同，支付方式为货到验收后付款。但货到经买方验收后发现水果总重量缺少10%，而且每个水果的重量也低于合同规定，因此匈方商人拒绝付款，也拒绝提货。后来水果全部腐烂，匈牙利海关向中方收取仓储费和处理水果费用5万美元，使我方出口公司处于极其被动的局面。试总结该案例应吸取的教训。

【要点解析】

商品的数量是国际货物买卖合同中不可缺少的主要条件之一。按照某些国家的法律规定，卖方交货数量必须与合同规定相符，否则买方有权提出索赔，甚至拒收货物。此案中显然我方陷于被动，但仍可据理力争，挽回损失。首先，应查明短重是属于正常途耗还是我方违约没有交足合同规定数量。如果属于我方违约，则应分清是属于根本性违约还是非根本性违约。如果不属于根本性违约，匈方无权退货和拒付货款，只能要求减价或赔偿损失；如果属于根本性违约，匈方可退货，但应妥善保管货物，对鲜活商品可代为转售，尽量减轻损失。《联合国国际货物销售合同公约》第86条第一款明确规定："如果买方已收到货物，但打算行驶合同或本公约任何权利，将货物退回，他必须按情况采取合理措施，以保全货物，他有权保有这些货物，直至卖方把他所付的合理费用偿还给他为止。"而匈方未尽到妥善保管和减轻损失的义务，须对此承担责任。因此，我公司可与匈牙利商人就商品的损失及支出的费用进行交涉，从而尽可能挽回损失。

案例九　包装尺寸不符致损案

国外客户C在2010年5月份向A公司下了1×40′H集装箱的产品P3的订单中，由于很多产品的包装为新的包装，我公司在下了订单1个月后还不能得到确切的装箱尺寸。由于其中一个工厂货物体积与刚下订单时所报体积多出7CBM，其他部分工厂在报装箱尺寸时都是箱子的内径，实际上外径比内径都大了0.5cm，由此造成所有货物生产完毕和计算总体积时，才发现共多出10CBM。

A公司将此情况告诉国外客户，客户表示多出的货物他们不要了，他们不可能为了10CBM的货物再支付运费。A公司提出可否由其支付海运费，将货物运至目的港。然而，客户拒绝了该要求，原因是多余的货物为拼箱出运，客户还要在目的港重新办理清关手续。A公司只得要求仓库在装箱时注意节省空间，务必尽可能地多装货物。最后，此高柜比平时的柜子多装了4CBM的货物，将存货减到最少。至于留下的存货，A公司在以后的订单中以低廉的价格卖给了其他客户。试总结该案例应吸取的教训。

【要点解析】

本案例中，A公司和其客户都遭受了较大的经济损失。针对任何订单，工厂都应该对所提供的包装明细负责。如若再发生由于工厂的原因造成装箱尺寸有误，A公司有权在征得国外客户同意的情况下将体积数报错的工厂的产品留下。为了避免此类事情再次发生，在下订单之后，应务必于1周内估算出较准确的体积数。同时，为了核实工厂所提供包装尺寸的准确情况，要求质检员验货时，对装箱尺寸进行严格校对，并告知正确的装箱尺寸。

案例十　CIF条件下卖方应如何投保

中方A公司以CIF价格条件引进一套英国产检测仪器，因合同涉及金额较低，合同采用简式标准格式，保险条款一向只简单规定“保险由卖方负责”。到货后，A公司发现，由于某一部件变形，影响仪器的正常使用，A公司于是向外商要求索赔。然而，外商答复仪器出厂经过了严格的质量检验，并有质量合格证书，非他们责任。最后，经商检局检验认为，部件变形是运输途中受到振动、挤压造成的。

A公司于是向保险代理索赔，保险公司认为此情况属于“碰损、破碎险”承保范围，但A公司提供的保单上只保了“协会货物条款”(C)，没保“碰损、破碎险”，因此无法索赔。A公司无奈只好重新购买此部件，既浪费了金钱又耽误了时间。问：此案例带给我们哪些启示？

【要点解析】

在合同规定卖方投保的情况下，A公司业务人员误认为卖方一定会投保“一切险”或伦敦“协会货物条款”(A)。按照《Incoterms》的解释，在CIF条件下，如果合同没有具体规定，卖方只需要投保最低责任范围险别，即平安和伦敦“协会货物条款”(C)就算履行其义务。

启示有以下几条。

(1) 当进口合同使用CIF、CIP时，由卖方投保，应在合同上注明按发票金额的加成投保的具体险别以及附加险。

(2) 进口合同应尽量采用CFR、CPT等价格术语，由买方在国内办理保险。

(3) 应根据货物特点选择相应的险别和附加险。

案例十一　重量单与净重检验证书一样吗

进口方委托银行在开出的信用证上规定：卖方须提交“商品净重检验证书”。进口商在收到货物后发现除质量不符外，卖方仅提供了重量单。买方立即委托开证行向议付行提出拒付，但货款已经押出。事后，议付行向开证行催付货款，并解释卖方所附的重量单即为净重检验证书。问：

(1) 重量单与净重检验证书一样吗？

(2) 开证行能否拒付货款？

【要点解析】

(1) 商品净重检验证书是由商检机构签发的关于货物重量的公证文件，而重量单为发货人所出具的货物重量说明文件，二者是不同的。

(2) 信用证中要求卖方提供商品净重检验证书，而议付行误以为重量单即商品净重检验证书，则议付行必须为此过失承担责任。按照《跟单信用证统一惯例》的规定，开证行有权对议付行拒付货款，而议付行可向出口商追索押汇款项。

案例十二　如何防范汇付风险

温州某公司与A公司签订了一笔4万美元FOB宁波的出口合同，付款方式为订单确认后先支付1 000美元作为订金，剩余货款于货物装船前通过电汇(T/T)付清剩余货款，并且约定客户在货物生产完毕之时来工厂检验。我方收到订金后开始生产，在货物即将生产完毕之时通知对方来工厂检验。但对方要求货物在装运港——宁波港检验，检验合格后，对方将直接给我方银行汇票。与此同时，我方了解到，船运公司是客户指定的，提单将由船公司直接放给客户。这种做法已经改变了合同条款，主要体现在以下3个方面。

(1) 客户改工厂检验为装运港检验。这样无形地增加了我方风险，一旦对方检验后认为不合格，我方将增加不必要的费用。

(2) 客户改电汇(T/T)为银行汇票(D/D)。付款行为"汇丰银行上海分行"，由于异地托收，所需时间较长，大约为20天左右，对我方资金周转有影响。而且，在收款人兑现汇票之前，对方有权利要求银行止付。

(3) 提单直接由船运公司放给客户。按照惯例，船运公司只有在收到托运人的委托书后才可以将提单放给收货人(买方)。但在此案例中，由于船运公司与收货人之间有长期良好的合作关系，因此，船公司答应在装船后的3～4天内将提单放给收货人。显然，这会直接影响到我方利益。

鉴于上述问题，我方提出了自己的看法。

(1) 我方要求对方来工厂检验。但是，对方坚持装运港检验，理由是他们需要在装运港同时检验很多工厂的货物，没有时间到每个工厂逐一检验。我方只好同意客户的要求。

(2) 要求船运公司出具保函，凭我方的书面通知才可以放提单给对方，保证在汇票兑现前替我方保留提单。同时要求船运公司立即向我方传真相应保函。

在上述协议达成以后，我方将货物发往装运港，并派业务员前往装运港。客户在装运港检验，货物均符合合同要求，因此，客户立即向我方提交了银行汇票。同时，我方从船运公司处取得了保函正本。

我方将汇票交给我方银行，代为向汇丰银行上海分行托收。在此期间，客户来电要求方单，我方拒绝。经过20天左右我方收到了货款，才将方单给对方。

请总结以上案例。

【要点解析】

利用上述防范措施，双方顺利完成了整个交易。既满足了客户的要求，又避免了我方的交易风险。以下几点经验值得总结。

(1) 我方要了解银行汇票支付的程序和风险。

银行汇票是由某家银行(出票行)出具的指定其代理行支付给汇票上指定人的一种支付

工具，属于银行信用。虽然如此，在某些情况下，在代理行解付给指定人之前，客户有权要求出票行止付款项。因此，比电汇(T/T)风险大。

(2) 船运公司直接放提单给收货人是不符合国际惯例的。

船运公司受我方委托装运货物，应在征得我方同意后才可以放提单给收货人，否则，船运公司需承担责任。但在日益激烈的竞争中，一些船运公司或船运代理为了争取业务，经常会同意将提单直接放给收货人，这样无疑会损害托运人的利益。因此，我方要求船运公司出具保函(正本)是合理的，也是保护自身利益的有效手段。

案例十三　何种条件下为实盘

1990年6月27日，中国甲公司应荷兰乙商号的请求，报出C514某产品200t，每吨CIF鹿特丹人民币1 950元，即期装运的实盘。但对方接到中方报盘，未作还盘，而是一再请求中方增加数量、降低价格，并延长还盘有效期。中方于7月17日复电：同意将数量增至300t，价格每吨CIF鹿特丹减至人民币1 900元，有效期经两次延长，最后期限为7月25日。荷兰乙商号于7月22日来电，接受该盘，并提出"不可撤销，即期信用证付款，即期装船，按装船量计算。除提供通常装船单据外，需提供卫生检疫证书、产地证、磅码单及良好适合海洋运输的袋装"。但中方接到该电报时已发现该产品的国际市场价格猛涨，于是拒绝成交，并复电称："由于世界市场的变化，货物在收到电报前已售出。"可是荷兰乙商号不同意中方的说法，认为他是在发盘有效期内接受发盘，坚持要按发盘的条件执行合同，否则要中方赔偿差价损失人民币23万元，接受仲裁裁决。问：①中方甲公司6月27日的发盘是实盘还是虚盘？②中方在荷兰未作还盘但一再请求增加数量和降低价格、延长有效期的情况下，于7月17日复电称：将C514增加至300t，每吨CIF鹿特丹价格人民币1 900元，有效期延至7月25日的报盘是实盘还是虚盘？

【要点解析】

(1) 中方甲公司，6月27日的发盘是实盘，因为发盘的内容明确，主要条款齐备，并有期限。

(2) 中方甲公司7月17日复电：同意将C514增至300t，价格条件为CIF鹿特丹1 900元人民币，有效期延至7月25日的重新报盘，内容明确，主要条款齐备，并有期限，因此也是实盘。

案例十四　误解装运条款引起争端

某粮油进出口公司于2011年4月以CIF条件与英国乔治贸易有限公司成交一笔出售棉籽油贸易。总数量为840公吨，允许分批装运。对方开来信用证中有关装运条款规定："840M/T of cottonseed oil. Loading port：Guangzhou. Partial shipments are allowed in two lots，460M/T to London not later than September 15，2011. 380M/T to Liverpool not later than October15，2011."(840公吨棉籽油，装运港：广州，允许分两批装运。460公吨于2011年9月15日前至伦敦，380公吨于2011年10月15日前至利物浦)。粮油进出口公司于8月3日在黄埔港装305公吨至伦敦，计划在月末再继续装155公吨的余数至伦敦，9月末再装至利物浦380公吨。第一批305公吨装完后即备单办理议付，但单据寄到国外，于8月15日开证行提出单证有如下不符。

“(1) 我信用证只允许分两批(in two lots)装运，即460公吨至伦敦，380公吨至利物浦。你于8月3日只装305公吨至伦敦，意即至伦敦余155公吨准备继续再装。这样违背了我信用证规定。

(2) 我信用证规定装运港为广州港(Loading port：Guangzhou)，根据你提单上记载，其装运港为黄埔(Huangpu)，不符合我信用证要求。

以上两项不符点，请速告你方处理的意见。”

粮油进出口公司对开证行上述的单据异议认为是故意挑剔，于8月19日对开证行作出如下答复。

“关于第×××号单据，你行所谓不符点，我们认为完全单证相符。

(1) 关于分批装运问题，你信用证是这样规定的：‘Partial shipments are allowed in two lots，460M/T to London not later than sept. 15，2011. 380M/T to Liverpool not later than October 15，2011.’上述‘Partial shipments are allowed in two lots.’即在两批之中又允许分批装运。其意思就是在460公吨至伦敦和380公吨至利物浦的两批之中又允许再分批装运‘in two lots’是指在两批之中。故我在至伦敦460公吨之中分305公吨和155公吨两批装运，完全符合信用证要求。

(2) 信用证规定装运港：广州，我们就是从广州的黄埔(Huangpu)港装运的，黄埔港是广州的一个具体港口。我们的黄埔港装运并未超出你信用证规定的广州范围内，故仍然符合信用证要求。

以上两项我们认为单证相符，请你行按时付款。”

粮油进出口公司发出上述反驳意见后，于8月26日又接到开证行的答复：“你8月19日电悉，并征求申请人的意见，兹答复如下。

(1) 对于分批装运问题，我们信用证条款原文是这样规定的：‘Partial shipments are allowed in two lots，460M/T to Iondon not Later than September 15，2011. 380M/T to Liverpool not later than October 15，2011.’该条款意思很明确，只允许分两批装运，即分460公吨至伦敦，380公吨至利物浦，每批之中不能再分批。你方认为每批之中又可以再分批完全是错误的，是对原条款错误理解。按你方解释则变成多批装运，如果是这样多批装运，而信用证又何必规定分‘二批’？

(2) 装运港问题，据我们了解，从港口名称来说，广州与黄埔同样是两个港口名称。我们信用证规定‘Loading port：Guangzhou’，其意即装运港是在‘Guangzhou port’。我信用证所指的广州是港口名称——广州港，而你8月19日电中解释为广州市，显然是错误的。根据《UCP 500》的规定，单据表面上与信用证条款不符，就是单证不符。我信用证为‘Guangzhou’，你提单为‘Huangpu’，两者表面上相差甚远，就是单证不符。

根据以上所述，其不符点是明显存在的，确实无法接受你方单据。请速告单据处理的意见。”

粮油进出口公司接到开证行上述意见后，即邀请几个单位的单证专业人员共同探讨研究。结果认为开证行所提出的异议是正确的，粮油进出口公司以前向开证行所提的反驳意见是错误的。粮油进出口公司只好向买方乔治贸易有限公司商洽，由于没有按对方要求分批装运，最后答应赔偿对方由此而造成的损失。对于信用证尚未装运的余额由对方负责进行适当修改信用证条款，才告结案。

【要点解析】

信用证规定："Partial shipments are allowed in two lots." 就是允许分两批装运，意思很明确，其实就是"Partial shipments are allowed only in two lots." 的意思，怎能理解为分3批以上装运？开证行第一次提出异议时，粮油进出口公司没有引起注意，进行研究，反而认为对方无理挑剔。他们以自己主观的理解向国外提出反驳，其处理问题的态度是不够慎重的。

单据做到单与证相符，尤其表面上与证相符，是信用证项下的制单最根本的要求。如本案例的装运条款，信用证规定装运港"Guangzhou"（广州），而单据是"Huangpu"（黄埔）。不但两者在文字表面上不一致，而且实质上还是两个不同的港口，所以显然是单证不符。

造成本案例的单证不符，主要由于审查信用证时对条款掌握不严，对信用证条款理解模糊。例如装运港问题，虽然"广州"这个名称既是城市名，又是港口名。信用证明确规定"Loading port：Guangzhou"（装运港口：广州）。当然是指广州港口装运，不可能指在广州城市内装运。由于审证时没有注意这个问题，所以装船时才决定在黄埔港装。公司有关的单证人员缮制单据时没有发现这个问题，议付行也没有察觉这个问题，实在令人难以理解。

所以审证工作是一项重要而又细致的工作，需要对条款有一定理解能力的人员担任这项工作才能对企业起到把关的作用。出口业务的程序从签订合同到备货、审证、改证、租船订舱、报关、报验、保险直至装运，每一个程序出现问题，最后均在单证工作上暴露出来，造成单证不符，被对方拒付货款或拒收货物。本案例装船时错在黄埔港装船，由于审证人员没有理解"Loading port：Guangzhou"就是指广州港口装船，并非指广州市。如果审证时能发现问题，及时研究，就不会造成如此损失。

据了解粮油进出口公司当时在装船前由于货物库存仓接近黄埔港，所以有关储运人员提出能否船靠黄埔港装船。问题提到审证人员，要审证人员核对信用证是否允许。审证人员认为信用证要求在广州装运，黄埔港属于广州市，我在黄埔港装运并未超越信用证规定的范围，则答复：信用证允许在黄埔港装船。所以，在装运这个环节没有做好工作，是受审证这个环节影响，最后又落在单证工作上，造成单证不符。分批装运问题也同样由于货源和船舱不足，但审证人员认为可以再分批，所以又造成违背信用证规定，又是一个单证不符。

总结起来，外贸企业在签订合同后主要须抓4项工作：即货、船、证、款。本案例的问题就是"货"、"船"与"证"没有衔接好，最后造成"款"无法收回。如此看来，审证工作在这个过程中是中心工作。

案例十五　出口方疏忽造成重大违约案

我国A公司向孟加拉国B公司出口一批货物，合同价值约为USD2 000 000，货物为汽车配件，共有10个型号，其中有4个型号要求根据客户样品制造。付款方式为，B公司先支付定金1 000美元，剩余部分30%和70%分别以L/C和T/T支付(在货物生产完毕通知客户支付)。B公司随即开来信用证，A公司按合同和L/C要求开始生产货物，但发现其中按客人样品要求定做的货物不能完成。由于客人订货的数量比较少，开发该产品十分不合算，A公司打算从其他厂家购进该产品。但遗憾的是，A公司一直无法找到生产该产品的厂商。而此时已接近装船期了，其他货物亦相继生产完毕。A公司只好告诉B公司上述问题。B公司要求取消所有的货物并退还定金和样品，其理由是要求定做的货物是十分重要的，不能缺少，因A公司没有按时提交货物，使其错失商业机会。A公司也感到无可奈何，确实理亏，只好答应B公司的要求，承担一切货物积压的损失。A公司应思考为什么会造成如此被动局面。

【要点解析】

根据案例，A公司应从以下几点总结经验教训。

(1) 对客户的样品应仔细研究，不能简单地认为自己可以生产或可以从其他地方购买。

(2) 对客户特别重要的货物应该给予重视。因为客户将样品从国外带到中国交给A公司定做，A公司确认可以生产，最后却没有生产出来，客户当然感到十分失望。要是换成其他产品不能完成，或许客户会勉强答应而不至于取消合同。

(3) 根据《联合国国际货物销售合同公约》的规定，一方当事人有重大违约行为时，另一方当事人可以取消合同并要求赔偿损失。本案卖方已构成重大违约(数量不足)，对方的要求是合理的。

案例十六　利用品质条款诈骗案

某年10月，香港某商行向内地一企业按FOB条件订购5 000t铸铁井盖，合同总金额为305万美元(约人民币2 534.5万元)。货物由买方提供图样进行生产。该合同品质条款规定：铸件表面应光洁；铸件不得有裂纹、气孔、砂眼、缩孔、夹渣和其他铸造缺陷。合同还规定以下两条。

(1) 订约后10天内卖方须向买方预付约人民币25万元的“反保证金”，交第一批货物后5天内退还保证金。

(2) 货物装运前，卖方应通知买方前往产地抽样检验，并签署质量合格确认书；若质量不符合同要求，买方有权拒收货物；不经双方一致同意，任何一方不得单方面终止合同，否则由终止合同的一方承担全部经济损失。

从案例中，你能得到怎样的启发？

【要点解析】

本案是一起典型的利用合同中的品质条款进行诈骗的案例。铸件表面“光洁”是一个十分含糊的概念，没有具体标准和程度；“不得有裂纹、气孔等铸造缺陷”存在的隐患更大，极易使卖方陷入被动。对方的实际目标是 25 万元的“反保证金”。这类合同的特点：价格诱人，工艺简单；技术标准含糊，并设有陷阱；预收保证金等财物后逃之夭夭，或者反咬一口；被欺诈对象多为合同管理不严、缺乏外贸经验、急功近利的中小企业。

参考文献

[1] 华欣，张雪莹．新编国际贸易实务[M]. 北京：清华大学出版社，2006.

[2] 孙勤．国际贸易理论与实务[M]. 北京：机械工业出版社，2010.

[3] 辛宪章，刘霖．国际贸易案例精选精析[M]. 北京：中国社会科学出版社，2008.

[4] 陈双喜，孟亮，戴明华．国际贸易实务新编[M]. 北京：机械工业出版社，2010.

[5] 闫红珍．国际贸易实务[M]. 北京：科学出版社，2009.

[6] 李玉刚．出口经典案例分析[M]. 北京：经济日报出版社，2000.

[7] 黎孝先．国际贸易实务[M]. 3 版．北京：对外经济贸易大学出版社，2000.

[8] 余世明．国际贸易实务练习题及分析解答[M]. 广州：暨南大学出版社，2004.

[9] 王慧敏．国际贸易实务[M]. 北京：中国发展出版社，2010.

[10] 崔日明．国际贸易实务[M]. 2 版．北京：机械工业出版社，2009.

[11] 俞毅．国际贸易实务习题与解答[M]. 上海：上海人民出版社，2008.

[12] 李权．国际贸易实务[M]. 北京：北京大学出版社，2000.

[13] 王新哲．国际贸易实务[M]. 长沙：中南大学出版社，2011.

[14] 杨宏华．进出口贸易实务[M]. 2 版．上海：上海财经大学出版社，2011.

[15] 田中宝．国际贸易实务[M]. 武汉：华中科技大学出版社，2011.